BOOK IN BOOK

HARETABI

KANAZAWA
NOTO・HOKURIKU

COMPLETE
MAP

【グルメカタログ＆
イベントカレンダー付き】

JN048925

MAP 取り外せて
持ち運びに便利！

金沢市街図

P.4-5 近江町市場・ひがし茶屋街

P.8 にし茶屋街・長町・香林坊

P.6-7 兼六園・金沢21世紀美術館

3

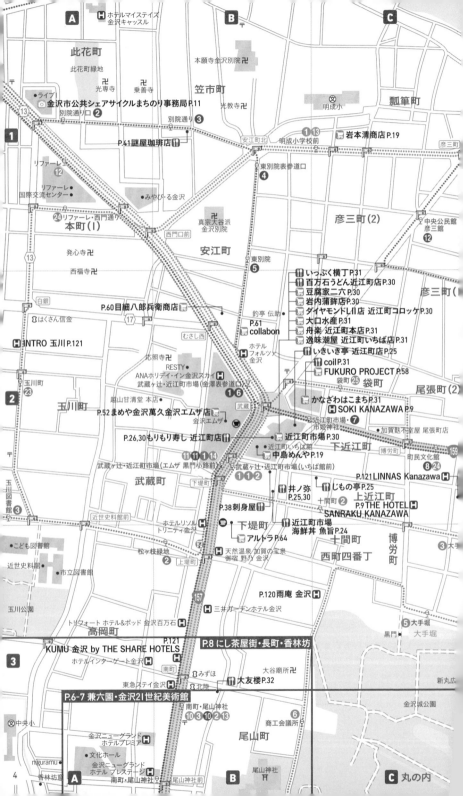

A

此花町
此花町緑地
ホテルマイステイズ
金沢キャッスル

B

本願寺金沢別院卍
笠市町

C

瓢箪町

●ライブ
金沢市公共シェアサイクルまちのり事務局 P.11
別院通り口2
西専寺卍 乗善寺卍
光教寺卍
明成小

別院通り3

P.41謎屋珈琲店

安江町北
明成小学校前
1 13
岩本清商店 P.19
彦三町

リファーレ12
リファーレ●
国際交流センター●
●みやび・る金沢

東別院表参道口
4

真宗大谷派
金沢別院卍

彦三町(2)

中央公民館
彦三館12

24リファーレ・西門通り
本町(1)

西門口前

安江町

東別院
5

彦三町(

発心寺卍

西福寺卍

釣亭 伝町
いっぷく横丁 P.31
百万石うどん近江町店 P.30
豆腐家二六 P.30
岩内蒲鉾店 P.30
ダイヤモンドLII店 近江町コロッケ P.30
P.61
collabon
大口水産 P.31
舟楽 近江町本店 P.31
逸味潮屋 近江町いちば店 P.31

P.60目細八郎兵衛商店

INTRO 玉川 P.121
はくさん信金

P.52まめや金沢萬久金沢エムザ店

玉川町23
玉川町

応照堂
RESTY
ANAホリデイ・イン金沢スカイ
武蔵ヶ辻・近江町市場(金澤表参道口)
1 6

超山甘清堂 本店
金沢エムザ

ホテル
フォルツァ

いきいき亭 近江町店 P.25
coil P.31
FUKURO PROJECT P.58
袋町25 袋町

武蔵
尾張町(2)

かなざわはこまち P.31
SOKI KANAZAWA P.9
近江町市場
市姫神社
7
加賀麩不室屋 尾張町店

P.26,30もりもり寿し 近江町店

玉川図書館
3

武蔵ヶ辻・近江町市場(エムザ 黒門小路前)
11 11 14
武蔵ヶ辻・近江町市場(いちば館前)
1 1 2

武蔵町
下堤町

下近江町
市民文化館
159

博労町
8 24

近江町いちば館
中島めんや P.19

井ノ弥
P.25,30

じもの亭 P.25
十間町2

P.121 LINNAS Kanazawa
上近江町
P.9 THE HOTEL
SANRAKU KANAZAWA

P.38刺身橫丁

ホテルリソル
トリニティ金沢

ホテルリソル
トリニティ金沢

下堤町
アルトラ P.64

近江町市場
海鮮丼 魚旨 P.24

近江町市場

西町四番丁

博労町

天然温泉 加賀の宝泉
御宿 野乃 金沢

十間町

松が枝緑地
2
上堤町

157

P.120雨庵 金沢

こども図書館
近世史料館●
市立図書館

近世史料館前

玉川公園

トリフォート ホテル&ポッド 金沢百万石

三井ガーデンホテル金沢

大手堀
黒門
大手堀

高岡町

KUMU 金沢 by THE SHARE HOTELS
ホテルインターゲート金沢

P.121
南町

P.8 にし茶屋街・長町・香林坊

5大手堀

東急ステイ金沢

みずほ

北陸

大谷廟所卍

大友楼 P.32

新丸広

P.6-7 兼六園・金沢21世紀美術館

金沢ニューグランド
ホテルプレミア

muramu
●文化ホール
金沢ニューグランド
ホテル プレステージ

南町・尾山神社
10 2 10 2 13

商工会議所
6

南町・尾山神社前
尾山神社前

尾山町

尾山神社卍

金沢城公園

中央小

香林坊

4

A

B

C 丸の内

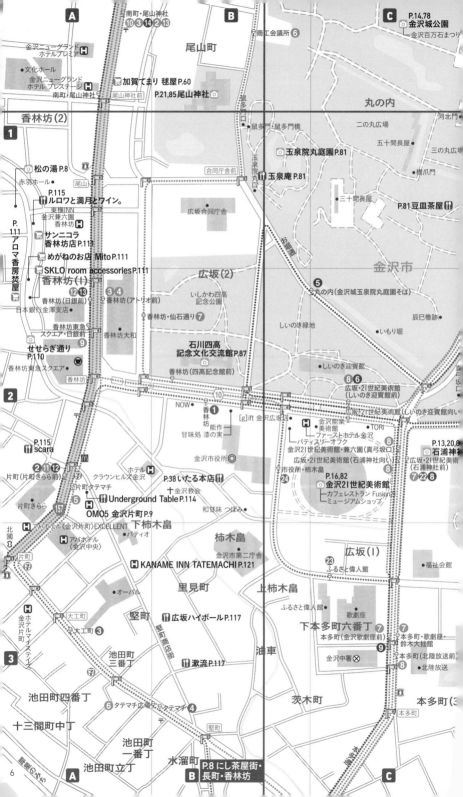

A 　**B** 　**C** P.14,78
📷 金沢城公園
金沢百万石まつり

尾山町

🚻南町・尾山神社
⑩③③④②⑬

🚻商工会議所⑥
金沢ニューグランド
ホテルプレミア Ⓗ
●文化ホール
金沢ニューグランド
ホテル プレステージ Ⓗ
🅟 加賀てまり 毬屋 P.60
南町・尾山神社
尾山神社
P.21,85尾山神社 📷

丸の内
河北門
鼠多門・鼠多門橋
二の丸広場
五十間長屋
三の丸広場

香林坊(2)

1
📷 松の湯 P.8
赤羽ホール●
尾山
P.115
🍴ルロワと満月とワイン。
東横INN
金沢兼六園
香林坊 Ⓗ
🅟 サンニコラ
香林坊店 P.113
●めがねのお店 Mito P.111
SKLO room accessories P.111
香林坊(1)
⑫⑬
日本銀行金澤支店
香林坊(日銀前)
③④
香林坊(アトリオ前)

玉泉院丸庭園 P.81
🚻玉泉庵 P.81

三十間長屋
🅟 P.81豆皿茶屋

広坂合同庁舎
広坂(2)
いしかわ四高
記念公園
⑤
丸の内(金沢城玉泉院丸庭園そば)

辰巳櫓跡●
香林坊・仙石通り ⑦
しいのき緑地
●いもり堀
石川四高
記念文化交流館 P.87
香林坊
(四高記念館前)

せせらぎ通り
P.110
香林坊東急
スクエア・⑨日銀前
香林坊大和
香林坊東急スクエア
香林坊

しいのき迎賓館●
⑧⑥
広坂・21世紀美術館
(しいのき迎賓館前)

2
scara P.115
NOW 香林坊 能作
[g]ift 金沢広坂
甘味処 漆の実
広坂・21世紀美術館(しいのき迎賓館向い)
金沢21世紀
美術館
ファーストホテル金沢 ●TORI
パティスリーオフク
金沢21世紀美術館・兼六園(真弓坂口)
広坂・21世紀美術館(石浦神社向い)
P.13,20,8
📷 石浦神社
⑦②⑧

🍴⑪②⑫
片町(片町きらら前)
ホテル
クラウンヒルズ金沢
金沢市役所◎
市役所・柿木畠
⑳
広坂・21世紀美術
(石浦神社前)
⑦②⑧

片町⑦タテマチ
ホテルテマチ
🍴 P.38いたる本店 🍴
🅟 OMO5 金沢片町 P.9
片町きらら
⑤
金沢教会
🍴 Underground Table P.114
和甘味 つぼみ
P.16,82
📷 金沢21世紀美術館
カフェレストラン Fusion21
ミュージアムショップ

157
アパホテル〈金沢片町〉EXCELLENT 下柿木畠
アパホテル
〈金沢中央〉
パティオ●
KANAME INN TATEMACHI P.121
金沢市第二庁舎
柿木畠
広坂(1)
㉓
ふるさと偉人館
●福祉会館
歌劇座

3
オーバル
里見町
上柿木畠
ふるさと偉人館●
ホテル
金沢
マイステイ
大工町
大工町 ③
🅟 広坂ハイボール P.117
堅町
下本多町六番丁 ⑦
本多町(金沢歌劇座前)
本多町・歌劇座・
鈴木大拙館
⑨
金沢中署⊗
本多町(北陸放送前)
⑧
●北陸放送
池田町
三番丁
堅町商店街
🍴 漱流 P.117
油車
茨木町
本多町(3
本多町

池田町四番丁
池田町
一番丁
🅟
タテマチ広場 ④タテマチ
⑥ タテマチ広場⑤
十三間町中丁
池田町立丁
水溜町
A 　**B** P.8 にし茶屋街・
長町・香林坊 　**C**

6

D　E　F

材木町

兼六元町

味噌蔵町

裁判所

三の丸北園地

⑭ 横山児童公園

横山
児童公園

兼六園下　兼六小

兼六園下 ⑪

④⑥ 兼六園下・金沢城(石川門向い)

石川門

⑨ 兼六園下・金沢城(白鳥路前)

石川門口

📷 石川県観光物産館 P.67

敬愛病院

賢坂辻

⑬

横山町

観光案内所

牤坂口

兼六坂

⑫ 小将町

🍴 兼六園茶屋 見城亭 P.49

小将町中

🍴 かなざわ玉泉邸 P.87

📷 加賀友禅会館 P.67

賢坂上

159

〒

小将町

蓮池門口

徽軫灯籠

霞ヶ池

常福寺

金沢大附特別支援

🍴 三芳庵 P.80

内橋亭

瓢池

上坂口

扇町

🍴 兼六園 P.15,76

東兼六町

松山寺

永福寺

🍴 時雨亭 P.80

兼六町

鶴林寺

小立野口

随身坂口

📷 成巽閣 P.84

伝統産業工芸館

いしかわ生活工芸ミュージアム

兼六園上

㉑ 国立工芸館・県立美術館

📷 金澤神社 P.21,84

金沢医療センター

〒

P.87
📷 石川県立美術館
LE MUSÉE DE H
KANAZAWA

⑦ 県立美術館・成巽閣

出羽町

出羽町

県立能楽堂

北陸学院高・中

石川護國神社

📷 国立工芸館 P.17,86

本多の森公園

飛梅・北陸学院前

飛梅町

中村記念
美術館 P.86

いしかわ赤レンガミュージアム
石川県立歴史博物館 P.87

⑲ 飛梅町

紫錦台中

本多の森ホール

松原病院

加賀本陣博物館

③

📷 鈴木大拙館 P.86

本多の森ホール

⑳

金沢くらしの博物館

犀川

本多町(2)

石引(3)

県立工芸

石引(4)

石引

10

日本海

D 内灘町 E

白尾IC
内灘海水浴場
海浜向陽台
千鳥台
内灘駅
粟ヶ崎駅
二塚大
河北潟
金沢競馬場
こなん水辺公園
北部公園
津幡駅
富山駅
金沢森本IC

醤油処・直江屋源兵衛 P.119
からくり記念館
もろみ蔵 P.119
ホホホ座金沢 P.118
ヤマト醤油味噌 P.59
ヤマト 糀パーク(ヤマト醤油味噌) P.118
金沢港いきいき魚市 P.119

蚊爪駅
北間駅
北陸鉄道浅野川線
大河端駅
金沢外環状道路
三ツ屋駅
三口駅
割出駅
磯部駅
上諸江駅
七ツ屋駅

森本駅
金沢東
8
159
359

金沢港
かないわ
とり野菜まつや桂店 P.37
Ten riverside P.59,119
警察署前
お味噌汁食堂そらみそ 金石店 P.119
石川県庁
健民海浜公園
金沢海みらい図書館 P.17,118

P.51加藤皓陽堂 本店
すし食いねぇ！県庁前店 P.26
東金沢駅
城北市民公園
山側環状(金沢東部環状道路)
金沢星陵大学
卯辰山
卯辰山公園

金沢市

P.9どうなつ日和
金沢バイパス
北陸自動車道
金石街道
西部緑地公園
8
北陸新幹線 2024年春 金沢-敦賀間 延伸予定
市民芸術村
金沢西

北鉄金沢駅
金沢駅
近江町市場
尾山神社
金沢城公園
兼六園
兼六園下

2
奥卯辰山健民公園
金沢美術工芸大学

箔一本店 箔巧館
P.61
P.50甘味こしらえしおや
西金沢駅
西泉駅
野町駅
香林坊
金沢市役所
金沢21世紀美術館
県立歴史博物館
田井町
金沢大学

SAKE SHOP 福光屋 P.59,63

新西金沢駅
P.54四十萬谷本舗
金沢 ふくら屋 P.55
辻家庭園 P.116
P.116
157
P.3 金沢市街図
P.36第7ギョーザの店
石川県立図書館 P.8

押野駅
橋川
有松
金沢 うら田 P.50
HOTEL SARARASO P.121
COWRITE COFFEE P.9

野々市駅
竹乃家 P.25
御経塚
御経塚駅
北陸本線
白山IC
8

野々市駅
P.47 Patisserie & Parlor Horita 205
総合運動公園
山側環状

野々市市工大前駅
金沢工業大学
LiFE IS SWEET P.47
カレーのチャンピオン野々市本店 P.36

野々市市
喜多記念館
中央公園
馬替駅
野々市市役所
高尾1丁目
大乗寺丘陵公園
前田利家墓地
野田山

三日市
157
北陸学院大学
金沢学院大学

3

白山市
157
額住宅前駅
乙丸駅
北陸鉄道石川線
鶴来街道
内川

四十万駅
鶴来駅

能登

A　B　C

N

0　2.5　5km

左上図 輪島

輪島港

〔134〕

輪島漆芸
美術館

P.130輪島朝市
P.131助ずし
河井中央　河井町　塚田町
一本松公園
稲荷町
重蔵神社
L'Atelier de NOTO P.128
輪島キリコ会館 P.131
〔249〕

〔38〕
輪島市役所
輪島小
輪島中
総合運動公園

道の駅輪島
谷川醸造 P.58
ウイプラザ
宅田町
輪島病院

P.65,131輪島キリモト・漆のスタジオ【本店】
杉平町
輪島消防署

輪島

0　250　500m

N

輪島市

日本海

〔1〕

P.125西保海岸
左上図 輪島　輪島朝市
〔249〕
輪島キリコ会館

〔38〕
間垣の里大沢

外浦海岸
浦上
丸山料理店
本市

〔7〕
〔51〕
健康の森

道の駅のと里山空港
のと里山空港

輪島市

輪島市天領黒島 角海家
P.131大本山總持寺祖院
P.128 HEIDEE WINERY
道の駅赤神

穴水町
P.127 coast table
P.126幸寿し
穴水
道の駅あなみず
穴水駅
福寿司 P.126

琴ヶ浜
能登金剛
義経の舟隠し
〔249〕
高爪山
〔50〕
越の原

七尾北湾

別所岳SA
能登鹿島駅
ツインブリッジのと
P.137
のとじま水族館

中浜
西岸駅
道の駅とぎ海街道
てらおか風舎
富来本店 P.127
横田
道の駅なかじまロマン峠
〔249〕

七尾西湾
能登のコスモス畑

志賀町
牛上
P.125巌門
能登金剛
三明
〔48〕
P.127かき処 海
能登中島駅

笠師保駅

右上図
和倉温泉
和倉温泉
和倉温泉駅
田鶴浜駅
高田

能登島大橋
〔47〕

〔249〕
徳田大津
徳田大津Jct
花のミュージアム
フローリィ
〔36〕

御手洗池

右下図 七尾
七尾駅
七尾市
七尾線

道の駅ころ柿の里しか
〔3〕
西山
P.126能登旬菜ダイニング 市左衛門
西山IC
棚田IC
〔46〕
羽咋駅

舳倉島

へぐら航路

10

A　B　C

禄剛崎

🖼 スカイバード P.136
🖼 青の洞窟 P.136
道の駅狼煙
🖼 珠洲岬 P.136

52   28

🖼 道の駅 すず塩田村 P.137

御陣乗太鼓
曽々木海岸 → 庄屋の館
曽々木 → 今新
249
珠洲市
P.125
🖼 白米千枚田
6
道の駅すずなり
千枚田ポケットパーク
寿司吉
吾妻橋西

1

宝立山

26
鵜飼
🖼 見附島 P.136
🖼 恋路海岸 P.136
松波鵜島バイパス

26   松波

P.127
🍴 夢一輪館
57
57   6
能登町
35
道の駅桜峠

藤波
数馬酒造 P.129
イカの駅つくモール ● 九十九湾海中公園

2

249
🍨 マルガージェラート 能登本店 P.129

和倉温泉 虹と海 P.132   🏨 和倉温泉 加賀屋 P.132
シーサイドパーク ●   🍴 LE MUSÉE DE H
P.126能登海鮮丼みとね   P.132 辻口博啓美術館 P.133
P.133能登ミルク   🍴 和倉温泉 総湯 P.132
白巌山 青林寺 P.133   湯っ足りパーク
和倉温泉観光協会 P.133   妻恋舟の湯
和倉小   P.133 日本の宿のと楽
七尾市   和倉温泉 お祭り会館
和倉町   光陽台   47
能登 和倉温泉東
P.134能登すしの庄 信寿し 🍴   香島   能登島大橋
奥原町   P.135 花嫁のれん   石崎町
N   133
和倉温泉   のと鉄道七尾線
0 250 500m   穴水方面   和倉温泉駅

富山湾
一曲集落の黒瓦の家並み
道の駅のとじま
🍴 能登島ガラス工房 P.137
能登島ガラス美術館
🍴 海幸 P.127
観音崎

4

和倉温泉駅
長齢寺卍   寿町
小島町   鶏とまつば P.135
ICOU   道の駅 七尾食祭市場
P.135鳥長醤油店   松乃鮨 P.134
P.135一本杉 川嶋   昆布海産物處 しら井 P.135
高澤ろうそく店 P.135
小丸山   まいもん処 いしり亭
城址公園   漆陶舗あらき
花嫁のれん館 P.135
七尾美術館   132
御祓川   七尾市
七尾城北高   1   七尾市役所
N   七尾高
七尾   七尾駅   159
0 150 300m   のと里山里海号 P.135   川原町   羽咋駅

3

160
道の駅いおり
氷見IC

山中温泉

0　100　200m

四十九院トンネル

桂谷町

山中温泉東町(1)

山中温泉東町(2)

山中温泉塚谷町

山中温泉
吉祥やまなか

白鷺大橋

P.141 東山ボヌール
かよう亭

P.141 白鷺湯たわらや

鶴仙庵

山中温泉河鹿町

加賀市

あやとりはし P.140

鶴仙渓川床 P.141

山中温泉下谷町

山中温泉
文化会館

山名温泉

山中温泉西桂木町

江沼スタジオン

山中温泉の本町

胡蝶

白山神社

山中温泉桂木町

山中温泉上野町

富士見町

山海堂

山中温泉本町(1)

山中石川屋 P.141
山中温泉支所

山中温泉富士見町

山中温泉本町(2)

山中温泉栄町

Mokume

湯快リゾート 山中温泉
よしのや依緑園

無限庵

P.140
こおろぎ橋

湯快リゾート 山中温泉
山中グランドホテル

白山神社

山中温泉白山

白山大橋

医王寺
菅原神社

P.141 小出仙

薬師町

山中座

肉のいづみや

P.65 GATOMIKIO/1

畑漆器店 P.65

山中温泉総湯 菊の湯 P.140

かがり吉祥亭 P.141

お花見久兵衛

山中温泉
ぬくもり診療所

山中温泉
湯の出町

山中温泉
南町

こおろぎ町

山中温泉
上野町(1)

山中温泉上野町

道の駅 山中温泉 ゆけむり健康村

山中温泉こおろぎ町

塚谷町

山中小

山中温泉
塚谷町

加美谷大橋

山中温泉
加美谷町

加美谷台
公園

山中中

健民体育館

山代温泉

0　100　200m

市瀬用水

市之瀬神社

加賀市

瑠璃光

山代温泉
山背台(1)

山代温泉 ゆのくに天祥

P.142
九谷焼窯跡
展示館

山代小

山代東口

山代温泉地区会館

リブマックスリゾート
加賀山代

加茂道

月月 P.143

真孤ヶ池
九万坊山

島屋

葉渡莉

雄山閣

専光寺

山代中橋

P.143 森の栖リゾート＆スパ

はづちを楽堂

みどりの宿 萬松閣

P.143 山代温泉 古総湯

P.143 界 加賀

べにや無何有

山代温泉総湯

あらや滔々庵

山代温泉 山下家

たちばな四季亭

薬王院
温泉寺

山代温泉

湯快リゾート
山代温泉 彩朝楽

吉田屋山王閣

割烹 加賀 P.142

魯山人寓居跡 いろは草庵 P.142

萬松園

桔梗丘

山代温泉

片山津温泉

0　100　200m

篠原町

加賀市浄化センター

柴山潟
湖畔公園

中谷宇吉郎
雪の科学館 P.144

加賀片山津温泉 佳水郷 P.144

柴山潟

加賀市
潮津町

潮津

湯快リゾート
矢田屋
片山津
松濤
園温泉

浮御堂うきうき弁天

ホテル北陸古賀乃井

湯快リゾート 片山津温泉
NEW MARUYAホテル

湖畔の宿 森本

季がさね

かのや光楽苑

湯快リゾート 片山津温泉
湯快わんわんリゾート片山津

あいおい広場前

片山津温泉地区会館

P.144 ヒラクベーカリー
P.144 mie coffee

片山津温
総湯 P.144

加賀片山津温泉
総湯公園

愛染寺

片山津温泉南

加賀観光ホテル

片山津温泉

片山津温泉口

片山津神社

片山津町

湖城町

金沢 観光名所アクセス早見表

→目的地 / ↓現在地	金沢駅 [金沢駅東口]	近江町市場 [武蔵ヶ辻・近江町市場]	ひがし茶屋街 [橋場町]	兼六園・金沢城公園 [兼六園下・金沢城]	金沢21世紀美術館 [広坂・21世紀美術館]	長町武家屋敷跡 [香林坊]	にし茶屋街 [広小路]
金沢駅 [金沢駅東口]		北鉄5分 LL5分 徒歩15分	北鉄7分 RL10分 徒歩×	北鉄11分 RL15分 徒歩×	北鉄11分 RL17分 徒歩×	北鉄9分 LL9分 徒歩×	北鉄15分 LL15分 徒歩×
近江町市場 [武蔵ヶ辻・近江町市場]	北鉄5分 RL5分 徒歩15分		北鉄3分 徒歩15分	北鉄7分 LL19分 徒歩20分	北鉄6分 LL15分 徒歩×	北鉄4分 LL4分 徒歩15分	北鉄10分 LL10分 徒歩×
ひがし茶屋街 [橋場町]	北鉄10分 LL15分 徒歩×	北鉄3分 徒歩15分		北鉄4分 RL5分 徒歩20分	北鉄5分 RL7分 徒歩×	北鉄9分 RL17分 徒歩×	北鉄14分 RL12分 徒歩×
兼六園・金沢城公園 [兼六園下・金沢城]	北鉄11分 LL17分 徒歩×	北鉄8分 RL16分 徒歩20分	北鉄4分 LL2分 徒歩20分		北鉄2分 RL2分 徒歩5分	北鉄5分 RL12分 徒歩15分	北鉄10分 RL7分 徒歩×
金沢21世紀美術館 [広坂・21世紀美術館]	北鉄12分 LL21分 徒歩×	北鉄6分 RL14分 徒歩×	北鉄× LL6分 徒歩×	北鉄2分 LL4分 徒歩5分		北鉄3分 RL10分 徒歩10分	北鉄5分 RL5分 徒歩20分
長町武家屋敷跡 [香林坊]	北鉄9分 RL16分 徒歩×	北鉄4分 RL4分 徒歩15分	北鉄9分 LL17分 徒歩×	北鉄5分 LL15分 徒歩15分	北鉄3分 LL11分 徒歩10分		北鉄6分 LL6分 徒歩15分
にし茶屋街 [広小路]	北鉄16分 RL21分 徒歩×	北鉄9分 RL9分 徒歩×	北鉄12分 LL11分 徒歩×	北鉄8分 LL9分 徒歩×	北鉄5分 LL5分 徒歩20分	北鉄5分 RL5分 徒歩15分	

北鉄…北陸鉄道路線バス　RL（右回り）…城下まち金沢周遊バス右回りルート
LL（左回り）…城下まち金沢周遊バス左回りルート　徒歩…徒歩

※バス・徒歩で移動する場合の移動時間の目安を記載しています。あくまで目安であり、シーズン、交通事情により異なる場合があります。

金沢駅

IRいしかわ鉄道

北陸新幹線

北陸鉄道浅野川線

北鉄金沢駅

金沢駅東口

北陸新幹線
2024年春 金沢-敦賀間
延伸予定

北陸新幹線

北陸本線

(5番のりば)
(11番のりば)
(6番のりば)

此花町
中島大橋
京町
浅野本町
昌永町

金沢駅東
金沢駅口
リファーレ
別院通り口
別院通り
東別院表参道口

明成小学校前
金沢ふらっとバス
(此花ルート) 小橋町

東別院
武蔵ヶ辻・金澤表参道口

リファーレ・西門町り
(金澤表参道口)

中央公民館
彦三館
近江町市場・甘姫神社
袋町
老舗交流館
市民文化館

武蔵ヶ辻・
近江町市場
(エムザ 黒門小路前)
(武蔵ヶ辻・近江町市場)
(エムザ 黒門小路前)

近江町市場
(いちば館前)
(武蔵ヶ辻・近江町市場)
(武蔵ヶ辻・近江町市場)
(武蔵ヶ辻・金沢エムザ)

玉川町

松ヶ枝緑地

大手町
十間町

女性センター
金沢ふらっとバス(長町ルート)
芳斉一丁目
玉川図書館

南町・尾山神社

商工会議所
尾山神社

長土塀
玉川公園

長町中学校

香林坊
(日銀前)
(香林坊東急スクエア・日銀前)

(日銀前)
香林坊大和・アトリオ
(アトリオ前)
香林坊・仙石通り

中央市民体育館
聖霊病院・聖堂

長町武家屋敷跡

富本町
長町武家屋敷跡
老舗記念館

片町中央通り

香林坊
(片町)
片町・タテマチ
(片町)
タテマチ広場

(片町)
(片町きらら前)
片町

まちバス

御影大橋南
(片町・犀川大橋北)

千日町
白菊町

(バシオン前)
大工町

中村町小学校
中村神社

野町広小路

(寺町寺院群・にし茶屋街)

にし茶屋街

にし茶屋街

広小路
(大桜前)
(大桜前)

妙立寺(忍者寺)

14

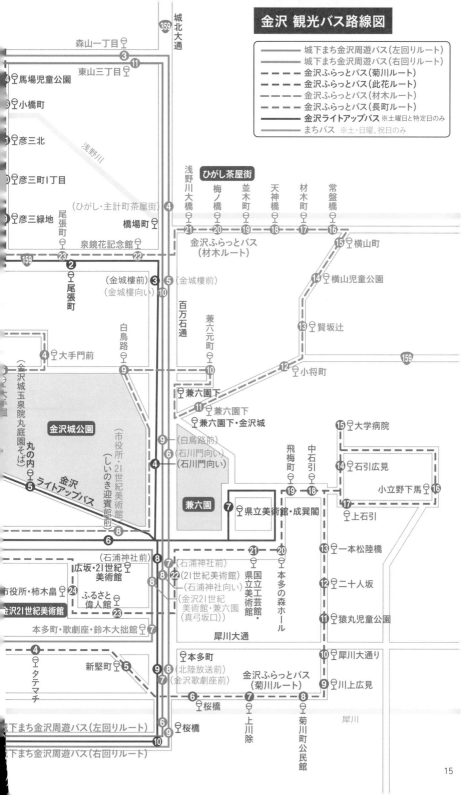

城北大通
359

森山一丁目
3
11
東山三丁目
馬場児童公園
4
小橋町
9
彦三北
1
彦三町1丁目
0
彦三緑地
9
尾張町
泉鏡花記念館
159
23
22
2
尾張町

金沢 観光バス路線図

城下まち金沢周遊バス（左回りルート）
城下まち金沢周遊バス（右回りルート）
金沢ふらっとバス（菊川ルート）
金沢ふらっとバス（此花ルート）
金沢ふらっとバス（材木ルート）
金沢ふらっとバス（長町ルート）
金沢ライトアップバス ※土曜日と特定日のみ
まちバス ※土・日曜、祝日のみ

浅野川大橋
ひがし茶屋街
梅ノ橋
並木町
天神橋
材木町
常盤橋

（ひがし・主計町茶屋街）
橋場町
4
21
20
19
18
17
16
金沢ふらっとバス
（材木ルート）
15 横山町

（金城樓前）
3 5 （金城樓前）
（金城樓向い）10
百万石通
兼六元町
14 横山児童公園
13 賢坂辻
159

大手門前
4
白鳥路
9
10
12 小将町

兼六園下
（金沢城玉泉院丸庭園そば）
金沢城公園
11 兼六園下
兼六園下・金沢城

15 大学病院
飛梅町
中石引
14 石引広見
小立野下馬 16

9 （白鳥路前）
6 （石川門向い）
4 （石川門向い）

丸の内
金沢ライトアップバス
5
兼六園
7 県立美術館・成巽閣
19 18
17
上石引
8
6

（石浦神社前）
8 7 （石浦神社前）
広坂・21世紀美術館
8 22 （21世紀美術館）
8 （石浦神社向い）
（金沢21世紀美術館・兼六園（真弓坂口））
21 20
13 一本松陸橋
12 二十人坂
市役所・柿木畠
24
ふるさと偉人館
23
県立国立工芸館・本多の森ホール
11 猿丸児童公園

本多町・歌劇座・鈴木大拙館 7
10 犀川大通り
9 川上広見

4
ユタテマチ
新堅町 5
9
7
本多町（北陸放送前）（金沢歌劇座前）
金沢ふらっとバス
（菊川ルート）
8
菊川町公民館

城下まち金沢周遊バス（左回りルート）
6 桜橋
9
上川除
犀川

城下まち金沢周遊バス（右回りルート）
10
桜橋
15

食べるべき金沢グルメはこれ！

グルメカタログ

四季折々の海の幸に伝統的な加賀料理、SNS映え
スイーツまで、美食の町・金沢を味わい尽くそう。

ごはん
海鮮はもちろん、お
でんやカレーなど地
元っ子が大好きなご
当地グルメも充実！

寿司

カウンター席だけの高級店も金沢発祥と
される回転寿司も、とにかくハイレベル。

加賀料理

加賀百万石の歴史と美意識が息づく、東
西の食文化が融合した料理。

金沢おでん

一年中味わえる、薄口だしで仕上げ
たおでん。ご当地ダネもチェック！

金沢カレー

どろりと濃厚なルーにカツとキャベツを
組み合わせた、クセになる味わい。

8番らーめん

名物は野菜がどっさりのった野菜らーめ
ん。飽きのこない味わいが人気。

スイーツ
名店が手掛ける上質スイーツもゴージャスな
金箔スイーツも両方捨
てがたい！

金箔スイーツ

金箔をあしらった豪華なスイーツはSNS
でも話題。記念撮影も楽しもう♪

和スイーツ

茶の湯文化が盛んで和菓子店も多い金
沢では、本格和スイーツがハズせない。

12カ月イベントカレンダー

1月 一年の幕開け

1月第1日曜
出初式
金沢の正月の恒例行事。消防局員と
消防分団員が集まり、勇壮な梯子登り
の技を披露。大名火消し「加賀鳶」の
伝統を受け継ぐ演技は必見。

4月 桜が街を彩る
4月上旬
兼六園無料開園
桜の開花に合わせて、観桜期の1週間
に無料開放が実施される。開花宣言
後に日程が発表されるため毎年日程
は異なる。

6月 大行列が壮観！
6月1〜3日
金沢百万石まつり
城下町・金沢ならではの華麗な祭り。
祭りのメインイベントは、前田利家の
偉業を偲んで開催される「百万石行
列」。豪華絢爛な行列は必見！

7月 夏の始まり

7月1日
氷室の日
氷室から出した氷が無事江戸に届く
よう、饅頭を供えて祈ったことが由来。
毎年7月1日を「氷室の日」とし、和菓
子店は「氷室饅頭」を販売する。

9月 味覚の秋へ

9月1日
底引き網漁解禁
金沢の人が心待ちにしている解禁日
で、市内の漁港から船が一斉に出漁す
る。地元の新聞やテレビでも報道さ
れ、市場やスーパーも活気に満ちる。

12月 雪降る季節

12月初旬〜3月中旬
薦掛け
冬の風物詩。水分の多い金沢の雪によ
る土の剥がれなどの土塀の損傷を防
ぐことを目的に、長町武家屋敷跡界隈
の土塀に「こも」を掛ける作業を行う。

※日程・内容が変更または中止される場合がありますので、事前にご確認ください。

旅が最高のハレになる

金沢 能登・北陸

KANAZAWA NOTO HOKURIKU

本書をご利用になる前に

【データの見方】

🏠 住所

☎ 電話番号

⏰ 営業時間※飲食店は開店〜閉店時間（LOはラスト
オーダーの時間）を記載しています。施設は最終入
館時間の表示がある場合もあります。原則として通
常営業時の情報を記載しています。

🗓 祝日、年末年始などを除く定休日

🏯 大人の入場料、施設利用料

🚃 最寄り駅やバス停、最寄りICなどからの所要時間

🅿 駐車場の有無※有料の場合は（有料）と表記しています

[料金] 宿泊料金

[IN] チェックイン時間　[OUT] チェックアウト時間

▶MAP　別冊地図上での位置を表示

【ご注意】

本書に掲載したデータは2023年3月現在のものです。内容が変更される場合がありますので、事前にご確認ください。祝日や年末年始の場合
など、営業時間や休み等の紹介内容が大きく異なる場合があります。時間や休みは原則として、通常の営業時間・定休日を記載しています。料
金は、基本的に取材時点での税率をもとにした消費税込みの料金を記載しています。消費税別の場合は（税別）と表記しています。ホテル料金
は2名1室利用の場合の1名あたりの最低料金を記載していますが、サービス料などは各ホテルにより異なります。本書に掲載された内容によ
る損害等は弊社では補償しかねますので、あらかじめご了承ください。

CONTENTS

金沢・能登・北陸でしたい 67のこと

取り外せる
詳細MAPも！

☑ やったことにCheck!

BEST PLAN

HIGHLIGHT

EAT

SHOPPING

TOURISM

OTHER AREA

読めば快晴 ☀ ハレ旅STUDY

\ スマホやPCで！/
購入者限定
ハレ旅 金沢 能登・北陸
電子版が無料！

FREE

無料アプリ honto で今すぐダウンロード
詳しくは→P.160

01

どこで何ができるの？

夢を叶えるエリアをリサーチ

見どころがコンパクトに集まる金沢市内を中心に、コツをつかんで上手に観光しよう。1泊2日や
2泊3日なら、能登や加賀温泉郷、富山、白川郷などとセットで回るのがおすすめ。

タウン別バロメータ

これを見れば何がイチオシか早分かり！
エリアの特性をつかもう。

- ♪ 遊ぶ
- ✨ 磨く
- 🛒 買う
- 📷 観光する
- 🍴 食べる

KANAZAWA
NOTO
HOKURIKU
MAP

歴史＆文化＆旬が
全部集まる

金沢市内
かなざわしない
→P.74

市内中心部から半径2km圏内
に主要な名所が集まっている
ので、初めて訪れる人でも観
光しやすい。バスやレンタサイ
クルを活用して、目当てのス
ポットをスムーズに巡ろう。ひ
がし茶屋休憩館をはじめ、市
内3カ所に常駐するボランティ
アガイド「まいどさん」と観光
するのもおすすめ。

石畳が風情た
っぷりのひがし
茶屋街

美しい庭園を楽しむなら兼六園へ

北陸の鮮魚たっぷり
の海鮮丼

金沢市内から加賀温泉郷と富山へは電車で、能登と白川
郷に行く場合はレンタカーを使うのがスムーズ。

小松空港(KMQ)

片山津温泉 ♨
20

北陸自動車道

北陸鉄道石川線

JR北陸本線　金沢駅

加賀温泉駅
364
粟津駅
小松駅
54
8
157
鶴来駅

山中温泉 ♨
♨ 山代温泉 ♪
416
360
157

162
8
215

歴史ある温泉郷で湯めぐり

加賀温泉郷
かがおんせんきょう
→P.140

松尾芭蕉が「奥の細道」の道中
で立ち寄った「山中温泉」や、
文人墨客にも愛された「山代温
泉」、美しい湖を見ながら温泉
を楽しめる「片山津温泉」、北
陸最古の「粟津温泉」からなる、
北陸随一の温泉郷。それぞれ
の泉質の違いや、個性あふれ
る温泉街を楽しむのもおすす
め。

山中温泉にある鶴仙渓は紅葉の名所

片山津温泉のシンボル、柴山潟

レトロな雰囲気の山代温泉古総湯

白川郷
ホワイトロード

里山で感じる大自然

白川郷　→P.148
しらかわごう

大小100棟あまりの合
掌造りが残る秘境で、
世界遺産にも登録。豊
かな自然を全身で感じ
られる。金沢駅から出
ている高速バスで80分。

豪雪に耐える頑丈な造り
の合掌造り家屋

知っ得
金沢の
基礎知識

🚄 東京から	2時間30分〜3時間（→P.150）	🚗 主な交通手段	バス、自転車、車（→P.152）
🚌 大阪から	2時間30〜50分（→P.150）	💬 言語	金沢弁
🚄 名古屋から	2時間30分〜3時間（→P.150）	🏯 景観	町家や商家など城下町の名残が

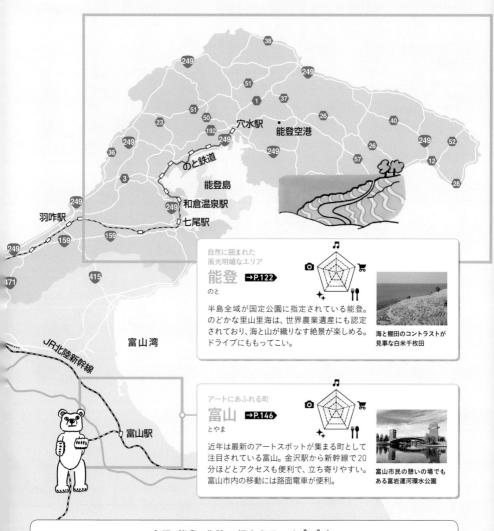

自然に囲まれた
風光明媚なエリア

能登 →P.122
のと

半島全域が国定公園に指定されている能登。
のどかな里山里海は、世界農業遺産にも認定
されており、海と山が織りなす絶景が楽しめる。
ドライブにももってこい。

海と棚田のコントラストが
見事な白米千枚田

アートにあふれる町

富山 →P.146
とやま

近年は最新のアートスポットが集まる町として
注目されている富山。金沢から新幹線で20
分ほどとアクセスも便利で、立ち寄りやすい。
富山市内の移動には路面電車が便利。

富山市民の憩いの場でも
ある富岩運河環水公園

金沢・能登・北陸で押さえるべきキホン

キホン①
**金沢市内の観光なら
まずはバス一日乗車券を**

金沢市内には路線バスや周
遊バスなど、便利なバスが
たくさん。プランに合わせ
て、お得なバス一日乗車券
を購入しておくと便利。

キホン②
**能登方面へは
レンタカーでの移動が便利**

金沢市内から奥能登（珠洲
市）までは車で2時間15分。
レンタカーを利用して、海沿
いのドライブを楽しむのが
おすすめ。

キホン③
**高級寿司は
予約がマスト**

海の幸が豊かな石川県に
来たからにはやはり一度
はカウンター席で高級寿
司を。席数に限りがある
ので、早めの予約を。

キホン④
**おみやげは
金沢駅「あんと」でまとめ買い**

金沢駅にある「金沢百番街 あん
と」には、お菓子や工芸品など
金沢のあらゆるお土産がずら
り。有名な老舗和菓子店も多数
出店している。

金沢を200%楽しむ

1日目

名庭園と武家屋敷をぐるっと巡る

1日目は、街の中心である兼六園や情緒あふれる武家屋敷など、加賀百万石の城下町・金沢の魅力をたっぷりと。

AM

10:00　金沢駅

バス
約17分

10:30　兼六園
→P.76
＜所要約1時間＞

徒歩
すぐ

11:30　成巽閣
→P.84
＜所要約30分＞

徒歩
約10分

12:10　金沢城公園
→P.78
＜所要約2時間＞

豆皿茶屋
→P.81

玉泉院丸庭園
→P.81

徒歩
約10分

PM

2:30　せせらぎ通り
→P.110
＜所要約1時間＞

徒歩
約2分

3:30　長町武家屋敷跡
→P.108
＜所要約1時間＞

バス
約5分

4:45　にし茶屋街
→P.106
＜所要約1時間＞

バス
約20分

6:00　金沢駅周辺

SIGHTSEEING　**LUNCH**

まずは大定番の兼六園・金沢城公園へ

かつての繁栄を彷彿させる金沢城は城下町のシンボル。隣には、日本三名園の一つである兼六園が広がる。

加賀藩前田家の歴代城主が居城とした金沢城

立体的な造形が特徴的な玉泉院丸庭園

公園内にある豆皿茶屋で休憩

兼六園の隣に立つ成巽閣も必見。雅な意匠の「群青の間」

ゴージャスでSNS映えしそうな豆皿茶屋の金箔ソフト950円

SHOPPING

金沢の流行をキャッチ

遊歩道のせせらぎ通りには、人気の飲食店や雑貨店が多数。金沢のトレンドをチェックするならここへ。

香林坊の裏通りで、のんびりお散歩を楽しむのにぴったり

SIGHTSEEING

藩政時代の面影にふれる

かつて中級武士が屋敷を構えた長町武家屋敷跡で、江戸時代の風情漂う街並みを楽しもう。

まるでタイムスリップしたかのよう

SIGHTSEEING

花街で風情を感じる

金沢三茶屋街の一つであるにし茶屋街は、情緒あふれる落ち着いた雰囲気が魅力。

通りを歩くと三味線や唄が聞こえてくることも

POINT

歩きやすい靴がベター

主要なスポットが徒歩圏内に集まるが、一つひとつが広いので、スニーカーなど歩きやすい靴がおすすめ。

出汁の旨みを味わって♡

DINNER

金沢のおでんを堪能する

昼夜問わず一年中楽しめる金沢おでんは、ご当地グルメの代表格。加賀野菜やバイ貝など、金沢ならではの味を。

旅を最大限に楽しむため、どこをどういう順番で回るか、スケジュールが重要。モデルコースを参考に計画を立てよう。

金沢のめぐり方

金沢は、兼六園や茶屋街、金沢21世紀美術館など、主要な見どころがコンパクトに集まる。金沢駅から目的地まではバスで移動したら、その後の移動は徒歩がおすすめ。できるだけ時間をかけずに移動したい場合はもちろんバスも◎。お得な一日フリー乗車券を利用しよう。

伝統文化とアートを満喫する

金沢を代表する観光名所である金沢21世紀美術館や、江戸時代の風情を今に伝えるひがし茶屋街はハズせない！

SHOPPING　MORNING
朝から賑わう近江町市場へ
地元では「おみちょ」の愛称で親しまれる近江町市場は、鮮魚店など多彩な店が集まる一大観光名所！

新鮮な魚介類をお土産にするのもおすすめ

朝から営業している店で海鮮丼を朝食に

お土産にぴったりな鰤のたたき

SIGHTSEEING
現代アートといえばココ
金沢21世紀美術館でアートを体感！企画展のほか、館内外に展示される恒久作品にも注目。

LUNCH
金沢グルメに挑戦する
洋食やカレーなど、地元っ子に愛される安くておいしい名物グルメも多数。

グリルオーツカの名物ハントンライス

スイミング・プール／レアンドロ・エルリッヒ／2004年製作

ひがし茶屋街にあるカフェ波結でお抹茶を

CAFE
SIGHTSEEING
文豪とゆかりある茶屋街のんびり街歩き
浅野川沿いに広がる主計町茶屋街。歴史ある建物が立ち並び、風情たっぷり。春は桜が美しい。

SIGHTSEEING　CAFE
人気観光エリアを余すところなく楽しむ
江戸時代のお茶屋がそのまま残るひがし茶屋街。街並みはもちろん、一般公開される茶屋建築も訪れてみて。

DINNER
北陸の旬魚を存分に堪能
気軽にお腹いっぱい海鮮を楽しむなら、居酒屋がおすすめ。地酒とともに味わって。

2日目

AM
8:30 近江町市場
→P.30
＜所要約1時間15分＞

バス
約6分

10:00 金沢21世紀美術館
→P.82
＜所要約2時間＞
徒歩
約8分

12:00 ランチ（グリルオーツカ）
→P.37
＜所要約40分＞
徒歩
約16分

PM
1:00 ひがし茶屋街
→P.90
＜所要約2時間30分＞

志摩
→P.96

波結
→P.95
徒歩
約5分

3:30 主計町茶屋街
→P.100
＜所要約40分＞

バス
約12分

5:30 ディナー（いたる 本店）
→P.38
＜所要約2時間＞

＋1DAYあるなら…？

能登で海鮮を満喫！
レンタカーを借りて、日本海に囲まれた能登へドライブにGO！日本の原風景ともいえる絶景に出合える。

ランチはご当地丼の「能登丼」

癒しの加賀温泉郷へ♪
北陸随一の温泉郷である加賀温泉郷。山中・山代・片山津・粟津の4湯があり、各温泉地には共同浴場もある。

温泉街で楽しめるグルメも魅力的

ハレ旅
KANAZAWA

HARETABI NEWSPAPER

SNSで注目を集める話題のカフェや、思わず写真を撮りたくなるおしゃれスポット、旅をサポートする進化系ホテルなど、知っておきたいホットなニュースをお届け！

TOURISM

石川県立図書館が おしゃれすぎる！

金沢の新しい憩いの場

"本のページをめくる"をイメージしたタイル貼りのパネルとガラス面が重なる外観が印象的！

あったらいいなが叶う！夢の図書館
石川県立図書館
いしかわけんりつとしょかん

蔵書数は100万冊以上。会話可能な館内で本と会話を楽しもう。館内各所に工芸品が設置されていたりカフェが併設されていたりと1日中楽しめる工夫がいっぱい。

🏠金沢市小立野2-43-1 ☎076-223-9565（代表） ⏰9:00〜19:00（文化交流エリア〜21:00）、土・日曜、祝日は〜18:00 ⏸月曜（祝日の場合は翌平日）、年末年始、特別整理期間） 💴入館無料 🚌バス停崎浦・県立図書館口からすぐ 🅿400台

金沢市郊外 ▶MAP 別P.9 F-2

円形劇場のような空間設計で、吹き抜けの館内には約500の閲覧席が設置されている。椅子の種類はソファからスツールまでさまざま。お気に入りの席を探してみよう

2022年
7月16日
OPEN

TOURISM

生まれ変わった 老舗銭湯が話題！

待望のリニューアルオープン。

70年以上愛されながらも惜しまれつつ閉まった銭湯「松の湯」が、「いい風呂の日」に復活オープン！

風呂で金沢の伝統と文化を楽しむ
松の湯
まつのゆ

70年の面影を残しつつ、職人によるオリジナル九谷焼タイルが銭湯内部を彩る。金沢の伝統と文化を感じられる新しい銭湯に。サウナと水風呂も完備！

🏠金沢市長町1-5-56 ☎076-208-7155 ⏰13:00〜24:00 ⏸水曜 💴490円 🚌バス停香林坊から徒歩3分 🅿4台

せせらぎ通り ▶MAP 別P.6 A-1

2022年
11月26日
RENEWAL
OPEN

湯船の壁も九谷焼タイル。風呂に浸かりながら金沢の伝統文化にふれられる

観光の合間にも！ 疲れた体をととのえよう

HARETABI NEWS

STAY

進化を遂げる、金沢ホテル事情

目的に合ったおしゃれホテルを選ぼう！

自然体でくつろぐホテルから煌びやかな空間で華やかな時間を楽しむホテルまで、洗礼されたホテルが続々オープン！

DAISUKE SHIMA

2022年 11月19日 OPEN

究極の癒しを体感しよう

SOKI KANAZAWA
ソキ カナザワ

四季の魅力を感じながら、心と身体を整える時間を過ごせる。地元で採れた新鮮な食材を使用した料理も魅力。

🏨金沢市袋町2-1　☎076-210-0270　IN:15:00〜／OUT:〜11:00　㋐モデレートキング8000円〜（2名1室）　㋫バス停武蔵ヶ辻・近江町市場前から徒歩1分　Ｐなし

`金沢駅周辺` ▶MAP 別P.4 C-2

フォトジェニックな朝ごはん

shuhei tonami

2022年 12月21日 OPEN

金沢の伝統美にふれる

THE HOTEL SANRAKU KANAZAWA
ザ ホテル サンラク カナザワ

煌びやかな金装飾が彩る空間や、四季の移ろいを映す優美な中庭が印象的。非日常のひとときを堪能できる。

🏨金沢市尾張町1-1-1　☎076-222-8077　IN:15:00〜／OUT:〜11:00　㋐スーペリアツイン2万円〜（2名1室）　㋫バス停近江町市場から徒歩1分　Ｐ58台

`近江町市場周辺` ▶MAP 別P.4 C-2

優雅でスタイリッシュ

2022年 5月20日 OPEN

体験やツアーで石川観光をサポート！

OMO5金沢片町
オモ ファイブ かなざわかたまち

だるまをかたどったかわいい九谷焼きアートがお出迎え。金沢の「食」になぞらえたさまざまな体験ができる。

🏨金沢市片町1丁目4-23　☎050-3134-8095　IN:15:00〜／OUT:〜11:00　㋐ダブル・ツイン5200円〜（2名1室）　㋫バス停香林坊から徒歩4分　Ｐなし

`片町` ▶MAP 別P.6 A-2

OMOレンジャーが見所を案内

EAT

注目カフェが急増中！

こだわりが光る大注目の3軒

全国各地の自家焙煎珈琲豆、工房で手作りするドーナツ、農家直送フルーツを使ったスイーツとバラエティ豊か。

2022年 7月16日 OPEN

こだわりの珈琲500円と大人気のプリン600円。プリンは1〜2ヵ月に一度、期間限定の味が登場するので要チェック

"みんなで作る"珈琲屋

COWRITE COFFEE
コライトコーヒー

全国各地の個人ロースターたちの自家焙煎珈琲豆を取り扱うセレクトコーヒーショップ＆カフェ。

🏨金沢市泉が丘2丁目1-10　☎050-8884-2700　㋐14:00〜20:00（土・日曜、祝日は11:00〜18:00）※SNS等を要確認　㋫月・金曜　㋫バス停泉が丘からすぐ　Ｐなし

`金沢市郊外` ▶MAP 別P.9 E-3

かわいいスイーツがいっぱい！

RITSUKA
リツカ

町家の落ち着いた空間で、農家直送の果物が主役のスイーツや自家製ソースのふわふわかき氷が楽しめる。

🏨金沢市東山1-23-10　☎なし　㋐11:00〜17:00（LO16:30）　㋫不定休　㋫バス停橋場町から徒歩5分　Ｐなし

`ひがし茶屋街` ▶MAP 別P.5 F-2

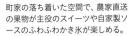

2021年 12月10日 OPEN

厳選された苺と和栗の相性が抜群な苺と和栗のモンブラン2200円

2022年 7月14日 OPEN

やみつきになるふわもち食感

どうなつ日和
どうなつびより

原料にこだわった優しい味のドーナツ。石川県名産の五郎島金時や加賀棒茶を使用したドーナツは金沢限定！

🏨金沢市戸板西1-55イオンタウン金沢示野内　☎076-254-5830　㋐10:00〜18:00　㋫水曜　㋫バス停示野ショッピングセンターからすぐ　Ｐ約1500台

`片町` ▶MAP 別P.9 D-2

ドーナツはすべて手作り

HARETABI NEWS

9

金沢「3つ」の事件簿

金沢を旅するときに必ずと言っていいほど発生する3つの事件。楽しい旅を実現するために、解決方法を予習しておくべし。

🔍 事件ファイル ①

突然の雨が…！濡れずに済むには？

「弁当忘れても傘忘れるな」という言い伝えがある金沢。雨の日が多いだけでなく、一日の中でも天気が変わりやすく、午前は晴れていたのに午後は雨…ということも。突然の雨にはどう備える？

解決！ 折りたたみ傘を携帯！&置き傘サービスを利用しよう！

金沢では忘れ物などの傘を再利用したプロジェクト「eRe:kasa」を実施。主要な施設や「まちバス」車内の傘立てに配置され、傘を忘れた人は誰でも利用することができる。すべての設置場所で返却も可能。

置き傘設置場所	営業時間	定休日 ※一部抜粋
金沢駅観光案内所	8:30～20:00	無休
まちバス	9:40～20:00	無休
ひがし茶屋休憩館	9:00～17:00	無休
金沢城公園(二ノ丸)	9:00～16:30	無休
長町武家屋敷休憩館	9:00～17:00	無休
にし茶屋観光駐車場	7:30～22:00	無休

🔍 事件ファイル ②

人気名所は人が多い！混雑を避けるにはどうすれば？

兼六園や美術館など、行きたいスポットはたくさん！だけどそれはみんな同じだから、行く場所行く場所どこも混雑。密を避けることも考えると、人気スポットは諦めたほうがいいの…？

解決！ 早朝や事前予約で混雑回避！

人の少ない朝時間の活用は必須。また、飲食店や体験スポットなど、予約できる店は必ず予約を。来店(参加)できる人数が決まっているので混雑も避けられる。

早朝がおすすめ

兼六園 →P.76
開園は7:00(秋冬は8:00)。朝の散歩で気分爽快！

金沢21世紀美術館 →P.82
入館は早めに！館外の恒久作品は朝でも鑑賞可能

ひがし茶屋街 →P.90
午前中は混雑も少ないので街並みをゆっくり楽しめる

事前予約がおすすめ

寿司店 →P.28
カウンターの店は席数も限られているので予約が必須

体験 →P.66
体験スポットは受付人数に限りがあるところが多い

🔍 事件ファイル ③

移動はバスがメインなのに
交通系ICカードが使えない…しかも
バス停が分かりにくい…どうすれば？

金沢観光の移動の基本はバス。とはいえ、複数の
バスがある上に、ルートによってバス停名が違った
り、バスによって交通系ICカードが利用できなかっ
たり…混乱するケースが多発の様子。

解決！　まちのりでスイスイ移動する

コンパクトに見どころが集まる金沢は、自転車で移
動するのにちょうどよく、バスの混雑も避けられる。
自転車レンタルサービスを上手に活用しよう。

STEP 1　申し込み　専用アプリをダウンロー
　　　　　　　　　　ドし、会員登録する

STEP 2　借りる　　ポートで自転車を借りる

STEP 3　返却　　　最寄りのポートに返却

利用時間 ※まちのり事務局は9:00～18:00
貸出24時間　返却24時間

料金
1回会員 1回165円（30分を超えるごとに110円ずつ追加）
1日パス 1650円（提携窓口での購入なら1650円）

金沢市公共シェアサイクルまちのり事務局
かなざわしこうきょうシェアサイクルまちのりじむきょく

🏠金沢市此花町3-2 ライブ1ビル1F　☎076-255-1747
🕘9:00～18:00　🗓無休　🚃JR金沢駅からすぐ
金沢駅周辺 ▶MAP 別P.4 A-1

解決！　1日フリー乗車券をGET

市内中心部（指定エリア内）を一日に何度も乗り降り
できるお得な乗車券をゲットすれば、移動がラクラ
ク。「城下まち金沢周遊バス」や「金沢ふらっとバス」
のほか、市内の路線バスにも乗り放題。

見本　　見本

金沢市内1日フリー乗車券 600円
発売場所／交通案内所および北鉄駅前センター（金
沢駅東口バスターミナル内）、片町サービスセンター
など　　　　　　　　　　　　　　　　　→P.152

解決！　事前にバスの種類をCHECK

観光の基本となるのが、金沢駅と街中を結ぶ「まち
バス」と人気観光地を巡る「城下まち金沢周遊バス」
の2種類。覚えておくと移動がスムーズ！

バスは大きく2つ！

まちバス

金沢周遊バス　　詳しくは→P.153

z

w

v

u

t

s

r

q

KANAZAWA CASE FILES

KANAZAWA CASE FILES

写真に収めたい！

絵になる街並みを歩く

情緒たっぷりの茶屋街に、迷子も楽しい路地や坂道、歴史を感じる武家屋敷跡と、
金沢にはフォトジェニックな街並みがあちこちに。カメラ片手にのんびりお散歩を楽しもう♪

当時の面影が残る粋な茶屋街

ひがし茶屋街
ひがしちゃやがい

かつて加賀藩の認可を受けて創設された茶屋街の一つで、上流階級が通ったという。1階に出格子を構える茶屋建築が並び、風情あふれる昔の面影を見ることができる。
→P.90

まずは大定番
風情ある街並みを散策

絵になるPOINT!
これぞ茶屋町！という一枚ならメイン通りへ。低めの位置から撮影してみて

茶屋街には町家カフェもたくさん。歴史があるのに新しい！

ひゃくまんさんモチーフのかわいいお菓子と一緒にパチリ

夕方からは茶屋街に明かりが灯り、さらに情緒あふれる雰囲気に

しっとりした雰囲気の茶屋街や暗がり坂は着物が似合う人気の撮影スポット

文豪と縁ある茶屋町を着物姿でそぞろ歩き

川沿いをのんびり歩こ♪

HIGHLIGHT

絵になる街並み

四季グラビア

アートスポット

ひゃくまんさん&はちまんさん

ご利益

📷 **絵になるPOINT!**
川沿いの主計町茶屋街にある中の橋（→P.100）は木造の歩行者専用橋

CUTE!

フォトジェニックな神社にお参り♪

ポップな水玉柄のお守りはカラーバリエも豊富

かわいい"きまちゃん"がお出迎え
石浦神社
いしうらじんじゃ

2200年前に草創されたと伝わる金沢最古の神社。神社のキャラクター・きまちゃんがデザインされたお守りなどが充実で、目当てに訪れる女性も多い。
→P.20、85

📷 **絵になるPOINT!**
きまちゃんが描かれた絵馬が人気。かわいいきまちゃんがズラリ

文豪も愛した情緒ある街並み
主計町茶屋街
かずえまちちゃやがい

落ち着いた石畳の茶屋街で、歴史ある建物も多く、重要伝統的建造物群保存地区に指定される。金沢三文豪の一人である泉鏡花の作品にもたびたび登場。
→P.100

この辺りを流れる鞍月用水は香林坊へ抜けている

📷 **絵になるPOINT!**
まるで江戸時代にタイムスリップしたような非日常感を楽しもう！

江戸時代の面影が残るレトロな街並み

発見！話題の花手水

最近SNSで話題の花手水。石浦神社の手水舎も季節の花で彩られ、鮮やかな花手水となっている。

一期一会の出会い

迷いたくなる情緒あふれる街並み
長町武家屋敷跡
ながまちぶけやしきあと

歴史を感じる武家屋敷が立ち並び、昔ながらの土塀が続くエリア。藩政時代の趣のある景観が今も残され、入り組んだ路地を気ままに歩くのも楽しい。
→P.108

四季折々美しい！

金沢城公園 & 兼六園 へ

金沢旅行の大定番であり、やっぱり外せないのが金沢城公園と兼六園。
ピンクに染まる春もいいけれど、空気が澄んだ冬も捨てがたい。どの季節が好み？

金沢を代表する
桜の名所

約400本の桜が出迎える金沢城公園は、
金沢屈指の桜の名所。石垣沿いに咲く
桜が見事で、特に石川門とのコラボレー
ションは息を呑む美しさ。

金沢城公園 →P.78

春

桜とお城の
ライトアップ

春の兼六園
無料開園

4月上旬予定

金沢気象台による桜の開
花宣言とともに約1週間
実施される。入園無料に
なるほか、夜は幻想的な
ライトアップも実施

青い芝生が美しい
城下町のシンボル

金沢
百万石まつり

6月上旬予定

前田利家が金沢城に入城し、金沢の礎を築いたことを偲
ぶ祭り。金沢城公園は大行列のゴールにもなっている

夏

晴れ渡る空と、青々とした芝生、そして美しい石垣によって
造られた城郭のコントラストを楽しむなら夏がおすすめ。
園内にある玉泉院丸庭園（→P.81）もこの時期がベストシーズンだ。

金沢城公園

HIGHLIGHT

絵になる街並み

四季グラビア

アートスポット

ひゃくまんさん＆はちまんさん

ご利益

✿ What is

兼六園で見られる春夏秋冬の花々

広大な敷地を持つ兼六園には、多くの草花が植えられている。美しい花々を目当てに訪れる人も多い

春 桜 4月

夏 カキツバタ 5〜6月

秋 紅葉 11月

冬 梅 2〜3月

池に映り込む幻想的な世界

東京ドーム2.4倍の広さを誇る兼六園。
秋の目玉はやっぱり黄色や朱色に染まる紅葉。
夜になると、園内にある霞ヶ池や瓢池には
美しく照らされた紅葉が映し出される。

秋

兼六園 →P.76

金沢城・兼六園四季物語
「秋の段」

10月下旬〜11月

期間限定で行われるライトアップイベント。11月からは冬の風物詩である雪吊りの風景も楽しめるのでチェックしよう

これが雪吊り

名園を守る冬の幾何学模様

兼六園雪吊り

11月〜3月中旬

木の種類や枝ぶりによって技法が使い分けられた雪吊りは園内だけでなんと約800カ所にも及ぶ

金沢の冬の風物詩といえば雪吊り。
雪の重さで樹木が折れてしまわないよう
施された雪吊りは、まるでアート作品のよう。
しんしんと雪の降る冬の兼六園を毎年守り続けている。

冬

兼六園

まさに眼福♡

話題のアートスポット

金沢には写真映え必至のアートスポットがいっぱい！絶対行きたい人気のミュージアムは、
スケジュールを事前にチェックしてから出かけよう。

フォトジェニックな作品が勢揃い

金沢21世紀美術館 →P.82

かなざわにじゅういっせいきびじゅつかん

妹島和世と西沢立衛からなるSANAAが設
計した、現代アートの美術館。館内外には個
性豊かな作品を展示する。多彩なアーティ
ストが登場する企画展にも注目して。

①「スイミング・プール」レアンドロ・エルリッヒ
／2004年制作 ②「カラー・アクティヴィテ
ィ・ハウス」オラファー・エリアソン／2010年
制作 ③「まる」妹島和世＋西沢立衛／SANAA／
2016年 ④「雲を測る男」ヤン・ファーブル／1998
年 ⑤「ブルー・プラネット・スカイ」ジェームズ・タレル／
2004年制作

WOW！

✾ How to
金沢21世紀美術館の攻略テク

❶ 旅の予定に合わせて
　ゾーンを選択
すべてのゾーンを回ると3時間
程度は必要。見たい作品な
ど事前にリサーチしておこう。

❷ 夜の美術館で
　楽しさ2倍に
作品がライトアップされるな
ど夜に巡るのも楽しい！最新
の開館時間はHPで確認を。

工芸の名品に出合う

国立工芸館

こくりつこうげいかん

日本で唯一の工芸・デザインを専門とする国立美術館。旧陸軍第九師団司令部庁舎と旧陸軍金沢偕行社の建物を活用している。
→P.86

レトロ建築で感じる
近現代の工芸美

お土産にはAzuma Tote各2200円を購入しよう

1国立工芸館 外観 2金子潤《Untitled (13-09-04)》2013年 3レトロな階段ホール 4工芸と出合う 2D鑑賞システム 5橋本真之《果樹園―果実の中の木もれ陽、木もれ陽の中の果実》1978-88年 3以外 写真 太田拓実

広々としたスペース

1図書コーナーは児童図書や地域図書などに分かれる 2イベントや展示に利用できるホールや集会室も設置

近代的な図書館で歴史を学ぼう！

建物がすてき！

金沢の特産物や歴史を知る

金沢海みらい図書館

かなざわうみみらいとしょかん

外壁に約6000の丸窓を設置した斬新な建物が注目される話題の図書館。醤油や機械工業など多様なものづくりが盛んな土地ということから、地域の情報に関する蔵書が充実している。

🏠 金沢市寺中町イ1-1 ☎076-266-2011 🕙10:00～19:00（土・日曜、祝日は～17:00） 🅿水曜（祝日の場合開館）、特別整理期間 🚌バス停金沢海みらい図書館前からすぐ 🅿100台
金沢市郊外 ▶MAP 別P.9 D-2 →P.118

HIGHLIGHT
絵になる街並み
四季グラビア
アートスポット
ひゃくまんさん＆はちまんさん
ご利益

HIGHLIGHT
04

金沢ならではのキャラクター

かわいいひゃくまんさん
&はちまんさんに夢中

CUTE!

石川県観光PRマスコットキャラクター「ひゃくまんさん」と、ころんとしたフォルムが乙女心をくすぐる「はちまんさん」が大人気！

金屏風の前で
ひゃくまんさんと記念撮影

ひゃくまんさんグッズの宝庫

八百萬本舗
やおよろずほんぽ

元金物店だった町家を改装した複合ショップ。ポップな九谷焼や、ひゃくまんさんグッズが並ぶ。店舗2階には「ひゃくまんさんの間」があり、ひゃくまんさんの隣に座って記念撮影ができる。

→P.101

■1 バケ買い必至のかわいらしいおみやげも ■2 おみくじも引ける ■3 ひゃくまんさんグッズが揃うコーナー「ひゃくまんさんの家」 ■4 金沢カレーとのコラボ商品もある

HIGHLIGHT

絵になる街並み

四季グラビア

アートスポット

ひゃくまんさん＆はちまんさん

ご利益

What is
はちまんさん

金沢の縁起物として長く親しまれてきた「加賀八幡起上り」の愛称で、子どもの誕生や婚礼の祝いに贈る習わしがある。

伝統ある桐工芸を現代風に提案
岩本清商店
いわもときよししょうてん

トレーや、コースターなど職人技を生かした小物を取り扱う金沢桐工芸の店。オリジナルアイテムのほか、はちまんさんモチーフのグッズも販売している。

🏠 金沢市瓢箪町3-2 ☎076-231-5421 ⊕10:00〜18:30 ㊡火曜 ⊗バス停明成小学校前からすぐ ㊆なし
金沢駅周辺 ▶MAP 別P.4 C-1

ひめだるまカード
2枚組 550円

定型の封筒に入れれば84円で送ることができる

御守
800円

形もサイズもさまざまでお守りにもはちまんさんが

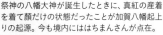

はちまんさん発祥の神社
安江八幡宮
やすえはちまんぐう

祭神の八幡大神が誕生したときに、真紅の産着を着て顔だけの状態だったことが加賀八幡起上りの起源。今も境内にははちまんさんが点在。

🏠 金沢市此花町11-27 ☎076-233-3688 ⊕9:00〜16:00 ㊡無休 ⊗参拝自由 ⊗JR金沢駅から徒歩5分 ㊆20台
金沢駅周辺 ▶MAP 別P.3 E-1

絵馬
300円

境内とはちまんさんが描かれた御朱印帖。はちまんさんのご利益は厄除け、病気平癒、健康祈願など

御朱印帖
1200円

食べるのがもったいない！新名物
多華味屋
たかみや

ご当地キャラ「ひゃくまんさん」をモチーフにしたふわふわ食感の今川焼で、細かい模様まで忠実に再現。テイクアウトも可。

→P.94

ひゃくまん焼き
220円〜

味はあんこ、カスタード、豆腐レアチーズ、季節限定品など

福徳せんべい（土人形入り）
1個 346円

モチーフは約30種類。12月〜1月下旬期間限定

創業170年を超える落雁の老舗
落雁 諸江屋 本店
らくがん もろえや ほんてん

江戸時代末期に創業。金沢の伝統的な正月菓子として知られる福徳せんべいは、打出や砂金袋、俵の中にはちまんさんなどのめでたい玩具が入っている。

→P.53

加賀八幡起上り
825円〜

胡粉、朱を塗った愛らしいはちまんさんはプレゼントにもおすすめ

加賀八幡起上りストラップ
770円

お土産も、思い出も！
中島めんや
なかしまめんや

加賀人形や金沢の郷土玩具を作り続ける老舗。はちまんさんの販売のほか、マイはちまんさんを作る絵付け体験も実施（体験料880円）。

🏠 金沢市青草町88近江町いちば館地下 ☎076-232-1818 ⊕9:00〜18:00 ㊡火曜（祝日の場合営業）⊗バス停武蔵ヶ辻・近江町市場からすぐ ㊆なし
近江町市場周辺 ▶MAP 別P.4 C-2

HIGHLIGHT
05

かわいいビジュアルに注目！
ご利益グッズ＆御朱印をGET

アートの町・金沢には、見ているだけで心がトキめく、かわいいご利益グッズや
御守・御朱印がたくさん！お気に入りを見つけて、運気をアップさせよう。

願いを込めて

金沢最古の神社で
縁結び祈願

境内には映えるスポットが点在している

御朱印

五〇〇円

季節の花などを
あしらった毎月変
わる御朱印も

金銀の印が
豪華

御朱印

五〇〇円

境内にある廣坂
稲荷神社で授か
れる御朱印

A 女性人気No.1神社
石浦神社
いしうらじんじゃ

2200年前に創建された神社で、
歴代加賀藩主の崇敬を受けてき
た。朱色の鳥居が続く参道のほ
か、ゆるきゃら"きまちゃん"モチ
ーフの絵馬や御守が人気。
→P.13、85

この神社でいただける！

豪華絢爛！金沢の御朱印コレクション

神社を巡りながらお気に入りの御朱印を見つけよう（御朱印は変更の可能性あり）

101基の鳥居が続く参道は、定番の撮影スポット

キラキラの金箔

令和二年十二月二十七日

「金」の字に金箔を施した御朱印は常時いただける

学業祈願ならココに決まり

金澤神社
かなざわじんじゃ

1794（寛政6）年、11代藩主・前田治脩が藩校の鎮守社として創建。学問の神である菅原道真公や、金運・災難除けの神である白蛇龍神を祀っている。
→P.84

御朱印　五〇〇円

御朱印帖　三〇〇〇円

木彫りの御朱印帖は重厚感たっぷり

和漢洋折衷の神門が目印

尾山神社
おやまじんじゃ

加賀藩祖・前田利家公と正室・まつの方を祀る神社で、1873（明治6）年に創建された。神門は三層のアーチ型楼門で、カラフルなギヤマンを配しており、国の重要文化財。
→P.85

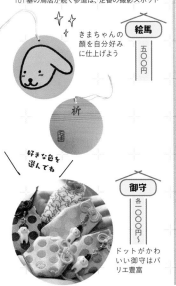

きまちゃんの顔を自分好みに仕上げよう

絵馬　五〇〇円

好きな色を選んでね

御守　各一〇〇〇円〜

ドットがかわいい御守はバリエ豊富

御朱印　五〇〇円

右下の印は月替わりなのでお楽しみに

金沢の食文化のヒミツ

加賀文化の集大成 加賀料理

海鮮や加賀野菜など、食材が豊富な金沢。今や「美食の町」として認知されるほどの食文化が形成された背景には、加賀文化の繁栄、それに伴う加賀料理の誕生があった。加賀料理とは金沢産の食材を使った日本料理のことで、明確な定義はない。藩祖・前田利家の主君である豊臣秀吉の影響を受けた京料理を基本としながら、江戸の武家文化と融合して進化したとされる。背開きにした鯛におからを詰めて蒸し上げた「鯛の唐蒸し」に代表されるように、見た目の豪快さも加賀料理の特徴。その発展には器や建物が大きく関係しており、歴代の主人が集めた九谷焼や輪島塗の器を用いるなど、調理技術とともに継承されてきた。料理を中心に、しつらえや建物などとの集合体として発展したことが、加賀料理の特徴であり魅力といえる。

写真提供：金沢市

加賀野菜

金沢で古くから栽培される伝統野菜「加賀野菜」。現在、個性豊かな15品目が認定されている。

加賀れんこん
でんぷん質が多く、もっちりした食感が特徴

加賀太きゅうり
瓜のような大きさで果肉は厚くてやわらかい

打木赤皮甘栗かぼちゃ
鮮やかな色で皮が薄く、肉質はみずみずしい

金時草
葉の表は緑、裏は赤紫。独特のぬめりがある

海の幸

日本海で水揚げされた魚介類はどれも新鮮！味も食感も格別で、一年中楽しめるのも魅力。

夕方限りの通り ノドが黒いよ

のどぐろ
上品な脂がのった高級魚。生でも焼いても◎

岩ガキ
夏が旬で通常の牡蠣より大きく食べ応えあり

バイ貝
コリコリの歯触りで金沢おでんの具にも

加能ガニ
石川県で水揚げされたオスのズワイガニ

地酒

加賀平野で育った酒米と、ミネラル豊富な白山の伏流水から生まれた清酒が料理を引き立てる。

食事にはこれでしょ

日本酒
酒蔵ごとに個性があるので飲み比べも楽しい

器

石川県内には日本を代表する器の産地が点在。
料理を引き立てる器は、金沢の食に欠かせない。

九谷焼
県内南部で生産される。
五彩手といわれる鮮や
かな上絵付けが特徴

金沢漆器
京の蒔絵の名工が技術
を伝えたことを起源と
する、金沢特有の漆器

暮らしに
寄り添う

輪島塗
輪島市で生産される漆
器で、何層もの下地を
施した丈夫さが特徴

菓子

お抹茶と
一緒にどうぞ

茶の湯文化とともに発展してきた和菓子は、
季節や暮らしの節目に欠かせないもの。

ささげ餅
餅のまわりにささげ豆をた
っぷり。ほのかな塩味

金花糖
鯛や筍など一年の海の幸・
山の幸を模した砂糖菓子

じろあめ
材料は米と大麦のみ。優し
い甘さが特徴の素朴な飴

氷室饅頭
餡入りで皮は3色。毎年7月
1日に食べる風習がある

五色生菓子
婚礼や建前など祝い事のと
きに配られる5種の生菓子

落雁
茶文化とともに発展した落
雁。しっとりした生落雁も

 What is

金沢には
おもしろい名前の料理が
たくさん！

名前を聞いただけでは材料も調
理法も分からない、ユニークな名
前のご当地グルメ。あなたはいく
つ知ってる？

☑ エントリーNo.1 ▶ **ベロベロ**

ハレの日に欠かせない、砂糖
入りの玉子の寒天寄せ

☑ エントリーNo.2 ▶ **いとこ汁**

小豆や豆腐、野菜を煮込んで
味噌汁仕立てにした椀物

☑ エントリーNo.3 ▶ **オランダ煮**

揚げたり炒めたりした食材を
甘辛く煮たもの。ナスが有名

☑ エントリーNo.4 ▶ **みたま**

もち米に黒豆を混ぜたおこわ
で、きな粉をかけることも

☑ エントリーNo.5 ▶ **治部煮**（じぶに）

鴨肉や麩などの煮込み料理。
わさびを添えるのが定番

EAT

海鮮丼

寿司

近江町市場

加賀料理

地元グルメ

朝ごはん

金沢フレンチ

カフェ&スイーツ

金沢における落雁は、ほかの地域よりも生活に深く溶け込んだ和菓子だ。看板商品にする店もあるほど。　23

金沢といったらまずはコレ

海鮮丼をほおばりたい！

色とりどりの鮮魚を「これでもか！」というほど、豪快に盛りつけた海鮮丼。
ネタはもちろん、ご飯や調味料にもこだわった個性あふれる丼をいただきます♡

旬の海鮮14種！
地元の鮮魚を贅沢に

丼から溢れる新鮮魚介が食欲を刺激

特得近江町盛 3800円
地物の白身をはじめ14種の
海鮮に自家製玉子焼きなど

地物づくしの贅沢丼を

近江町市場 海鮮丼 魚旨
おうみちょういちば かいせんどん うおうま ☆

「地産地消」をモットーに、海鮮だけでなく、米や調味料
も地元産を使用。米は名水・白山冷水で炊いているという
こだわりよう！

🏠 金沢市下堤町19-3 ☎ 非公開 🕐 11:00～18:00（ネ
タがなくなり次第終了）㊡ 不定休 🚌 バス停武蔵ヶ
辻・近江町市場からすぐ 🅿 なし

近江町市場周辺 ▶MAP 別P.4 B-2

1 アットホームな雰囲
気 2 にぎやかな近江
町市場にある 3 手頃
でボリュームある近
江町市場丼 1960円

何を
食べようかな♪

EAT

海鮮丼

寿司

近江町市場

加賀料理

地元グルメ

朝ごはん

金沢フレンチ

カフェ&スイーツ

豪華さNo.1

上ちらし近江町〈特盛〉3250円
海鮮はもちろん醤油や酒を熟成させた自家製醤油も自慢

これもオススメ

のどぐろと季節の食材の炙りちらし3500円

近江町で創業30年の人気店

井ノ弥
いのや

金沢海鮮丼の発祥ともいわれる店。定番のちらし丼や季節限定の丼など、丼は40種の品揃え。海鮮を使った一品料理もある。

🏠 金沢市上近江町33-1　☎ 076-222-0818　🕙 10:00
〜16:00（土・日曜は9:30〜）　🈺 火曜（祝日の場合営業）
🚌 バス停武蔵ヶ辻・近江町市場からすぐ　🅿 なし
`近江町市場周辺` ▶MAP 別P.4 B-2 →P.30

個性派揃い！

竹乃家プレミアム海鮮丼　時価
春はガス海老など、季節ごとの旬の魚介をトッピング！

これもオススメ

贅沢に散らしたいくらが海鮮とサーモンといくらの親子丼 時価

地元で愛される老舗食堂

竹乃家
たけのや

定食に麺類、丼、一品など豊富で手ごろなメニューがズラリ。旬の海鮮を使ったメニューも人気で、ここでしか食べられないオリジナル丼も充実。

🏠 金沢市八日市出町27-2　☎ 076-249-5392　🕙 11:00
〜15:00、17:00〜21:00（日曜、祝日は〜20:00）　🈺 月
曜、第3日曜　🚌 バス停八日市出町からすぐ　🅿 18台
`金沢市郊外` ▶MAP 別P.9 D-2

コスパ抜群！

これもオススメ

海鮮丼〈華〉　2550円
中トロにブリ、カニ身など。＋330円で金箔もぜひ

5種盛りの刺身定食1750円もお手頃がうれしい

リーズナブルに海鮮を堪能

じもの亭
じものてい

名前の通り「地の物」を存分に楽しめる一軒。丼のほか、定食や一品料理など充実で、リーズナブルな価格がうれしい。

🏠 金沢市上近江町27-1　☎ 076-223-2201　🕙 11:00
〜15:00（日曜、祝日は9:00〜）　🈺 水曜（祝日の場合営業）　🚌 バス停武蔵ヶ辻・近江町市場からすぐ　🅿 なし
`近江町市場周辺` ▶MAP 別P.4 C-2

鮮度が自慢

いきいき亭丼　ローカル2200円
ワールド3300円
13〜15種の海鮮と酢飯が別盛り。炙りは岩塩でどうぞ

これもオススメ

早朝からこの丼を求めて

いきいき亭 近江町店
いきいきてい おうみちょうてん

カウンターのみの小さな店ながら、朝から行列ができることも。名物のいきいき丼のほか、数量限定の朝どれ丼2200円もおすすめ。

じっくり煮込んだブリ大根1000円も必食！

🏠 金沢市青草町88 近江町いちば館1F　☎ 076-222-2621　🕙 7:00〜15:00（ネタがなくなり次第終了）　🈺
木曜　🚌 バス停武蔵ヶ辻・近江町市場からすぐ　🅿 なし
`近江町市場周辺` ▶MAP 別P.4 B-2

コスパ満点でハイレベル！
回転寿司で満腹

金沢発祥ともいわれる回転寿司。本場だけあって、驚きの価格で新鮮な魚介を使った本格的な寿司を楽しむことができる。どの店もハイレベルのため行列は覚悟して。

これもオススメ

大きなカニの入った香箱かに汁660円

もりもり3点盛り
1980円

生平目縁側
660円

1日10皿限定メニュー

ぶりとろ
480円

脂たっぷり

近江町市場で行列のできる店
もりもり寿し 近江町店
もりもりずし おうみちょうてん

早朝から開いている回転寿司店で、石川や富山からえり抜きのネタを仕入れており、大きさに定評がある。人気のネタを一貫ずつ食べられるお得な3点盛りや5点盛りが充実。

🏠 金沢市青草町88 ☎ 076-262-7477 🕗 8:00〜最終入店16:00(変動あり、要問合わせ) 休 無休 🚌 バス停武蔵ヶ辻・近江町市場からすぐ 🅿 近江町市場駐車場利用(有料)
近江町市場周辺 ▶ MAP 別P.4 B-2
→P.30

北陸厳選盛り合わせ
1340円

まぐろを食べ比べ

本マグロづくし
990円

これもオススメ

氷見産の日替わりネタ

のどぐろ
740円

港直送の良質な品揃え
すし食いねぇ！県庁前店
すしくいねぇ！けんちょうまえてん

金沢港や富山の氷見漁港から直送された、新鮮な魚介の寿司を提供。職人の確かな腕で、一貫ずつ本格的な寿司に仕上げる。テーブルや小上がり席もあるのでグループでの来店も。

🏠 金沢市西都1-51 ☎ 076-268-3450 🕗 11:00〜21:30 休 無休 🚗 JR金沢駅から車で5分 🅿 75台
金沢市郊外 ▶ MAP 別P.9 E-2

濃厚な旨みの海鮮あら汁310円

落ち着いた雰囲気の店内。カウンターのほかにテーブル席もあり、ファミリーでも利用しやすい

北陸に来たら外せない♪

ぷりぷり食感♪

隠れた定番

がすえび
660円

白えび
880円

あじ
275円

朝夕仕入れる新鮮ネタを駅ナカで

廻る富山湾 すし玉 金沢駅店

まわるとやまわん すしたま かなざわえきてん

金沢港や能登・富山の漁港から毎日2回仕入れる活きのいいネタが、お手頃価格で楽しめる。旅のスタートやシメにぴったりな駅ナカの好立地も魅力的。

🏠 金沢市木ノ新保町1-1 JR金沢駅西口
あんと西2F ☎076-235-3238 🕐
11:00～21:30 🈳 無休（臨時休業あり）🚃 JR金沢駅直結 🅿️なし
金沢駅周辺 ▶MAP 別P.3 D-1
→P.70

これもオススメ

欲張りさんにおすすめ

白海老天ぷら
858円

百万石にぎり
（お椀付）
4246円

脂たっぷり

のどぐろ炙り
968円

職人技が光る美しい握りの数々

金沢回転寿司 輝らり

かなざわかいてんずし きらり

その日の入荷状況によって変わるネタを、ひと皿でいろいろ楽しめる百万石にぎりが人気。カウンターで味わうようなハイクオリティの寿司を楽しめる。金沢駅からすぐなのもうれしい。

🏠 金沢市広岡1-9-16 マストスクエア金沢1F ☎076-223-5551 🕐11:00
～22:00 🈳 無休 🚃 JR金沢駅からすぐ 🅿️なし
金沢駅周辺 ▶MAP 別P.3 D-1

✿ **When is** ───

北陸の魚介の旬

| 11～2月 ▶ 寒ブリ |
北陸の冬を代表する魚。石川県沖でとれるものは、脂と旨みが格別

| 11～3月 ▶ のどぐろ |
脂のりがよく「白身のトロ」とも呼ばれる高級魚であまり流通しない

| 11～3月 ▶ 甘エビ |
ねっとりと舌に絡み、とろけるような食感と甘みが特徴

| 11～3月 ▶ 加能ガニ |

石川県産ズワイガニ。繊細な身も濃厚なミソも絶品

| 6～8月 ▶ 岩ガキ |

夏が旬の牡蠣で、能登産が有名。味が濃く、クリーミー

©石川県観光連盟

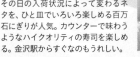

EAT

海鮮丼

寿司

近江町市場

加賀料理

地元グルメ

朝ごはん

金沢フレンチ

カフェ＆スイーツ

🥢 回転寿司はとにかくネタ数が多いので、自慢のネタを一皿でいろいろ食べられる3、5種盛りをいくつか頼むのがおすすめ。

見目麗し✨ あこがれの極上寿司を堪能

伝統も新しさも取り入れた
美しい江戸前寿司

ネタはもちろん
店内にもこだわりあり

おまかせコース
2万5000円

おまかせコース
昼1万1000円〜、夜1万9800円〜

数品の肴のあと寿司が
10貫。肴も寿司も新し
いアイデアを生かす

夜は前菜や季節の一品
のほか握りが付く。ガリ
が大きめなのも特徴

氷見の鮮魚を江戸前握りで
鮨木場谷
すしきばたに

立体感のある豪快な寿司を
鮨処あさの川
すしどころあさのがわ

東京の名店やケータリングの寿司職人として腕を磨いた店
主。「大切なのは旬」の言葉通り、毎朝氷見の漁港に出向き、
仕入れた鮮魚を使った江戸前寿司を提供する。

寿司の名店・小松弥助の大将から寿司の極意を受け継いだ店
主がもてなす。ネタの食感や香りにこだわり、包丁の入れ方
や味付け、器や白木のカウンターも工夫されている。

🏠 金沢市彦三町1-8-26 1F ☎ 076-256-1218 🕐 17:00
〜21:00 🈁 日曜 🚌 バス停橋場町から徒歩5分 Ⓟ なし
主計町茶屋街 ▶MAP 別P.5 D-2

🏠 金沢市主計町2-13 ☎ 076-222-1114 🕐 11:30〜
14:30（LO14:00）、17:30〜22:00（LO21:30）🈁 水・木曜
🚌 バス停橋場町からすぐ Ⓟ なし
主計町茶屋街 ▶MAP 別P.5 E-2

EAT

海鮮丼

寿司

近江町市場

加賀料理

地元グルメ

朝ごはん

金沢フレンチ

カフェ&スイーツ

日本海の海の幸が揃うのはもちろん、各地の名店で腕を磨いた職人が集まり、全国トップレベルの寿司が味わえる金沢。遠方から足を運ぶ人が多いのも納得の、目にもおいしい寿司が堪能できる名店をご紹介。

WOW!

丁寧な仕事ぶりが伝わる
世界も認めた江戸前寿司

季節を感じられる寿司
食感や甘みも特徴

おまかせコース
昼8800円〜、
夜1万9800円〜

昼夜ともに握りにおつまみが付いたコースも。地酒といただきたい

全国の美食家を魅了する名店
鮨みつ川
すしみつかわ

金沢をはじめ、全国各地から仕入れる魚介で握る寿司はミシュランの星を獲得。特にのどぐろの手巻きが絶品。丁寧な仕事ぶりが光る江戸前寿司を堪能したい。要予約。

🏠 金沢市東山1-16-2　☎ 076-253-5005　🕐 12:00〜14:00、17:30〜22:00　㊡ 水曜　🚏 バス停橋場町から徒歩5分　🅿 なし　ひがし茶屋街　▶ MAP 別 P.5 F-2

おまかせコース
昼4500円〜、
夜1万円〜

季節のおすすめとのどぐろの握り。ガリの代わりに自家製ピクルスが

浅野川を望む町家でいただく
主計町 鮨 むかい川
かずえまち すし むかいがわ

金沢屈指の名店の姉妹店。ネタは魚の種類に合わせ食感や甘みが楽しめるように包丁を入れるのがこだわり。のどぐろ握りは皮目をさっと炙ることで旨みが増す。

🏠 金沢市主計町3-6　☎ 080-9781-9988　🕐 12:00〜14:00、18:00〜21:00　㊡ 水曜、不定休　🚏 バス停橋場町から徒歩3分　🅿 なし　主計町茶屋街　▶ MAP 別 P.5 D-2

金沢グルメが大集合！
近江町市場でしたい5のこと

地元では「おみちょ」の愛称で親しまれる近江町市場。海鮮を堪能したり、金沢ならではのおいしいお土産をゲットしたり…近江町市場でハズせないポイントを5つご紹介！

1 市場でランチ

近江町市場といえば海鮮。まずは人気の丼や寿司を！

もりもり3点盛り
1430円

金沢における
海鮮丼発祥の人気店

井ノ弥
いのや

行列ができることも多い人気店。海鮮丼は定番のものから季節限定のものまで種類豊富。
→P.25

上ちらし近江町
＜特盛＞
3250円

とれとれ
ピチピチ

早号より
100円引

次もとれに
しましょう♪

朝ごはんにも使える
早朝オープンの回転寿司

もりもり寿し
近江町店
もりもりずし おうみちょうてん

厳選したネタを朝から贅沢に。いろんなネタが楽しめる3点盛りや5点盛りもおすすめ。
→P.26

金沢うどんの
上品な出汁にほっこり

百万石うどん
近江町店
ひゃくまんごくうどん おうみちょうてん

毎朝丁寧に引いただしがおいしさの決め手。
☎076-261-4722
⏰8:00～15:00（だし・麺がなくなり次第終了）
㊡不定休

近江町うどん
960円

2 市場グルメを食べ歩き

気になるものを見つけたら、その場で味わえるのも市場めぐりの醍醐味！

揚げたてサクサクご当地コロッケ

ダイヤモンドLⅡ店 近江町コロッケ
ダイヤモンドエルツーてん
おうみちょうコロッケ

金沢らしい甘えびをはじめ、厳選素材を使ったバラエティ豊富なコロッケが大人気。

甘エビコロッケ
350円

☎076-232-0341 ⏰9:00
～なくなり次第終了 ㊡不定休

できたてを
召し上がれ

氷室ちくわ
420円

変わらない味が愛される
創業150年の老舗

岩内蒲鉾店
いわうちかまぼこてん

蒲鉾やちくわを扱う専門店。毎日手作りされる練り物は、ほどよいなめらかな食感が美味。

☎076-231-0952 ⏰8:00
～16:30 ㊡日曜、祝日

豆乳ソフト
430円

おいしくて体に優しい
あっさり豆乳スイーツ

豆腐家 二六
とうふや ふたろく

豆腐や豆乳など大豆素材の商品が豊富に揃う。豆乳ソフトクリームはすっきりとした甘さ。

☎076-224-1028 ⏰9:00
～14:30 ㊡水曜、日曜・祝日不定休

これも
気になるな♪

What is

近江町市場

鮮魚店など約180店舗が集まる市場で、金沢を代表する一大観光名所。

MAP 別P.4 B-2

3 海鮮土産をGET

鮮魚を使った加工食品は、おうち晩酌のお供にぴったり♪

のどぐろを手軽に

大口水産
おおぐちすいさん

北陸名物の高級魚であるのどぐろ。一夜干しにすることでさらに濃厚な旨みが楽しめる。サイズ、価格等各種あり。

☎ 076-263-4545　営 9:00〜17:00（日曜、祝日は8:30〜16:00）休 水曜不定休

のどぐろの一夜干し
1パック
1200円

穴子棒鮨
1780円

特製タレで炊き上げたとろける穴子に感動

舟楽 近江町本店
しゅうらく おうみちょうほんてん

手押し棒鮨の名店。肉厚の穴子を使用した穴子棒鮨は甘辛いタレが食欲をそそる。

☎ 076-232-8411　営 9:00〜17:00　休 無休

スライスするだけ！
新鮮なブリの旨みを堪能

逸味潮屋 近江町いちば店
いつみうしおや おうみちょういちばてん

脂がのったブリを職人が炙り、旨みを閉じ込めた鰤のたたきが人気。冷凍なのでギフトにも◎。

☎ 076-223-0408　営 9:00〜17:00　休 木曜（物販のみ営業の場合あり）

鰤のたたき
100g 1080円

4 昼飲みOK！いっぷく横丁で立ち飲み

にぎやかな市場の雰囲気を楽しみながら、地元グルメを肴に気軽に一杯。

北陸3県の地酒が豊富なのもうれしい

焼き牡蠣など、新鮮な魚介類はマスト！

もう一杯いかが？

金沢グルメを丸ごと味わえる

いっぷく横丁
いっぷくよこちょう

近江町市場内で楽しめるフードコート。海鮮を使った料理や金沢おでんなど、人気の金沢グルメが勢揃い。

☎ 076-223-3789　営 9:00〜18:00　休 水曜

5 かなざわはこまちで細巻き作りにトライ！

話題のあれこれが集まる「かなざわはこまち」で新しい食体験を！

細巻き寿司
2180円

自分だけの巻き寿司にチャレンジ

coil
コイル

伝統的な食文化を現代的に！好きな具材を自分で巻き寿司にする体験スタイルが話題。

☎ 076-256-5076　営 11:00〜21:30（LO20:30）　休 不定休

近江町市場周辺　▶MAP 別P.4 B-2

ユニークな建物が目を引くおもてなしの複合施設

かなざわはこまち

近江町市場そばの複合施設。かわいいお土産を扱うショップやおしゃれなカフェが充実。

☎ 076-225-8600（ル・キューブ金沢）　営 10:00〜20:00　休 不定休

近江町市場周辺　▶MAP 別P.4 B-2

EAT 05

ロケーションもごちそう！

加賀料理を極める

海の幸・山の幸に恵まれた石川県のおもてなし料理「加賀料理」。
加賀百万石の歴史や美意識が息づく加賀料理は、まさに金沢グルメの神髄！

文豪にも愛された
金沢を代表する老舗へ

お昼の会席コース
8223円〜
鯛の中に銀杏・キクラゲ・おから
などを詰めた「鯛の唐蒸し」を
はじめ、贅を尽くした内容

こちらが
治部煮です

行ってみよう！

来店前には必ず予約を
しておこう

廊下から見えるお庭も
雰囲気たっぷり

こんな
ロケーション
客室は築150年
以上。庭園を眺め
ながら食事が楽
しめる客室もある

貫禄ある客室は閑静で
落ち着いた雰囲気

前田家の儀式料理を受け継ぐ料亭
大友楼
おおともろう

前田家3代利常の頃から、加賀
藩の御膳所御料理方を務めた老
舗。司馬遼太郎も郷土料理に魅
了されたという。

🏠 金沢市尾山町2-27　☎ 076-
221-0305　🕐 11:30〜14:00、
17:30〜21:00　🅿 水曜　🚌 バ
ス停南町・尾山神社からすぐ 🅿
なし

兼六園周辺　▶MAP 別P.4 B-3

鴨肉（鶏肉）を甘辛く味
付けした治部煮

❀ What is ──

加賀料理

豊かな海＆山の食材と、武家文化を基本とした加賀料理。さらに京都や江戸の文化も融合し、加賀百万石ならではのおもてなし料理として発展した。料理だけでなく、九谷焼や漆器などの美しい器もチェック！

治部煮

かぶら寿司

はす蒸し

治部煮御膳
5000円
季節感たっぷりの前菜のほか、治部煮や釜炊きご飯などが楽しめる

こんなロケーション
ひがし茶屋街の高台に立ち、客室からは茶屋街や庭園が望める

食通も愛した料亭の季節を感じる加賀料理

山乃尾
やまのお

明治時代から続く料理旅館。食通の北大路魯山人も愛したことで知られ、滋味豊かな治部煮はぜひ味わいたい。

🏠 金沢市東山1-31-25
☎ 076-252-5171 🕐 11:30〜14:00、17:00〜21:00 🗓 不定休 🚌 バス停東山から徒歩5分 🅿 7台
ひがし茶屋街
▶ MAP 別P.5 F-2

昼のコース
9405円（サービス料込）
全7〜8品の構成で、〆にはできたてのくずきりが供される

こんなロケーション
個室の客室すべてから、庭を眺められる贅沢なロケーション

明治期の邸宅を利用した名料亭

料亭 穂濤
りょうてい ほなみ

歴史ある建物は堂々とした佇まい。料理はもちろん、器やしつらえ、おもてなしも上質。

🏠 金沢市清川町3-11 ☎ 076-243-2288 🕐 11:30〜14:30、17:30〜22:00 🗓 不定休 🅿 20台
にし茶屋街 ▶ MAP 別P.8 B-3

夜会席
2万7500円

こんなロケーション
老舗の名料亭ならではの格式高いしつらえの中で旬を味わおう

旬の食材をふんだんに盛り込んだ会席は、繊細で彩りも鮮やか

宝暦2年から受け継ぐ奥深い味わい

つば甚
つばじん

江戸時代から続く料亭で、伊藤博文らも訪れた。風雅なしつらえと加賀伝統料理を堪能したい。

🏠 金沢市寺町5-1-8 ☎ 076-241-2181 🕐 11:00〜14:00、17:00〜21:00 🗓 水曜 🚌 バス停広小路から徒歩3分 🅿 10台
にし茶屋街 ▶ MAP 別P.8 B-3

🔱 加賀料理の代表といえば治部煮。鴨肉や鶏肉など、店によって食材も味付けも異なるので食べ比べてみるのも楽しい。　33

EAT　海鮮丼　寿司　近江町市場　加賀料理　地元グルメ　朝ごはん　金沢フレンチ　カフェ＆スイーツ

一年中味わえる！
金沢おでんを食べ比べ

昼でも夜でも、冬でも夏でも、一年中味わえる金沢おでん。旨みたっぷりの関西風の薄口だしに、旬の加賀野菜や車麸、魚介など、ご当地タネもあれこれと！

次、何にしましょう？

出発前でも気軽に昔ながらの味わいを

Ⓐ 駅ナカ『黒百合』

コレもオススメ！
白山堅豆腐480円は濃厚な味わいが印象的

シュウマイ 250円

車麸 250円

鰯つみれ 380円

55年受け継ぐ秘伝のだしが人気

Ⓑ 昭和レトロ『菊一』

長年愛される温かいもてなし

Ⓒ 行列必至『三幸 本店』

コレもオススメ！
白味噌で仕上げるどて焼275円はお酒に◎

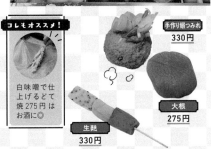

手作り鰯つみれ 330円

大根 275円

生麸 330円

コレもオススメ！
自家製さつま揚げのみゆき揚げ760円はふわふわ

肉だんご 300円

玉子巻き 270円

アイデアがキラリ光る 女将さん自慢の具

D

女将の味『赤玉本店』

おいしく炊けています

梅貝
時価

赤玉
390円

車麩
280円

コレもオススメ！

じっくり煮込まれた牛すじ煮込み1人盛570円

E

滋味豊かなだしと 地元食材の競演

だし自慢『高砂』

金沢ひろず
400円

すじ
2本400円

コレもオススメ！

おでんにカレーを合わせたカレーおでん900円

赤はんぺ
300円

EAT

海鮮丼

寿司

近江町市場

加賀料理

地元グルメ

朝ごはん

金沢フレンチ

カフェ＆スイーツ

駅ナカで楽しめる人気店

A 季節料理・おでん 黒百合
きせつりょうり・おでん くろゆり

金沢駅構内の便利な一軒。豊富なタネは秘伝だしが染み込んでいる。

🏠 金沢市木ノ新保町1-1 金沢百番街あんと1F ☎076-260-3722 🕙11:00～21:30(LO21:00) 🈶無休 🚃JR金沢駅直結 🅿なし
`金沢駅周辺` ▶MAP 別 P.3 D-1 →P.71

レトロな雰囲気もごちそう

B 菊一
きくいち

昭和9(1934)年創業。継ぎ足しで使う自慢のだしは、金沢風の豊かな風味が特徴。

🏠 金沢市片町2-1-23 ☎076-221-4676 🕙17:30～22:00(なくなり次第終了) 🈶火・水曜 🚃バス停香林坊から徒歩3分 🅿なし `片町` ▶MAP 別 P.8 C-2

おでんも一品料理も充実！

C おでん居酒屋 三幸 本店
おでんいざかや みゆき ほんてん

多彩なメニューが自慢の居酒屋。おでんのタネは常時30種類以上。

🏠 金沢市片町1-10-3 ☎076-222-6117 🕙17:00～23:00(LO22:30) 🈶日曜、祝日(臨時休業あり) 🚃バス停片町から徒歩3分 🅿なし
`片町` ▶MAP 別 P.8 B-3

ユニークなおでんタネに注目

D 赤玉本店
あかだまほんてん

昭和2(1927)年創業。夏には、加賀野菜とだしのジュレを使った夏おでんなどが登場する。

🏠 金沢市片町2-21-2 ☎076-223-3330 🕙12:00～22:00(日曜、祝日は～21:00) 🈶月曜(祝日の場合は翌日) 🚃バス停片町からすぐ 🅿なし `片町` ▶MAP 別 P.8 B-2

80年以上継ぎ足すだしが絶品

E おでん 高砂
おでん たかさご

店主の祖父の代から続く老舗で、関東風だしと大きめのタネが特徴。カレーおでんもぜひ！

🏠 金沢市片町1-3-29 ☎076-231-1018 🕙16:00～おでんが売切れ次第閉店 🈶日曜、祝日 🚃バス停香林坊から徒歩3分 🅿なし
`片町` ▶MAP 別 P.8 C-2

🦀 冬の金沢おでんには「カニ面」が登場。香箱ガニの甲羅に身や内子・外子を詰めたもので、11～12月の限定。

EAT
07

実はB級グルメの宝庫！
ご当地グルメを制覇する

WOW!

金沢には伝統的な加賀料理や海鮮グルメ以外にも、安くておいしいB級グルメが充実！
全国的に有名なものから、地元っ子が愛する隠れたメニューまで、お腹いっぱい召し上がれ♪

外はカリカリ
中はジューシー

A ホワイト餃子 B級グルメ

一度油に通してから焼き上げた、香ばしい仕上がりの焼餃子

C 金沢うどん B級グルメ

優しいだしで短冊の油揚げと長ネギを煮込んだシンプルな一杯

ヤミツキ必至の
ジューシー餃子

甘めのだしに油揚げをたっぷりと

第7ギョーザの店 の
ホワイト餃子
10個650円

カリカリの皮とスパイシーな餡がたまらない

深いコクでガツンと旨い！

B 金沢カレー B級グルメ

どろっとした濃厚なカレーにカツと千切りキャベツが添えられている

小橋お多福 の
いなりうどん
850円

やわらかめのうどんとだしを吸った油揚げが美味

カレーのチャンピオン の
Lカツカレー
960円

カツは注文を受けてから揚げるのでサクサク

WOW!

A 1日1万個売れることも！
第7ギョーザの店
だいななギョーザのみせ

コレもオススメ！

創業59年の餃子専門店。噛み応えのある皮の中には30種類以上の具を使った餡が入る。

焼餃子(大)7個637円もボリューム◎

🏠 金沢市もりの里1-259-0825　⏰ 11:00〜22:00（日の場合営業、翌日休）　❌ 水曜（祝日の場合営業、翌日休）　🚌 バス停若松から徒歩5分　🅿 100台

金沢市郊外　▶MAP 別P.9 F-2

B 地元で愛される"チャンカレ"
カレーのチャンピオン野々市本店
カレーのチャンピオンののいちほんてん

深いコクと旨みが濃縮されたカレーにファン多数。多彩なトッピングでお好みのカレーを楽しんで！

コレもオススメ！

ヒレカツカレー860円

🏠 野々市市高橋町20-17　☎ 076-248-1497　⏰ 11:00〜23:00　❌ 無休（夏季休業あり）　🚉 JR野々市工大前駅から徒歩8分　🅿 30台

野々市市　▶MAP 別P.9 E-3

C シンプルで飽きのこないうどん
小橋お多福
こばしおたふく

1930（昭和5）年創業のうどん店。名物のいなりうどんは油揚げを短冊に刻むのが金沢流。

🏠 金沢市彦三町1-9-31　☎ 076-231-7205　⏰ 11:30〜LO14:00、17:30〜LO20:00（土・日曜、祝日は11:00〜20:00）　❌ 水曜　🚌 バス停三北からすぐ　🅿 40台

主計町茶屋街　▶MAP 別P.5 D-1

洋食好き必見！
夢のコラボプレート

D ハントンライス
オムライス、フライ、タルタルソースを盛り合わせたワンプレート

グリルオーツカ の
ハントンライス（普通盛）
1150円
ふわとろオムライスにかかるタルタルは自家製

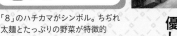

E 8番らーめん
「8」のハチカマがシンボル。ちぢれ太麺とたっぷりの野菜が特徴的

F とり野菜みそ
コクのある味わいの「とり野菜みそ鍋」は石川の冬の定番

まつや 桂店 の
とり野菜
1人前550円
肉は鶏・豚・牛から選ぶ。野菜は白菜など

オリジナル味噌のコクと旨みに感動

国産野菜たっぷりの優しい味わい

8番らーめん の
野菜らーめん（塩）
726円
強い火力と自慢の鍋さばきで野菜がシャキシャキ

野菜が山ほど食べられます

D 創業60年以上の人気洋食店
グリルオーツカ

名物のハントンライスは昭和中期に考案されたもの。食べ応えがあり、幅広い世代に愛されている。

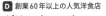 コレもオススメ！

昔ながらのナポリスパゲッティ 1050円

🏠 金沢市片町2-9-15　☎076-221-2646　🕐11:00〜15:30、17:00〜19:50　㊡水曜　Ⓟバス停香林坊から徒歩4分
片町 ▶MAP 別P.8 B-2

E 子どもからお年寄りまで人気のラーメン
8番らーめん金沢駅店
はちばんらーめんかなざわえきてん

1967（昭和42）年創業のラーメン店。定番の野菜らーめんは塩や味噌など5種から味が選べる。

コレもオススメ！

🏠 金沢市木ノ新保町1-1 金沢百番街あんと1F　☎076-260-3731　🕐10:00〜22:00（LO21:30）無休　㊡JR金沢駅直結　Ⓟなし
金沢駅周辺 ▶MAP 別P.3 D-1 ▶P.70

F 石川県民が愛する名物鍋
とり野菜まつや桂店
とりやさいまつやかつらてん

長年愛される石川のソウルフード「まつやのとり野菜みそ鍋」が楽しめる。

あっさり塩が人気だがコクのある味噌派も多数

🏠 金沢市桂町イ32-4　076-268-8174　🕐11:00〜14:00、15:00〜22:00　無休　㊡バス停桂町から徒歩10分　Ⓟ10台
金沢市郊外 ▶MAP 別P.9 D-1

自慢の地酒と地物の鮮魚
夜は海鮮居酒屋でカンパイ！

海鮮の宝庫・金沢には、鮮度抜群の魚介を楽しめる海鮮居酒屋がいたるところに。
地元で造られた日本酒と一緒に、好みのメニューをあれこれ注文しよう。

はい
どうぞ！

その日のおすすめは気軽に大将に尋ねてみて

名物大将のいるお店
いたる本店
いたるほんてん

富山の新湊、能登の宇出津、金沢の漁港から毎日仕入れる新鮮な魚が主役。季節の加賀野菜の料理もいただける。

「キトキト」といわれる新鮮な魚介が揃う

人気はカウンター席

🏠 金沢市柿木畠 3-8
☎ 076-221-4194
🕒 17:30 〜 23:00
㊡ 日曜　㊞ バス停香林坊から徒歩4分
Ⓟ なし
香林坊
▶ MAP 別 P.6 B-2

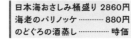

日本海おさしみ桶盛り 2860円
海老のパリノッケ ………… 880円
のどぐろの酒蒸し ………… 時価

オススメの1本

福光屋の加賀鳶は半合550円〜

刺身盛り合わせ
1700円

地物の鮮魚をリーズナブルな価格で提供

お昼は海鮮丼などを提供している

北陸の地酒が進むメニューが勢揃い
刺身屋
さしみや

元魚屋が営む近江町市場内の海鮮居酒屋。市場内の水産物卸から直接仕入れているため、鮮度抜群の魚介を使った創作料理を楽しめる。

🏠 金沢市青草町 15-1　☎ 076-231-7222　🕒 10:30〜21:00（土〜月曜、祝日は 9:30〜）　㊡ 無休　㊞ バス停武蔵ヶ辻・近江町市場からすぐ　Ⓟ なし
近江町市場周辺　▶ MAP 別 P.4 B-2

オススメの1本

福正宗 純米 黒ラベルは1合650円

まるで
芸術品！

魚の目利きが光る
旬の海鮮料理と肴

金箔ののった、目にもおいしい絶品メニュー

EAT

海鮮丼

寿司

近江町市場

加賀料理

地元グルメ

朝ごはん

金沢フレンチ

カフェ&スイーツ

一品一品にあふれる店主の創意と心配り

趣向を凝らしたメニューが豊富

八十八
はとは

和を基本に洋・中のアレンジも加えた料理をアラカルトで楽しめる。日本酒にぴったりな肴にもセンスが光る。

🏠 金沢市木倉町6-6 ☎ 076-260-8166 ⏰ 18:00～22:00 🈳 日曜、月曜不定休 🚏 バス停片町から徒歩5分 🅿 なし
片町 ▶ MAP 別 P.8 B-2

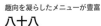
早めの予約がおすすめ

多彩なメニューが揃っているのも人気の理由

店内はカウンター席中心

ハサ(一人前)
2200～2700円
美しい肴を小鉢で少しずつ。要予約

オススメの1本

遊穂は1合1100円。ワインも充実している

脂ののったブリを使ったブリしゃぶ1万円(単品)

海鮮や加賀料理をカジュアルに

居酒屋割烹 田村
いざかやかっぽう たむら

著名人も数多く訪れる創作居酒屋で、鮮魚を使ったオリジナル料理や、伝統の加賀料理などを提供する。

🏠 金沢市並木町2-18 ☎ 076-222-0517 ⏰ 17:00～22:30 🈳 火・水曜(連休、祝日の場合営業) 🚏 バス停橋場町から徒歩5分 🅿 なし
主計町茶屋街 ▶ MAP 別 P.5 E-2

オススメの1本

芳醇な香りの田村大吟醸1合2200円

くつろげる個室も用意している

季節の魚介も多数!

かにしゃぶ(単品)
3万8000円
生きたカニをカニミソにつけていただく贅沢な名物

鮮度の高い魚介を創作料理で提供

2軒目 はここに立ち寄ろう

全部で12店舗!

深夜まで営業している店も多い。一人客も大歓迎

屋台村でハシゴ酒

とおりゃんせKANAZAWA FOODLABO
とおりゃんせカナザワフードラボ

呑み屋が多く集まる片町にある屋台村。フレンチやイタリアン、BARなど、多彩なジャンルの飲食店が集う。

🏠 金沢市片町2-23-6 ⏰ 店舗により異なる 🚏 バス停片町から徒歩2分 🅿 なし 片町 ▶ MAP 別 P.8 B-2

2軒目には、多くの地元客で賑わう屋台横丁・中央味食街もおすすめ。昭和にタイムスリップしたような雰囲気。

美食の町・金沢で
雰囲気バツグンな朝食を♡

上質の食材が揃う、美食の町・金沢。和食から洋食までジャンル多彩な名店が集まり、
朝が充実していることでも知られています。さぁ明日の朝はどう過ごす?

肉も魚も地元産!
こだわり食材のビストロ

絶品クロックマダム
×
一軒家ビストロ

モーニングセット
(クロックマダム)
1584円
選べるメインに新鮮なサラダがたっぷり。珈琲か紅茶付き

古い鉄工所を
改装!

異国調の空間で焼きたてパン
ビストロひらみぱん

人気店が集まるせせらぎ通りのビストロ&ベーカリー。自家製チキンハムを使ったクロックマダムはモーニングの大定番メニュー。

🏠 金沢市長町1-6-11 ☎ 076-221-7831
🕐 8:00〜10:30、12:00〜15:30 🈺 月曜 🚌 バス
停南町・尾山神社から徒歩7分 🅿 1台
せせらぎ通り

1ヴィンテージ家具を配置した居心地のよい店内 2焼きたてのパンがずらりと並ぶ

朝から
謎解きはいかが？

自家焙煎珈琲
×
謎解き

本格的な自家焙煎珈琲店ながら気軽に利用できるのが魅力

ユニークなミステリーカフェ
謎屋珈琲店
なぞやこーひーてん

自家焙煎ハンドドリップの本格コーヒーを味わいながら、謎解きが楽しめる。クイズに正解すると注文できるメニューがあるなど遊び心満載。

🏠 金沢市安江町19-6
☎ 076-208-3728
🕖 7:00～22:00
🈂 火曜（祝日の場合営業）
🚉 JR金沢駅から徒歩6分
🅿 提携駐車場あり

金沢駅周辺 ▶ MAP 別 P.4 B-1

シャーロック・ホームズの朝食セット 1090円
モーニングメニューは7:00～12:00まで注文可能

テイクアウトも
OK

そらみそ定食　950円
具材を選べる味噌汁とおむすびに、おばんざいが付く

お味噌
×
金沢駅

駅構内にあるので、到着後すぐに立ち寄れる

港町発の味噌汁専門店
お味噌汁食堂そらみそ 百番街Rinto店
おみそしるしょくどうそらみそ ひゃくばんがいリントてん

港町・金石で生まれた食堂で、名産の味噌や新鮮な魚介を使った味噌汁とおむすびを提供。素材を生かしたシンプルな味わいで、朝から元気が出る。

🏠 金沢市木ノ新保町1-1 金沢百番街 内　☎ 076-254-0034　🕙 10:00～20:00 (LO19:30)　🈂 無休　🚉 JR金沢駅直結　🅿 なし

金沢駅周辺 ▶ MAP 別 P.3 D-1

朝から
ゆったりと

町家
×
台湾料理

朝は屋台スペースでカジュアルに楽しめる

台北の朝食を金沢の街角で
四知堂kanazawa
すーちーたんカナザワ

老舗油問屋の町家をリノベーションした台湾料理店。趣ある店内で、石川や金沢などの食材を盛り込んだ台湾料理が朝から夜まで楽しめる。

🏠 金沢市尾張町2-11-24
☎ 076-254-5505
🕗 8:00～16:00、18:00～22:30
🈂 水曜
🚌 バス停尾張町からすぐ
🅿 なし

主計町茶屋街 ▶ MAP 別 P.5 D-2

朝食セット　2200円
台湾粥か鹹豆漿に、副菜・甘味が付く

EAT

海鮮丼

寿司

近江町市場

加賀料理

地元グルメ

朝ごはん

金沢フレンチ

カフェ＆スイーツ

EAT 10

シェフのお料理で、地元食材をたっぷり堪能！

金沢フレンチで、おいしい時間。

海の幸・山の幸が豊富で伝統的な調味料も多い"美食の町・金沢"でしか味わえない
極上フレンチを味わってみて。

地元で育まれたブドウから、丁寧にワインを醸造している

提供される料理に合わせて、ワインも選んでくれる

金沢初の
アーバンワイナリー

スッキリとした味わいの「MIEKOキャンベルアーリー」

冷蔵庫でキリッと冷やして飲みたい…！

金澤町家を改装したワインの醸造所にレストランが併設されている

鮮やかな色彩が印象的な九谷焼の食器にも注目！

A ワインとのマリアージュが楽しめる、
アーバンワイナリー併設のフレンチレストラン

A la ferme de Shinjiro
ア・ラ・フェルム・ドゥ・シンジロウ

石川県産の旬の食材と金沢の伝統工芸品が楽しめる町屋フレンチ。自社醸造のワインはお土産にもぴったり。加賀・能登の多様なテロワール（土地の個性）が感じられるワインとのマリアージュを体感。ランチ4950円〜。

🏠 金沢市尾張町1-9-9 ☎ 076-221-8818 🕚 11:30〜15:00、18:00〜22:00 🛑 水曜、第2・4火曜 🚏 バス停尾張町からすぐ 🅿 なし

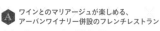

主計町茶屋街 ▶ MAP 別 P.5 D-2

BistroYUIGA
ビストロ ユイガ

B 金沢の食材を使ったコースと
マダムのスイーツも見逃せない、隠れ家ビストロ

世界中を旅したオーナーが作る、フレンチをベースとした独創的な料理の数々が味わえる「YUIGA」。マダムが担当しているデザートにもファンが多く、コースの最後まで目でも舌でも楽しませてくれる。ランチ3630円〜。要予約。

🏠 金沢市水溜町4-1 ☎
076-261-6122 🕐 12:
00〜LO13:30（土・日曜
は休み）、18:00〜LO20:
30 🈲 月曜、第1火曜
🚌 バス停片町から徒歩
7分 🅿 なし
片町
▶MAP 別P.8 C-3

食材やソースを丁寧に説明してくれるのもうれしい

秘密にしておきたい…とっておきの一軒。

マカロンや焼き菓子は、予約すればテイクアウトも可能

料理や器・空間など随所で四季を感じることができる

デザートもアート！

食材が持つ味や食感、香りを生かした料理

地元作家の器に盛られた美しい料理の数々にうっとり

北欧テイストのわびさびをイメージした空間

tawara
タワラ

C 日本料理の心を料理に重ねた、季節感を感じるフレンチ懐石

金沢やフランス、京都で経験を積んだシェフが作る、地産地消を感じるフレンチ。和のアレンジをちりばめた少量多皿なコースは、訪れる人を魅了してやまない。ランチ6400円〜。

🏠 金沢市片町2-10-19 ロイヤルプラザ片町 1F ☎ 050-3138-5570 🕐 ランチ12:00一斉スタート。ディナーは18:00・19:00の二部制（前日までに要予約）🈲 日曜、月・木曜・祝日のランチ 🚌 バス停片町から徒歩5分 🅿 なし
片町 ▶MAP 別P.8 B-2

EAT 11 雰囲気バツグン
和カフェでほっこり

古くから茶の湯文化が栄えていた金沢には、歴史ある和菓子店がたくさん！
近年は、本格的な和スイーツを楽しめるおしゃれなカフェも増加している。

**老舗の本気を
手軽に楽しむ**

加賀挽き宇治抹茶
670円

のど越しがよいわらび
餅と生クリームをオン

職人の技を持ち帰り
和菓子村上 長町店
かふぇ ムラカミ ながまちてん

明治44(1911)年創業の老舗和菓子店。わらびもちドリンク
など、できたてにこだわった、和洋の要素を組み合わせたス
イーツを提供する。

🏠 金沢市長町2-3-32　☎ 076-264-
4223　🕐 10:00〜16:30(土・日曜、
祝日は〜17:00)　🈳 不定休　🚌 バ
ス停香林坊から徒歩6分　🅿 なし
長町武家屋敷跡　▶ MAP 別P.8 B-1
→P.109

**お土産に
オススメ**

上品な甘さが人
気のわり氷(5
個)1512円

求肥と餡が入った銘
菓のふくさ餅(5個入)
1485円

いちご大福
540円

美しいフルーツ大福を
求めて
菓舗
Kazu Nakashima
かほ カズ ナカシマ

明治14(1881)年創業の「中島」が手掛ける新
展開。名物は見目麗しいフルーツ大福。さっぱ
りとした甘さの白餡とジューシーな果物の入っ
た大福を地酒やスパークリングワインと。

🏠 金沢市東山1-7-6　☎ 076-252-5280
🕐 10:00〜18:00　🈳 木曜　🚌 バス停
橋場町から徒歩3分　🅿 なし
ひがし茶屋街　▶ MAP 別P.5 E-2

**洋素材がアクセント
華麗なネオ和菓子**

持ち帰りも可能。白餡には北海道
産の大手亡豆を使用

丸ごとみかん大福
1080円

**お土産に
オススメ**

カラフルな虹色
の月8枚入1404
円

兼六園の六勝
にちなんだ「六」
648円

大粒の大納言小
豆がたっぷり入
っている

**庭園を眺めながら
贅沢なカフェ時間**

センスの光る和菓子が勢揃い
茶菓工房たろう 鬼川店
さかこうぼうたろう おにかわてん

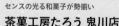

斬新な素材の組合せや、ポップでセンスのよいパッケージな
ど、新感覚の和菓子を次々と生み出す和菓子店。武家屋敷跡
野村家に隣接しており、美しい庭園を眺めて甘味を味わえる。

🏠 金沢市長町1-3-32　☎ 076-223-2838　🕐 8:45〜17:30
🈳 無休　🚌 バス停香林坊から徒歩6分　🅿 6台
長町武家屋敷跡　▶ MAP 別P.8 B-1　→P.53、109

白玉あずき 栗一粒
800円

**お土産に
オススメ**

食べ切りサイズ
のたろうのよう
かん324円

歴史ある和菓子店で季節の甘味に舌鼓

中には自慢のつぶ餡がたっぷり。6〜9月限定

宇治金時かき氷 880円

落雁の名店が手掛ける茶房
にし茶屋菓寮 味和以
にしちゃややかりょう あじわい

嘉永2(1849)年創業の老舗和菓子店「諸江屋」による茶房。美しく手入れされた庭園を眺めながら、能登大納言をはじめ厳選素材を使った甘味を楽しもう。

🏠 金沢市野町2-26-1 ☎ 076-244-2424 🕙 10:00〜18:00 🈺 火曜（祝日の場合営業）🚌 バス停広小路から徒歩5分 🅿 8台
にし茶屋街 ▶ MAP 別P.8 A-3 →P.107

お土産にオススメ

パッケージも素敵な3段タンスの「わび」1080円

落雁には珍しいココア味の「La・KuGaN」540円

風情ある佇まいの甘味処
きんつば 中田屋 東山茶屋街店（甘味処 和味）
きんつば なかたや
ひがしやまちゃやがいてん（かんみどころ わみ）

昭和9(1934)年創業のきんつばの名店・中田屋による甘味処。能登大納言小豆を贅沢に使ったきんつばや、小豆を使ったチーズケーキやタルトなど洋風スイーツも取り揃える。

🏠 金沢市東山1-5-9 ☎ 076-254-1200 🕙 9:00〜17:00(LO16:00) 🈺 無休 🚌 バス停橋場町から徒歩3分 🅿 なし
ひがし茶屋街 ▶ MAP 別P.5 E-2 →P.51

豆づくしの甘味が勢揃い

しっとりとした抹茶生地に4種類の豆がのる

お土産にオススメ
定番のきんつば5個入972はマストバイ

タルト 495円

地元食材を使ったプリンが人気
ひがし茶屋街 金澤ぷりん本舗
ひがしちゃやがい かなざわぷりんほんぽ

能登塩や加賀棒茶など、金沢の伝統的な和素材を使用したプリンを販売。奥能登産の生乳で丁寧に作られたプリンは、クリーミーでなめらかな食感。プリンソフトも人気。

🏠 金沢市東山1-13-10 ☎ 076-225-7749 🕙 10:00〜LO16:30 🈺 火曜 🚌 バス橋場町から徒歩5分 🅿 なし
ひがし茶屋街 ▶ MAP 別P.5 F-2 →P.48

和を詰め込んだなめらかプリン

硬めのプリンの上にプリンソフトとトッピングいろいろ

お土産にオススメ
金澤ぷりん1個480円〜

プリンあらどーも 1000円

🌾 ひがし茶屋街のカフェは人気店が多く、混み合うことも多いので、おやつ時間を外して訪れるのがおすすめ。

写真に収めたい！
フォトジェニックなカフェへ♡

おしゃれインスタグラマーたちも注目している、素敵スイーツが満載！
ここでしか味わえないこだわりのメニューで、至福のひとときを…。

女子がときめく、
パフェ愛あふれる一品。

か、かわいい
……♥

真っ白な店内に、センスよく花や葉がコラージュされた壁が目に飛び込んでくる

ドルミールの
人気パルフェです！

かわいくて食べる
のがもったいない！

焦がしキャラメルバナナ
とほうじ茶のパルフェ
※通年販売、写真はイメージ
1780円

丁寧にくりぬかれた
バナナは、砂糖をま
ぶしキャラメリゼす
ることで、やわらか
な甘さになるそう

絵になるPOINT

できあがったパフェをじっくり
眺めるのはもちろん、作る工程
も見逃せない！

アートのような繊細で美しいパルフェ
DORUMIRU 金沢店
ドルミールかなざわてん

ちょっぴり贅沢なご褒美パルフェで人
気のお店。旬のスイーツをたっぷり使
い、食べ進めるごとに「味」「温度」「食
感」が次々と変わっていくのが特徴。
横から見ても芸術的な一品を！

🏠 金沢市広岡1-5-3 クロスゲート金
沢1F ☎ 076-255-2113 🕐 11:00
〜18:00 🈂 月曜 🚉 金沢駅から徒
歩2分 🅿 なし

金沢駅周辺 ▶ MAP 別 P.3 D-1

注文が入ってから、職人が一つ
ひとつ丁寧に作っていく

**いちごと桃の
パルフェ**

2300円※季節限定

杏仁豆腐やチーズケー
キ、白桃のジェラートや
チーズクリームなどが
たっぷり

パフェ 苺零れる
1480円

こぼれるほどの苺がインパクト大！
どの角度から見ても絵になる一品

美しいデコレーションにうっとり♥
LiFE IS SWEET
ライフ イズ スイート

パティシエが作り上げるアートのようなパフェがSNSでも話題で、シーズンごとに訪れるファンも多い。

🏠 金沢市窪5-571　☎ 076-209-6678
⏰ 11:00〜19:00　㊡ 月曜　🚌 バス停錦丘高校前から徒歩3分　🅿 13台

`金沢市郊外`　▶MAP 別P.9 E-3

絵になるPOINT
特注のグラスに盛り付けられた断面も映える

くもとたいよう
530円

もこもこの雲をイメージしたかわいいパッションとレアチーズのムース

ビジュー
550円

宝石のようなカットが美しい、桃の果肉が入ったレアチーズケーキ

アイラ
530円

淡いピンクが乙女心をくすぐるタイベリーのムース

和菓子屋さんが作る、贅沢な和パフェ
甘 Cafe Kan
カフェ かん

あんこに定評のある、「越山甘清堂」のカフェ。伝統的な和菓子に、新たなエッセンスを加えたスイーツを提供。

🏠 金沢市尾張町2-11-29　☎ 076-255-15778　⏰ 10:30〜18:00　㊡ 水曜
🚌 バス停尾張町から徒歩2分　🅿 5台

`近江町市場周辺`　▶MAP 別P.5 D-2

絵になるPOINT
練り切りなど、和菓子屋さんならではの職人技が美しい！

発酵あんの拘りあんみつ
1000円

寒天も自家製にこだわった、隠れファンが多い一品

珠手箱
1800円

定番から創作菓子まで、旬の和菓子を詰め込んだ

抹茶好きにはたまらない！

抹茶好きの七代目が本気でつくったピスタチオと濃厚抹茶パフェ
1550円

抹茶クリームやこだわりのシリアル・ピスタチオなど、和と洋がコラボ！

開放感あふれる明るい店内で、光と風と緑を感じて
フルーツ好き必見！
老舗青果店の極上スイーツ
Patisserie & Parlor Horita 205
パティスリーアンドパーラー ホリタ ニーマルゴ

金沢の老舗青果店「堀他」が手掛けるパーラー。旬のフルーツを贅沢に使ったスイーツは美術品のよう。季節によってラインナップが変わるので、何度でも訪れたい。

🏠 金沢市野田2-202　☎ 076-255-7453　⏰ 9:00〜18:00(LO17:30)
㊡ 水曜（臨時休業あり）　🚌 バス停野田から徒歩6分　🅿 35台

`金沢市郊外`　▶MAP 別P.9 F-3

絵になるPOINT
プロが食べ頃を見極めた新鮮なフルーツは、味も彩りも極上！

あまおうスペシャルデコ
4600円〜

大粒のあまおうをふんだんに使用した完売必至のケーキ

エクリップス
1980円

香り高い高級マスクメロンに自家製ジャスミンアイスやフランボワーズソルベを合わせたパフェ

EAT

海鮮丼

寿司

近江町市場

加賀料理

地元グルメ

朝ごはん

金沢フレンチ

カフェ＆スイーツ

EAT 13
全国生産量の98％以上を占める金沢箔を体感！
ゴージャスな金箔スイーツ

金沢ならではの、金箔を使ったビジュアルが個性派なスイーツたち。
見た目はもちろん、味も抜群！

キラキラ～！

こだわり素材を使ったプリン専門店
ひがし茶屋街金澤ぷりん本舗
ひがしちゃやがいかなざわぷりんほんぽ

奥能登の絞りたて牛乳を使用し、「なめらか、やわらか、まろやか」にこだわったプリンの専門店。お土産には、加賀棒茶や能登塩を使った瓶入りプリンもオススメ！

🏠 金沢市東山1-13-10 ☎076-225-7749
🕙 10:00～LO16:00 ㊡ 火曜 🚏 バス停
橋場町から徒歩5分 🅿なし
ひがし茶屋街 ▶MAP 別P.5 F-2
→P.45

the SAKEぷりん　一二〇〇円

日本酒・加賀蔦の上品な辛さがプリンと相性抜群！細かい金箔が散った華やかな見た目にも注目

プリンあらどーも　一〇〇〇円

特製プリンの上にプリンソフトやわらび餅をトッピングしたパフェ

ゴージャス Point

プリンあらどーも

ゴージャス Point

懐華樓名物 黄金くずきり　一九〇〇円

ゴージャス Point

もっちりとした白玉が入ったぜんざいが金箔で覆われている！

こんなくずきり見たことない！！

金箔のかがやきソフトクリーム　八九一円

ゴージャス Point

超リッチなソフト！

元祖！金箔ソフトのお店
箔一 東山店
はくいち ひがしやまてん

金箔をふりかけた上に、10cm四方の金箔を贅沢に一枚まとわせたキラキラ輝くゴージャスなソフトは、金沢観光でマストな一品。

🏠 金沢市東山1-15-4 ☎076-253-0891 🕙 9:00～18:00（カフェは～17:00）㊡ 無休 🚏 バス停橋場町から徒歩4分 🅿なし
ひがし茶屋街 ▶MAP 別P.5 F-2

金箔ソフトの元祖といえばコレ！SNS映えも間違いなし!!

お茶屋さんでいただく、黄金スイーツ
懐華樓
かいかろう

現在も一見さんお断りで「一客一亭」のお座敷が上げられている部屋が見学できる。金箔をあしらった贅沢な甘味も見逃せない。

🏠 金沢市東山1-14-8 ☎076-253-0591 🕙10:00～17:00 ㊡水曜（営業日は要確認）🚏 バス停橋場町から徒歩5分 🅿なし
ひがし茶屋街 ▶MAP 別P.5 F-2
→P.96

スイーツ好きにはたまらない！

ふわふわパンケーキの上に五郎島金時のクリームをたっぷり絞り、金箔をトッピング！

ゴージャス Point

二三味珈琲
極黄金コーヒー
二八〇〇円

香り高くほのかな甘さを残した、見城亭オリジナルブレンド

ゴージャス Point

金の米粉パンケーキ
三四〇〇円

厳選黄金抹茶パフェ
二四〇〇円

ゴージャス Point

金沢づくしの金箔パンケーキ

Cafeたもん
カフェ たもん

優しい食感の米粉パンケーキが人気の店。縁起物の金箔をのせた金の米粉パンケーキは、有名和菓子店「板屋」の特製あんこや加賀棒茶クリームなど、金沢ならではの素材を使った自慢の一品。

🏠 金沢市東山1-27-7 ☎076-255-0370
🕐 9:00〜17:00 🈚無休 🚌バス停橋場町から徒歩5分 🅿なし
ひがし茶屋街 ▶MAP 別P.5 F-2
→P.95

金箔を使った贅沢スイーツ！

兼六園茶屋 見城亭
けんろくえんちゃや けんじょうてい

建築家・隈研吾氏により洗練された空間に生まれ変わった。金沢城公園を眺めながらこだわりの甘味が楽しめる。

🏠 金沢市兼六町1-19 ☎076-222-1600
🕐 10:00〜16:30 🈚水曜（営業日は要確認）🚌バス停兼六園下からすぐ 🅿なし
兼六園周辺 ▶MAP 別P.7 D-1

老舗の「野田屋茶店」の抹茶を使用した、黄金のパフェ

こんな変わりダネも！

金箔羊羹
一個五〇七円

もらってビックリ！

透明なゼリーと羊羹の間に金箔を挟んだ、ロングセラー商品

金沢の金箔を一枚貼りした黄金に輝くカステラ

遊びごころいっぱい！

金かすてら 野遊びうさぎ
一六二〇円※4・5月限定

金箔を贅沢に使った絢爛豪華な羊羹

菓匠 まつ井
かしょうまつい

大正15年創業、伝統工芸品などをモチーフにした創作和菓子を製造する老舗和菓子店。眩しすぎるほどキラキラ輝く金箔羊羹は、お土産にも人気！

🏠 金沢市此花町9-16 ☎076-221-1971 🕐10:00〜17:00 🈚火曜 🚃JR金沢駅から徒歩5分 🅿2台
金沢駅周辺 ▶MAP 別P.3 D-1

チョコ豆や型ぬきバウムで人気のお店。

まめや 金澤萬久
まめや かなざわばんきゅう

国産の有機大豆をはじめ、金沢・能登の素材を中心に使用。製法にもこだわったお菓子が好評。型ぬきカステラやバウムなど、一風変わった商品にも注目。

🏠 金沢市木ノ新保町1-1 金沢百番街あんと1F
076-260-1080 🕐8:30〜20:00 🈚施設に準ずる
🚃JR金沢駅直結 🅿なし
金沢駅周辺 ▶MAP 別P.3 D-1

🍴 金箔（金沢箔）の全国シェア98％以上を誇っているので、街で見かける金箔のほとんどがメイドイン石川！

EAT
海鮮丼
寿司
近江町市場
加賀料理
地元グルメ
朝ごはん
金沢フレンチ
カフェ＆スイーツ

思わずまとめ買いしちゃう！
ビジュアルスイーツに胸キュン♡

ずっと眺めていたくなるキュートなビジュアルだけど、ひとくち食べると止まらない。
金沢にはそんな和菓子がいっぱい！

甘さ控えめで
おいしい！

愛されPOINT
カラフルなキューブ型は、並べるだけでかわいい！

寒氷（かんごおり）1袋
330円

純度の高い砂糖と寒天を使い、空気をたっぷり含ませることで、やわらかな食感に

優しい甘さが
やみつきに！

愛されPOINT
加賀八幡起上りをモチーフにしたフォルムに萌え♡

Ⓐ
加賀八幡起上もなか（7個入り）
1350円

北海道産小豆を使用したつぶ餡がぎっしり！

愛されPOINT
風味のよいつぶ餡のほか、季節によってよもぎ餡や桜餡もある

Ⓒ
だるまさんの最中箱（つぶあん）
1400円

サクサク最中に自分好みで餡を挟んでどうぞ

♪用

愛されPOINT
動物や草花をモチーフにした半透明なフォルムがキュート♡

Ⓓ
かいちん　小箱
2268円

かいちんとは、金沢の言葉で「おはじき」のこと

Ⓐ 味も、見た目も、縁起もよし！
金沢 うら田
かなざわ うらた

洋の素材も取り入れた独創的なお菓子が人気。金沢百番街店限定で、起上り人形付きのセットもあり。

🏠 金沢市泉野町4-8-21 ☎ 076-245-1188 🕘 9:00〜18:00（日曜は〜17:00）🚫 水曜 🚌 バス停泉野4丁目から徒歩3分 🅿 4台

金沢市郊外 ▶MAP 別P.9 E-3

Ⓒ グルテンフリーのお菓子がいっぱい！
甘味こしらえ しおや
あまみこしらえ しおや

米粉100%でグルテンフリーのお菓子を中心に、あんこやジャムも製造。週2回「小窓のしおや」がオープン！

🏠 金沢市増泉2-22-24 ☎ 076-207-7804 🕘 11:00〜18:00 🚫 火〜土曜 🚌 バス停中村町から徒歩3分 🅿 2台

金沢市郊外 ▶MAP 別P.9 E-2

Ⓑ 老舗和菓子店「吉はし」のセカンドライン！
豆半
まめはん

「豆半」は老舗茶席菓子の専門店「吉はし」の3代目が手掛けるブランドで、遊び心あふれたお菓子が揃う。

🏠 金沢市東山2-2-2 ☎ 076-252-2634 🕘 9:00〜18:00 🚫 日曜、月曜・祝日の午後 🚌 バス停東山から徒歩2分 🅿 2台

ひがし茶屋街 ▶MAP 別P.5 F-2

Ⓓ 伝統にアイディアをプラスしたおやつ
石川屋本舗 あんと店
いしかわやほんぽ あんとてん

外はシャリッ、中はとろりとした食感の寒天菓子。海の生き物と金平糖を詰め合わせた「水族館」も人気。

🏠 金沢市木ノ新保町1-1 金沢百番街あんと内 ☎ 076-260-3768 🕘 8:30〜20:00 🚫 施設に準ずる 🚉 JR金沢駅直結 🅿 なし

金沢駅周辺 ▶MAP 別P.3 D-1

SHOPPING

和菓子

ごはん

雑貨

コスメ

うつわ

オリジナル

金沢駅

予約販売のみの、繊細な上生菓子

吉はし菓子店
よしはしかしてん

金沢のお茶席で愛される「吉はし」の上生菓子。みずみずしい餡と職人の技が光る一品は、予約してでもゲットしたい。

愛されPOINT
職人が丁寧に作り上げた、季節を感じる繊細なフォルムに注目！

流れるような手つきで仕上げています。

> **上生菓子**
> **324円〜**

✧ 甘さ控えめで、清らかな味わい

🏠 金沢市東山2-2-2 ☎ 076-252-2634 ⏰ 9:00〜18:00
㊡ 日曜、祝日の午後 🚌 バス停東山から徒歩2分 🅿 2台
ひがし茶屋街 ▶ MAP 別P.5 F-2

※上生菓子は、前日の15:00までに要予約

愛されPOINT
なめらかな大粒のつぶ餡がたまらない！

能登大納言小豆を使用した餡とカラフルな最中種のセット

> **あんどいろ**
> **1620円**

ひと手間が楽しい手作り最中。食べ方は十人十色！

言わずと知れたきんつばの名店！

きんつば 中田屋 東山茶屋街店
きんつば なかたや ひがしやまちゃやがいてん

職人が艶やかに炊いた小豆を上品な甘さの餡に仕立て、薄衣を塗り焼き上げたきんつばや、餡を挟んで食べる手作り最中が人気。

🏠 金沢市東山1-5-9 ☎ 076-254-1200 ⏰ 9:00〜17:00
㊡ 無休 🚌 バス停橋場町から徒歩3分 🅿 なし
ひがし茶屋街 ▶ MAP 別P.5 E-2 ▶P.45

愛されPOINT
日本画家が描いた絵をもとにした図柄が美しい

人気の「うちわ煎餅」など、彩り豊かなお菓子を詰め合わせ

> **金沢めぐり**
> **1080円**

季節を感じる商品を詰め合わせ

手作業で描く煎餅が人気！

加藤皓陽堂 本店
かとうこうようどう ほんてん

城下町の風情を感じる上品かつ繊細なお菓子が評判。花鳥風月の図案が美しい「うちわ煎餅」も要チェック。

🏠 金沢市諸江町中丁334-1 ☎ 076-204-9413 ⏰ 9:00〜17:00 ㊡ 月・木曜 🚃 JR金沢駅から車で10分 🅿 2台
金沢駅周辺 ▶ MAP 別P.9 E-2

愛されPOINT
淡い黄色が美しい「菊花せんべい」は、お茶請けで出すと華やか！

ココアを使用したほろ苦い落雁

La・Kugan（ココア）
486円

> **菊花せんべい**
> **864円**

唐菊形の煎餅に、生姜砂糖を引いたさっぱりとした味わい

昔ながらの製法にこだわった落雁の老舗

落雁諸江屋にし茶屋菓寮
らくがんもろえやにしちゃやかりょう

江戸末期創業の老舗落雁店。代々受け継がれてきた伝統製法を守りつつ、現代に愛される商品作りで人気を集める。

🏠 金沢市野町2-26-1 ☎ 076-244-2424 ⏰ 10:00〜17:00 ㊡ 火曜（祝日の場合営業） 🚌 バス停広小路から徒歩3分 🅿 8台
にし茶屋街 ▶ MAP 別P.8 A-3

👣 石川県は、饅頭・羊羹を除く和菓子の年間支出額がナント全国1位！和菓子屋さんが多いのも納得。

ビジュアル萌え♡
愛され土産をパケ買い

ビジュアル偏差値の高い金沢みやげ。細部にまでこだわりがちりばめられたパッケージは、見ているだけで幸せな気分に。喜ばれること間違いなしのお土産をゲットしよう。

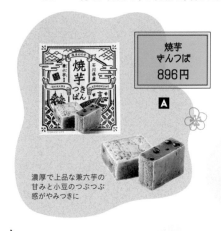

焼芋
きんつば
896円

A

濃厚で上品な兼六芋の甘みと小豆のつぶつぶ感がやみつきに

ニャー

有機大豆の
炒り豆・みたらし豆
972円

D

甘辛いみたらし風味の炒り豆。豆箱は季節によって異なり、好きな絵柄を選ぶことができる

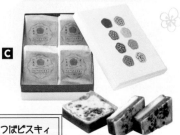

C

きんつばビスキィ
（プレーン）4個入
1490円

クリーミーで香り豊かなバターときんつばがうまくマッチしている

wow!

クルミのおやつ
大野醤油風味
810円

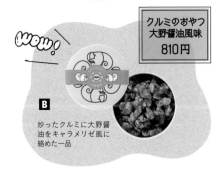

B

炒ったクルミに大野醤油をキャラメリゼ風に絡めた一品

A ポップな菓子が揃う
金沢東山・百番屋
かなざわひがしやま・ひゃくばんや

金沢らしさの詰まったかわいさ満点のスイーツなどを取り扱う。ブランドさつまいも「兼六芋」の焼芋きんつばはレトロなパッケージにも注目

🏠 金沢市東山3-3-35
☎ 076-254-6181 ⏰ 10:00〜17:00 🈚 不定休 🚌 バス停橋場町から徒歩3分 🅿 なし
`ひがし茶屋街` ▶MAP 別P.5 E-2
→P.103

B 石川と北陸の名産品ならココ
クルミのおやつ
金沢百番街あんと店
クルミのおやつかなざわひゃくばんがいあんとてん

2021年3月にリニューアルオープンした金沢駅に入る。大野の醤油を使った佃煮屋さんの「クルミのおやつ」はパッケージもかわいい人気商品。

🏠 金沢市木ノ新保町1-1
☎ 076-208-3328（代）⏰ 8:30〜20:00 🈚 不定休 🚌 JR金沢駅直結 🅿 なし
`金沢駅周辺` ▶MAP 別P.3 D-1

C 和素材を使った洋菓子
ル・コタンタン金沢
ル・コタンタンかなざわ

あんこや抹茶など和の素材で老舗和菓子店の職人が作るビスキィが名物。フランスの発酵バターを使うことで、香り高いお菓子に仕上がっている。

🏠 金沢市木ノ新保町1-1 金沢百番街あんと 1F
☎ 076-208-4077 ⏰ 8:30〜20:00 🈚 無休 🚌 JR金沢駅直結 🅿 なし
`金沢駅周辺` ▶MAP 別P.3 D-1

D 新しい豆菓子の形を提案
まめや金沢萬久
金沢エムザ店
まめやかなざわばんきゅうかなざわエムザてん

有機大豆をはじめ、地元産を中心とした国産の豆を、炒ったり、チョコでコーティングしたりした豆菓子を提供。手描きで絵付けされた箱もキュート。

🏠 金沢市武蔵町15-1
☎ 076-260-2457 ⏰ 10:00〜19:30 🈚 不定休 🚌 バス停武蔵ヶ辻・近江町市場からすぐ 🅿 140台
`近江町市場周辺` ▶MAP 別P.4 B-2

しかくいもなか
216円

E

たろうのしかくいもなか

米飴を使った大納言小豆の餡を、サクッと軽い最中でサンド

G

お湯を注ぐと、おとぎ話の主人公たちが浮かび上がってくるくず湯

オトギクズユ
1個
173円

E

たろうのようかん
「カカオチョコ」
324円

生チョコのような食感のおしゃれ羊羹。コーヒーとも相性がいい

F

濃厚な豆乳を彷彿とさせる味わい。サラダに入れるのもおすすめ

大浜だいず
390円

H

ころんと丸いカラフルな最中に、3種の味のゼリーを詰めた一品

F

白ごま羊羹と
黒ごま羊羹
1本320円

クリーミーな白ごまと香ばしい黒ごまの2つの味を楽しめる

紙ふうせん（9個入）
680円

E モダンな和菓子を展開

**茶菓工房たろう
鬼川店**

さかこうぼうたろう おにかわてん

現代風に落とし込んだデザイン性の高い和菓子が人気。チョコレートやラムレーズンなど、洋の素材を使うという斬新さも注目を集めている。

🏠 金沢市長町1-3-32
☎ 076-223-2838　🕗 8:45〜17:30　㊡ 無休　🚌 バス停香林坊から徒歩6分
🅿 6台

長町武家屋敷跡

▶ MAP 別 P.8 B-1 →P.44、109

F 定番のおくばり土産

甘納豆かわむら

あまなっとうかわむら

花街にある甘納豆専門店。素材本来の味を引き立てるため、手間ひまかけて手炊きで仕上げた甘納豆は、年代を問わず喜ばれるはず。

🏠 金沢市野町2-24-7
☎ 076-282-7000　🕗 9:30〜18:00（日曜、祝日は〜17:00）　㊡ 第1火曜　🚌 バス停広小路から徒歩3分
🅿 4台

にし茶屋街

▶ MAP 別 P.8 A-3

G 創業170年を超える落雁の老舗

落雁 諸江屋 本店

らくがん もろえや ほんてん

嘉永2(1849)年の創業以来、変わらない製法で落雁を作り続ける。「加賀宝生」などの伝統菓子を守りながら、新しい試みにも挑戦している。

🏠 金沢市野町1-3-59
☎ 076-245-2854　🕗 9:00〜18:00　㊡ 無休　🚌 バス停広小路から徒歩3分
🅿 3台

にし茶屋街　▶ MAP 別 P.8 A-3

→P.19

H 職人のセンスが光る新感覚の和菓子

菓匠 髙木屋

かしょうたかぎや

大正14(1925)年創業の和菓子店。最中やお汁粉などの定番品はもちろん、洋のエッセンスを取り入れた斬新な和菓子も人気が高い。

🏠 金沢市本多町1-3-9
☎ 076-231-2201
🕗 9:00〜18:00（火曜は〜15:00）　㊡ 水曜　🚌 バス停思案橋から徒歩3分
🅿 6台

兼六園周辺

▶ MAP 別 P.3 F-3

美食の古都金沢の味

代々受け継がれる伝統食に舌鼓！

独自の気候や風土から生まれ進化した伝統の味。
酒の肴やごはんのお供、主食までクセになるおいしさを持ち帰ろう！

美川に伝わる
奇跡の発酵食

石川県でしか製造が許可されていない禁断のグルメ

糀で漬け込んだ金沢の
味覚かぶら寿し

かぶらの間に熟成した鰤を挟んだ贅沢な漬物

ふぐの子ぬか漬
1296円

お茶漬けやおつまみにぴったり！

能登いか野菜づめ
1296円

プリプリのするめいかの中に野菜がたっぷり！

イカと野菜の
おいしいハーモニー♪

金澤ぴくろす
432円

オリジナル調味酢に漬けた色鮮やかな野菜たち！

さばぬか漬け
1枚432円

薄く切って軽く炙って食べるともう最高！

金城漬3種箱入り
972円

加賀麹味噌と加賀菊酒の酒粕を使った漬物

ふぐの卵巣を使った禁断のグルメ

あら与
あらよ

古くから続く伝統発酵食専門店。ふぐを無毒化するメカニズムは未だ謎という魅惑の珍味「ふぐの子ぬか漬け」はぜひトライしてみて！

🏠 白山市美川北町ル-61 ☎ 076-278-3370 🕐 9:00〜18:00 🈺 水曜 🚃 JR美川駅から徒歩5分 🅿 5台
白山市 ▶MAP 別P.2 A-3

発酵食で有名な金沢の名店

四十萬谷本舗
しじまやほんぽ

金沢で愛される味覚といえばコレ！肉厚な鰤がジューシーなかぶらに挟まれた贅沢なお漬物！体にも優しい伝統の発酵食。

🏠 金沢市弥生1-17-28 ☎ 076-241-3122 🕐 9:00〜18:00 🈺 第1日曜 🚌 バス停沼田町から徒歩5分 🅿 7台
金沢市郊外 ▶MAP 別P.9 E-2

缶の中いっぱいに入ったたらの子。ご飯にこんもりとのせて♪

ご飯が止まらない！
金沢を常備できる缶詰

たらの子缶詰
646円

このレトロな缶詰がちょっぴりかわいい！

じぶ煮缶詰
338円

金沢の郷土料理といえばまず思い浮かぶ一品

にしんの甘露煮缶詰
338円

非常食はもちろん、アレンジ料理にも使える逸材！

北陸の郷土料理「たらの子」缶詰
金沢 ふくら屋
かなざわ ふくらや

大正後期から続く金沢郷土料理の老舗が作る「たらの子缶詰」。北陸以外ではなかなかお目にかかれない商品なので複数個入手しておくのがベスト！

🏠 金沢市泉 3-6-48 ☎ 076-242-3810 🕘 9:00～18:00 🗓 日曜、祝日 🚌 バス停有松から徒歩4分 🅿 2台
`金沢市郊外` ▶ MAP 別 P.9 E-3

寿司処石川で
親しまれ続ける笹寿し

金沢笹寿しプレミアム
5ケ入1134円

定番の鯖・鮭・鯛に能登牛しぐれと炙り鰆が加わった贅沢な一品

食べやすさとおいしさで愛される石川の味

定番は
鯖・鮭・連子鯛！

連子鯛入三味笹寿し
10ケ入1420円

天然の笹の香りも爽やかな押し寿し3種入り

寿司処金沢の伝統押し寿し
芝寿し
しばずし

各家庭でもお祭りや祝い事のときに振る舞われていた押し寿し。お米がふっくらとツヤツヤして食べやすく地域でも愛される人気のお寿し。

🏠 金沢市木ノ新保町1-1 金沢百番街あんと1F ☎ 076-261-4844 🕘 8:30～20:00 🗓 施設に準ずる 🚃 JR金沢駅直結 🅿 なし
`金沢駅周辺` ▶ MAP 別 P.3 D-1
→ P.71

コクのある旨みがご飯

職人が丹精込めて作る
金沢名産佃煮

加賀の白峰（10個入り）
1566円

くるみ形の最中で包んだくるみ煮はお茶うけに◎

極上ごり（100g）
1242円

後味のよい食べ飽きないおいしさは金沢を代表する味

くるみ煮（100g）
1620円

上品な甘さがクセになる。おつまみやおやつにも！

昔ながらの職人技で作る
佃煮専門店
佃の佃煮
つくだのつくだに

昔ながらの釜炊き製法にこだわった佃煮店。ごりやくるみ、独自の味を築いた佃煮は、ごはんのお供に最適！

🏠 金沢市下新町6-18 ☎ 076-262-0003 🕘 9:15～18:00 🗓 無休 🚌 バス停橋場町から徒歩2分 🅿 なし
`主計町茶屋街` ▶ MAP 別 P.5 D-2

パスタの仕上げに「ふぐの子ぬか漬け」を削ってかけるだけでワンランク上の味わいになる。

日本酒・ワイン・ビールにぴったり！
今夜の酒の肴はコレに決まり！

好きなお酒に合う金沢名物をお土産にいかが？
伝統食から今話題の保存食まで、ビール・日本酒・ワインに合うおつまみを見つけにいってみて！

今夜は冷食で手軽に一杯いきましょう！

金沢の主婦たちが頼る愛され店

ービールにー

店内には40種もの豊富な冷食が！

精肉店が作る話題の無添加冷凍食品専門店

Frozen Food専門店 nikuo CIRCUS
フローズンフードせんもんてん　ニクオサーカス

手作り無添加にこだわる冷凍食品専門店。店内には餃子などNIKUOオリジナルの商品から、県内の人気料理店の商品まで約40種類も並びお土産にもぴったり！

🏠 金沢市小橋町3-40　☎ 076-256-0014　🕐 11:00～18:00　🈂 日曜　🚌 バス停小橋町から徒歩2分　🅿 5台

ひがし茶屋街 ▶ MAP 別 P.5 D-1

小坂レンコンしゅうまい…580円
れんこんのシャキシャキ食感とジューシーさで人気NO.1！

ービールにー

もったいないから生まれたピクルス

種類がいっぱい！

北陸の珍味を探すならココ

保存食専門店 STOOCK
ほぞんしょくせんもんてん　ストック

保存食にスポットを当て、珍味やピクルスからオリジナルジャム・お菓子に至るまで保存のできるおいしい食材が充実！お土産にも喜ばれるおしゃれさが魅力！

🏠 金沢市広岡1-5-3 クロスゲート金沢1F　☎ 076-254-1612　🕐 10:00～20:00　🈂 無休　🚃 JR金沢駅から徒歩2分　🅿 なし

金沢駅周辺 ▶ MAP 別 P.3 D-1

金沢のピクルス…650円～
定番から変わり種までバリエーション豊富！

じっくり味わいたい金沢の珍味

ー日本酒にー

米作りから漬物まで手掛ける農家

ぶった農産
ぶったのうさん

自家製の米糀を使って作るこんか漬やかぶら寿司など、時代をまたいで受け継がれてきた味わいに、きっと箸が止まらなくなるはず。

🏠 金沢市木ノ新保町1-1金沢百番街あんと1F　☎ 076-256-0177　🕐 8:30～20:00　🈂 施設に準ずる　🚃 JR金沢駅直結　🅿 なし

金沢駅周辺 ▶ MAP 別 P.3 D-1

NoKA（9個セット）…4158円
農家が作るこんか漬など珍味好きに！

店頭には色んな種類の珍味が並んでるよ！

静かな里山にある
シャルキュトリー

風土に根差したハム・ソーセージ

シャルキュトリー GALIBIER

シャルキュトリーガリビエ

地元産の素材を中心に、欧州の伝統製法を守りながら風土に根ざしたハム・ソーセージを加工。ファンの多い白カビサラミなどワインに合う商品も多数。

⛰ 能美市徳山ヤ55-1　☎0761-58-2013　🕐10:00〜18:00　㊡火・水曜　🚗小松ICから車で19分　🅿10台

`能美市` ▶MAP 別P.2A-3

一 ワインに 一

自家製ソーセージ以外にもパテや鴨のスモークなどおつまみにちょうどいい商品も多い！

少しずつカットして大事に味わいたい白カビサラミ

塩やいしるを使った、絶品たたき

一 日本酒に 一

プリッとした身をあさり醤油で…

ねっとりとした味わいにノックダウン！

♪♬♪

一 ワインに 一

金沢土産の定番といえば！

鰤のたたき本舗 逸味 潮屋

ぶりのたたきほんぽ いつみ うしおや

一つひとつ手作業で炙り、独特の製法で仕上げた「鰤のたたき」をはじめ、北陸の海の幸を使った乾物・干物などの珍味を数多く取り揃える人気店。

鰤のたたき…(100gあたり)1080円
鰤本来の濃厚な旨みを凝縮した逸品

北陸の珍味が多数揃う！

⛰ 金沢市木ノ新保町1-1金沢百番街あんと内　☎076-222-0408　🕐8:30〜20:00　㊡施設に準ずる　🚉JR金沢駅直結　🅿なし

`金沢駅周辺` ▶MAP 別P.3 D-1

→P.69、71

古くから続く地元食材を使った干物

杉野屋与作

すぎのやよさく

からすみ風味の能登からせんじゅは、受け継がれる職人の技を用いた杉野屋与作秘伝の逸品！パスタとの相性も抜群！

からせんじゅ…880円
薄く切って軽く炙って食べるのがおすすめ！

多彩なラインナップが揃う

⛰ 金沢市木ノ新保町1-1金沢百番街あんと1F　☎076-260-3763　🕐8:30〜20:00　㊡施設に準ずる　🚉JR金沢駅直結　🅿なし

`金沢駅周辺` ▶MAP 別P.3 D-1

SHOPPING
和菓子
ごはん
雑貨
コスメ
うつわ
オリジナル
酒の肴

食卓の味を手土産に
発酵大国の調味料をGET！

石川県には昔から醤油や酢などの発酵食文化が根付いている。
金沢の美食文化に大きく影響を与え、進化する最新調味料に注目！

塩

石川の食材を使った食の研究室
FUKURO PROJECT
フクロ プロジェクト

**塩
各種702円**

おにぎり塩・焼き肉塩・桜チップの
燻製塩など豊富なバリエーション
が魅力

「旨味をふくろいっぱいに詰め込む」をコンセプトに、
食卓の新たなスタンダードを探求した変わり種調味
料を用意している。

🏠 金沢市袋町1-1 かなざわはこまち1F　☎076-225-
7600　🕐 10:00〜18:00　㉻ 不定休　🚌 バス停武
蔵ヶ辻から徒歩2分　🅿 24台
近江町市場周辺　▶MAP 別P.4 B-2

**食べる味噌
702円**

梅カツオ・能登牛
など野菜やご飯
にうってつけ！

麹

甘酒　810円

栄養抜群な甘酒
の甘さに心も満
たされる

塩糀　648円

素材の旨みや甘みを引
き出す万能調味料

糀　756円

県産コシヒカリを杉桶
で蒸し、石窯で製造

190年続く麹屋
髙木糀商店
たかぎこうじしょうてん

創業以来、受け継がれ
る製法による塩糀や味
噌などの商品を販売。
いつもの料理に加えて
みよう。

🏠 金沢市東山1-9-10
☎ 076-252-7461　🕐 9:
00〜19:00　㉻ 無休　🚌
バス停東山から徒歩3分
🅿 4台
ひがし茶屋街
▶MAP 別P.5 F-2

ポン酢

ほんのり
ゆずの香り

**能登のぽんず
756円**

しいたけ醤油を
ベースにしたまろ
やかな味わい

**ディップソース
各540円**

楽しみ方は自分
次第なオリジナル
のディップソース

奥能登で親しまれ続ける醸造屋
谷川醸造
たにがわじょうぞう

能登では「サクラ醤油」
で知られる老舗醸造所。
受け継がれる醤油や原
料となる麹を使った調
味料を発信中！

🏠 輪島市釜屋谷町2-1-1
☎ 0768-22-0501　🕐 8:
00〜17:00　㉻ 土・日曜
🚌 バス停釜屋谷からすぐ
🅿 3台
能登
▶MAP 別P.10 A-1

みりん

酒蔵が造る本物のみりん

**三年熟成
純米本味醂 福みりん
1650円**

石川県産のもち米を使った本格派の高級みりん

金沢で最も長い歴史を持つ酒蔵の直営店

SAKE SHOP 福光屋
サケ ショップ ふくみつや

丁寧に工程を積み重ねた誠実な酒造りを受け継ぐ福光屋。酒造りから派生した甘酒や酒粕、料理酒などの調味料はどれも本格派。

🏠 金沢市石引2-8-3　☎ 076-223-1117　🕐 10:00～18:00　🗓 無休　🚌 バス停小立野からすぐ　🅿 6台

`金沢市郊外` ▶ MAP 別 P.9 F-2 →P.63

醤油・出汁

**香る生醤油ひしほ
572円**

世界の3つ星シェフも愛用する香り高い生醤油

**魚醤 いしるだし
680円**

能登に伝わる伝統発酵調味料を使った特製だし

大野が生んだ醤油味噌蔵

ヤマト醤油味噌
ヤマトしょうゆみそ

明治44(1911)年より続く醸造元で、直売所であるひしほ蔵には、蔵元おすすめの醤油や味噌、玄米甘酒などの人気商品も多数！

🏠 金沢市大野町4-イ170　☎ 076-268-5289　🕐 10:00～17:00　🗓 水曜　🚌 バス停大野港から徒歩3分　🅿 32台

`金沢市郊外` ▶ MAP 別 P.9 D-1

気品あふれる金沢のお茶文化

石川で生まれた「加賀棒茶」、金沢の金石地区で生まれた「金棒茶」。
石川県に根差す2つの奥深き棒茶の世界へようこそ！

**献上加賀棒茶
1458円**

熱湯でサッと25秒。口の中に広がる至福の香り

昭和天皇も味わった銘茶

丸八製茶場
まるはちせいちゃじょう

**献上加賀棒茶
ティーバッグテトラタイプ
756円**

手軽に淹れられるティーバッグはお土産や贈り物に

昭和天皇にと試行錯誤を重ねて作られた棒茶は、今では石川を代表する銘茶。贅沢な香りと旨みの余韻を。

🏠 金沢市木ノ新保町1-1 金沢百番街あんと内　☎ 076-222-6950　🕐 8:30～20:00　🗓 施設に準ずる　🚌 JR金沢駅直結　🅿 なし

`金沢駅周辺` ▶ MAP 別 P.3 D-1

**SHUN
6個セット
4300円**

これまでにない焙煎方法により独創的な棒茶が誕生

すっきりした飲み心地

Ten riverside
テン リバーサイド

サイフォンで淹れる自家焙煎の金棒茶が味わえる話題のカフェ。川面を眺めながら金棒茶で心のひと休み。

🏠 金沢市金石西1-14　☎ 076-213-5117　🕐 11:00～LO16:30　🗓 水・木曜　🚌 バス停金石から徒歩5分　🅿 7台

`金沢市郊外` ▶ MAP 別 P.9 D-1 →P.119

自分へのお土産に
華やかな和雑貨にときめく

幸せを願う加賀てまりに、繊細で美しい加賀友禅など、思わず心ときめく和雑貨は
自分用のお土産に。丁寧に作られた華やかなアイテムは、どれも連れて帰りたくなるはず。

個性豊かな色使いで縁起のいい工芸品

モチーフは八幡さんです

・8250円〜
加賀指ぬき

・1万6500円
加賀八幡起上がり

イヤリング
・8250円

・6270円
かんざし

ゆびぬきピン
・5775円

加賀てまり

娘が嫁ぐときに、幸せを願って持たせたとされる工芸品で、現在はインテリアとして使われる

全国でも珍しい手まり専門店
加賀てまり 毬屋
かがてまりまりや

加賀てまりを制作・販売。伝統的な製法で手作りされる品々は加賀てまりや指ぬき、アクセサリーなど種類も豊富。

🏠 金沢市南町5-7 ☎076-231-7660 🕘9:30〜18:00 🈺火・水曜 🚌バス停南町・尾山神社からすぐ 🅿なし
兼六園周辺 ▶MAP 別P.6 A-1

めぼそ針

ちいさな裁縫セット
・2970円

刺繍などに使われる縫い針で、加賀藩主から「めぼそ針」という名前を授かったとされる

加賀毛針に携わって440年以上
目細八郎兵衛商店
めぼそはちろうべいしょうてん

1575（天正3）年創業の針専門店。毛針の技を生かしたグッズも人気。

🏠 金沢市安江町11-35 ☎076-231-6371 🕘9:30〜17:30 🈺火曜 🚌バス停武蔵ヶ辻・近江町市場から徒歩2分 🅿2台
近江町市場周辺 ▶MAP 別P.4 B-2

伝統工芸に欠かせない針から生まれたアート

孔雀ピアス
・5060円

はじめての目細針セット
・800円

加賀野菜待ち針
・1100円

🌸 ## What is
めぼそ針

加賀繍をはじめ、伝統工芸や地元産業に愛用されてきた針。糸が通しやすく、使いやすいしなりを持つよう、職人技で製造されている。

SHOPPING
和菓子
ごはん
雑貨
コスメ
うつわ
オリジナル
金沢駅

加賀友禅

五彩といわれる臙脂・藍・黄土・草・古代紫を基調とする着物。写実的な草花模様が特徴

加賀友禅ヘアゴム
・660円～

2200円

唯一無二の美しさは手描きならでは

各3500円
加賀友禅タンブラー

風呂敷
・5500円～

加賀友禅 正絹 巾着

加賀友禅 正絹がま口
・1100円

趣ある町家の加賀友禅ギャラリー
久連波
くれは

ひがし茶屋街に店を構え、アクセサリーや小物など華やかな加賀友禅グッズを扱う。奥には喫茶スペースも。

🏠 金沢市東山1-24-3 ☎076-253-9080 🕐 10:00～18:00 ㊡水曜 🚏バス停橋場町から徒歩5分 🅿なし
`ひがし茶屋街` ▶MAP 別P.5 F-2

職人技の雑貨が揃う町家ギャラリー

金澤表参道のシンボル的存在
collabon
コラボン

歴史ある町家を利用したギャラリー。作家モノの雑貨や職人技が光る雑貨を豊富に揃える。喫茶もおすすめ。

🏠 金沢市安江町1-14 ☎076-265-6273 🕐 11:00～18:00 ㊡火・木曜 🚏バス停武蔵ヶ辻・近江町市場からすぐ 🅿なし
`近江町市場周辺` ▶MAP 別P.4 B-2

ブローチ マルプランツ
7700円

タンブラー
2200円

クラフト

ヴィンテージ、ハンドメイド、北欧…個性豊かなアイテムから自分好みを選ぼう

トレイ
4620円

カップ
各2310円

ブローチ ホルン
7150円

蒔絵ボールペン 千羽鶴
4180円

3850円

金箔

日本の金箔生産量の98%以上は金沢。工芸品はもちろん、食品や化粧品まで幅広く使われる

吉祥 金の鶴箸置き

繊細で煌びやか金沢の代名詞

おぼろ月ボウル（漆）10寸
・1万5400円

金箔にふれて、学んで、お土産も
箔一本店 箔巧館
はくいちほんてん はくこうかん

多彩な金箔土産が揃う金箔の体感型総合ミュージアム。

🏠 金沢市森戸2-1-1 ☎076-240-8911 🕐 9:00～18:00（カフェ・体験は～17:00）、冬季～17:00 ㊡無休 🚏バス停新金沢郵便局前から徒歩10分 🅿20台
`金沢市郊外` ▶MAP 別P.9 D-2

使うだけで女子力UP！

金沢美人の秘密は、コスメにあり！

金箔工場や酒蔵から生まれた、金沢ならではのコスメ。
美人が多いといわれる町ならではのプロダクトを、ぜひ手に取ってみて。

金箔コスメ

金箔は保湿力が高く、もちもちとした弾力のあるお肌に導いてくれる。

保湿と弾力に優れた
「金」を使用したご当地コスメ

金箔化粧品専門店 KINKA
きんぱくけしょうひんせんもんてん きんか

金箔打紙製法のあぶらとり紙を初めて商品化した「箔一」の、金箔化粧品専門店。専門のスタッフが肌の悩みに合わせた提案もしてくれる。

🏠 金沢市東山1-13-5　☎ 076-252-0891　🕐 9:00〜18:00(冬季〜17:00)　休 木曜　バス停橋場町から徒歩5分　Ｐ なし

ひがし茶屋街 ▶ MAP 別 P.5 F-2

リピーター続出のアイテム！

**金華ゴールド
モイスチャークリームN
3850円**

**金華ゴールド
ナノローションN
3850円**

**ナノエッセンスN
4950円**

ビギナーにはスターターキットも販売中！

**金華ゴールド
ハンドソープ
1980円**

キラキラの金箔入りソープで毎日の手洗いを楽しく！

お土産に大人気！

瞬間吸収力が高いあぶら取り紙は、メイク直しに必須アイテム

**金華ゴールド
リップスティック
2200円**

憧れのもちもち唇が手に入るリップコート

"美人気分"高まるメイクアイテムから、美人茶まで

茶屋美人
ちゃやびじん

箔座がプロデュースするさまざまな美を集めたショップ。金箔を配合したボディクリームなど、女心をくすぐるアイテムがいっぱい！

🏠 金沢市東山1-26-17　☎ 076-253-8883　🕐 9:30〜18:00(冬季〜17:30)　休 無休　バス停橋場町から徒歩5分　Ｐ なし

ひがし茶屋街 ▶ MAP 別 P.5 F-2

**CHAYA cosme
オンブライトアイシャドウ金衣
2420円**

上品な輝きをプラスする金箔配合のアイシャドウ

Why
金箔を使ったコスメが
人気の理由

錆びないことから美しさや不老不死の象徴とされ、美容や健康のために用いられてきた金。お肌への浸透性が高く、抗酸化作用も格段にアップする特性を生かし、今日ではたくさんの金箔コスメが作られるようになった。

**CHAYA cosme
クリームフォーボディ
1650円**

ヒアルロン酸と金箔配合で、お肌しっとり！

SHOPPING

和菓子

ごはん

雑貨

コスメ

うつわ

オリジナル

金沢駅

天然素材コスメ
金箔づくりに使われる柿の葉や大豆は美肌効果も抜群！

金箔屋の作業場から誕生

MAKANAI
まかない

老舗の金箔店から生まれたブランド。金箔づくりに使われる「和のエキス」が入ったスキンケア商品など、肌に優しいアイテムが人気。

🏠 金沢市木ノ新保町1-1金沢百番街Rinto　☎ 076-201-8400　🕙 10:00〜20:00　㊡ 施設に準ずる　🚉 JR金沢駅直結　🅿 なし
`金沢駅周辺` ▶ MAP 別 P.3 D-1

金箔限定パッケージ

金澤限定絶妙レシピのハンドクリーム
1980円

金沢の情緒と華やかさを感じる香りが、気分を上げてくれる

純粋こんにゃくスポンジ（炭）
1100円

こんにゃくのスポンジに竹炭を配合。毛穴汚れをしっかり絡め取る

洗い流して美しく 米ぬかパック（緑茶・木苺）
各506円

和の美肌素材を使った、洗い流すパック。米ぬかが溶けた水は洗顔やかけ湯にも

酒蔵コスメ
アミノ酸などを豊富に含む日本酒は、保湿や美肌効果が高い！

コメ発酵液FRSをベースにした化粧品をラインナップ

SAKE SHOP 福光屋
サケショップ ふくみつや

長年培ってきた米発酵技術を生かして開発した、「コメ発酵液」を含む高保湿の自然派基礎化粧品をラインナップ。プレゼントにもおすすめ！

🏠 金沢市石引2-8-3　☎ 076-223-1117　🕙 10:00〜18:00　㊡ 無休　🚉 バス停小立野からすぐ　🅿 6台
`金沢市郊外` ▶ MAP 別 P.9 F-2　→ P.59

天然の美容液「コメ発酵液FRS-01」がたっぷり！

コメラボ 日本酒酵母エキス
3300円

保有する酵母300種の中で最大の美容効果が期待できる「FT15」からエキスを抽出

アミノリセシリーズ
3300円〜

しっとり肌に導いてくれる「ナチュラルモイストローション」は人気の商品

《美肌効果抜群の「金ピカの黄金パック」初体験！》

これもおすすめ！

金箔屋が作る贅沢コスメ

金箔屋さくだ 町屋店
きんぱくやさくだ まちやてん

あっと驚く金沢みやげといえば、24Kを使った贅沢マスク。金がもたらす視覚的効果も抜群！

🏠 金沢市東山1-5-7　☎ 076-208-4289　🕙 9:00〜18:00　㊡ 無休　🚉 バス停橋場町から徒歩5分　🅿 本店駐車場利用　`ひがし茶屋街`
MAP 別 P.5 E-2

Bireihi プライマリーフェイスローション
2970円

24K金箔エステマスクを体験！
金箔のパックを楽しんだら、なじませるようにマッサージすると微粒子になって肌にグングン入っていく！次の日は、お肌が吸い付くようにしっとりもちもちでした！

自宅で金箔エステ気分が味わえる

輝美肌 フェイシャルマスク
6160円

ひとつは持っておきたい♡
九谷焼・漆器のトリコになる

赤を使わない「青手」、赤く細い線で描いた図に金彩を施した「赤絵」など、さまざまな
作風の九谷焼と、暮らしになじむシンプルなデザインの漆器。あなたはどちらがお好み？

色鮮やかな色彩と大胆な絵付け♪

**さくら文（ゴールド）
馬上グラス 九谷和グラス
5390円**

日本酒を上品に楽しめる。デザートカップにも

販売から食事処まで！
九谷焼窯元 鏑木商舗
くたにやきかまもと かぶらきしょうほ

文政5（1822）年創業。九谷焼の工房をはじめ、ギャラリー、九谷焼の器で料理を提供する食事処まで揃い楽しみ方いろいろ！

🏠 金沢市長町1-3-16　☎076-221-6666　🕘9:00～22:00（日・月曜、祝日は～18:00）　㉔不定休　🚌バス停香林坊から徒歩5分　Ⓟなし
長町武家屋敷跡　▶MAP 別P.8 B-1

**てまり 湯呑
各1650円**

かわいらしいまりが描かれた湯呑

ポップなデザインのオリジナル箸置き

**3連カトラリーレスト
箸置き new-style
各3300円**

キュートな月替わりの招き猫2200円

食卓を華やかに飾ってくれる器が揃う！

個性豊かな作品に釘付け

**九谷焼染付鳥鉢 黒
（庄田春海）
3850円**

総合芸術ビル内のギャラリー
アルトラ

ギャラリー、アートスクールなどが入るビル内のアートショップ。若手作家から大家まで多くのジャンルの作家の作品を扱う。

シンプルでモダンな器。和洋問わず使える♪

**九谷焼ペンギン
マグカップ（庄田春海）
3300円**

🏠 金沢市下堤町7 アルトラビル2F
☎076-231-6698　🕘10:00～17:00
㉔不定休　🚌バス停武蔵ヶ辻・近江町市場からすぐ　Ⓟなし
近江町市場周辺　▶MAP 別P.4 B-2

ペンギンのユーモラスな表情に注目

うつわの時間をより楽しく♪

**染め付け七寸皿
7700円**

落ち着いた風合いの手描き染付のお皿

特別な日から日常まで使える
本田屋食器店
ほんだやしょっきてん

ハレの日から普段使いできる器までを揃える。季節の花を入れた器などオリジナル商品にも注目して！

**九谷赤絵
赤玉6寸皿
5720円**

本田屋オリジナルの手描き赤玉シリーズ

🏠 金沢市長町1-3-8　☎076-221-1250
🕘10:00～18:00　㉔火曜　🚌バス停香林坊から徒歩5分　Ⓟなし
長町武家屋敷跡　▶MAP 別P.8 B-2　→P.109

普段の生活に馴染む器

畑漆器店
はたしっきてん

加賀市に伝わる木工轆轤(ろくろ)挽きの技術をもとに製造。日々の生活になじむ、良質なデザインで扱いやすく丈夫な商品を展開している。

🏠 加賀市山中温泉湯の出町レ23 商山堂1F ☎0761-78-1149 🕙10:00〜17:00 🈲水曜 山中温泉バスターミナルから徒歩7分 🅿なし

山中温泉 ▶MAP 別P.12 B-1

BORDER
各8250円

水洗いもできるのでお手入れ簡単！

3つの器のセット。小物入れや器としても◎

シンプルで使いやすい！

木の器にほっこり

蒔地こどもスプーン
1万6500円

上塗りスプーン
1万1000円〜

✿ **Why**

輪島で漆器が作られたワケ

輪島の気候と湿度は漆を扱うのに適しており、室町時代から輪島塗と呼ばれる漆が作られてきた。今も昔もすべて手作業で職人が作っている。

手になじむ使いやすさが特徴！

うるう1万9800円〜はフォルムがかわいい

赤ちゃんの歯固めとして用いることも

すぎ椀・中・溜
2万6400円

溜ならではの紅に惚れ込む人も多い

口当たりにもこだわる漆器

輪島キリモト・漆のスタジオ【本店】
わじまキリモト・うるしのスタジオ【ほんてん】

200年以上木と漆に関わる桐本家が運営。ふっくらした質感と鮮やかな表情が特徴。

🏠 輪島市杉平町大百苅70-5 ☎0768-22-0842 🕙9:00〜17:00 🈲無休（臨時休業あり）🚌バス停ふらっと訪夢から徒歩15分 🅿数台

能登 ▶MAP 別P.10 B-1 →P.131

まるでオブジェのような美しさ！

素材や木地の精度にこだわる

TOHKA WINE
各1万9800円

繊細で優美な曲線のフォルムがすてき

伝統的な美漆器を展開

GATOMIKIO/1
ガトミキオ ワン

明治41(1908)年に山中温泉にて創業。伝統的な山中漆器の技術を生かした実用性と、和の美意識に基づく芸術性を追求した漆器を販売。

🏠 加賀市山中温泉こおろぎ町二3-7 ☎0761-75-7244 🕙9:00〜17:00 🈲木曜 🚌山中温泉バスターミナルから徒歩10分 🅿15台

山中温泉 ▶MAP 別P.12 C-1

TSUMUGI
蓋付 椀 千鳥 red
1万3200円

美しい曲線で食卓に新たな彩りを与える

漆は何層にも塗り重ねられているので、単色でも深みがあることが特徴。 65

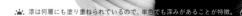

WORKSHOP
09

伝統工芸体験で！
マイオリジナル土産を作る

旅をより思い出深いものにしてくれる体験の数々。多くの伝統文化が受け継がれている金沢では、体験のバリエーションも豊富！ 作ったものは持って帰れるのもうれしい♪

DATA
落雁手作り体験

| 所要時間 | 約40分（10:00〜15:00） |
| 料金 | 1650円（体験料、お抹茶、お土産用小箱、金沢菓子木型美術館入館料を含む） |

木型を使って体験！

歴史ある落雁の名店で落雁作り

Let's try

1 落雁作りに使われる木型を見学

まずは約1000点にも及ぶ木型を一堂に展示する木型美術館で美しい木型を見学

2 いざ落雁作りを体験

スタッフが丁寧に落雁の作り方を教えてくれる。さまざまな形の落雁を作れる

3 手作りの落雁を試食

作り終わったらお抹茶と一緒にほっとひと息。自分で作った落雁の味は格別！

4 残りはお土産に

残りは小箱に詰めてくれるのでお土産に。うまくできたらプレゼントにしても◎

390年を超える名和菓子店

初心者でも安心して体験できるのがうれしい

森八 本店
もりはち ほんてん

寛永2（1625）年創業で、加賀藩ともゆかりが深い菓子司。日本三大銘菓の一つにも数えられる長生殿は、ふわりとした口どけが見事。

🏠 金沢市大手町10-15　☎ 076-262-6251　⏰ 9:00〜18:00　休 無休　🚌 バス停橋場町から徒歩3分　🅿 15台
主計町茶屋街　▶MAP 別P.5 E-3

本格的な和菓子体験に挑戦

石川県観光物産館
いしかわけんかんこうぶっさんかん

古くから茶の湯文化が栄えた金沢ならではの和菓子体験。老舗和菓子職人の手ほどきで季節の上生菓子を作ることができる。500円分のお買物券付き。

🏠 金沢市兼六町2-20　☎ 076-222-7788　🕐 9:30〜17:50（季節、曜日、天候により変更あり）　休 火曜（12〜2月）、臨時休業あり　🚃 バス停兼六園下・金沢城からすぐ　🅿 3台　**兼六園周辺**　▶ MAP 別 P.7 D-1

工芸品を自分好みにカスタマイズ

かなざわ 美かざり あさの
かなざわ びかざり あさの

金箔メーカー・箔一が手掛ける伝統工芸品の店。箔貼り体験では、好きなアイテムとデザインシールを選んでオリジナルの工芸品を作れる。

🏠 金沢市東山1-8-3　☎ 076-251-8911　🕐 9:00〜18:00　休 火曜（祝日の場合営業）　🚃 バス停橋場町から徒歩5分　🅿 なし　**ひがし茶屋街**　▶ MAP 別 P.5 F-2

→ P.97

繊細なきんとんは箸を使って成形

できあがり

DATA
和菓子手作り体験
所要時間 約40分（平日13:00〜1回、土・日曜、祝日は10:00〜15:00 4回 ※12月はHP・電話で確認）
料金 1700円

DATA
箔貼り体験
所要時間 約30分
料金 1200円〜
※予約優先制

小物入れやミニトートなどアイテムの種類も多数

できあがり

DATA
九谷五彩体験
所要時間 約90分（金〜日曜10:30〜、14:30〜の2部制）※要予約
料金 4100円〜

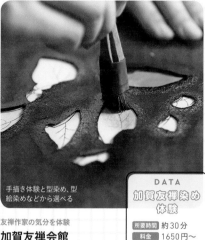

手描き体験と型染め、型絵染めなどから選べる

DATA
加賀友禅染め体験

所要時間 約30分
料金 1650円〜

友禅作家の気分を体験

加賀友禅会館
かがゆうぜんかいかん

加賀五彩を使って上品な絵柄を描く加賀友禅染めを体験できる。加賀友禅特有の、外側から内側へ向かってぼかしていく「外ぼかし」なども教えてもらえる。

🏠 金沢市小将町8-8　☎ 076-224-5511　🕐 9:00〜17:00　休 水曜（祝日の場合開館）　🚃 バス停兼六園下・金沢城から徒歩3分　🅿 なし　**兼六園周辺**　▶ MAP 別 P.7 E-2

小皿のほか、花瓶や小物入れなども選べる

蔵を改装したギャラリー

atelier & gallery creava
アトリエ アンド ギャラリー クリーヴァ

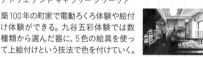

築100年の町家で電動ろくろ体験や絵付け体験ができる。九谷五彩体験では数種類から選んだ器に、5色の絵具を使って上絵付けという技法で色を付けていく。

🏠 金沢市長町2-6-51　☎ 076-254-1668　🕐 10:30〜17:00　休 水・木曜　🚃 バス停香林坊から徒歩10分　🅿 3台　**長町武家屋敷跡**　▶ MAP 別 P.8 A-1

SHOPPING

和菓子

ごはん

雑貨

コスメ

うつわ

オリジナル

金沢駅

駆け込みのお買い物にも

金沢駅で人気土産をGET

金沢中の名店が集結する金沢駅。定番から、センスの光る一品まで多彩なお土産が揃っている。帰りはちょっと早めに駅に立ち寄って、ショッピングを楽しもう。

金沢駅（1F）MAP

あんと

金沢駅構内にあるショッピングモール「金沢百番街」にあり、お土産やおいしいグルメ店が集まっている。金沢を代表する名店も多い。

☎ 076-260-3700（代表）
⏰ 8:30～20:00（飲食11:00～22:00）※店舗により異なる ㉁ 不定休
金沢駅周辺 ▶ MAP 別P.3 D-1

金沢駅の活用法

ショッピングから食事・お土産探しまで、何でもできる金沢駅。便利なサービスも充実している。

☑ **パンフレットを集める**
まずは駅にある金沢駅観光案内所へ。いろんな観光パンフレットがあるので、旅行の計画を立てるのに便利。

☑ **重い荷物はロッカーorホテルへ**
6カ所約1000個のコインロッカーを完備。金沢駅観光案内所では手荷物を駅から宿泊先まで配送するサービスも。

☑ **傘や長靴の無料貸し出しも**
雨や雪の多い金沢駅ならではの、傘や長靴の貸し出しサービスもある。天候の急変時には利用してみよう。

お菓子

茶の湯文化とともに発展してきた金沢の和菓子はどれもハイレベル！

Ⓐ 俵っ子棒付
4本入 615円

おこしあめを木の棒に付けた懐かしい飴。子どもにも大人気！

CUTE!

Ⓑ 月よみ山路 栗むし羊羹
1本 840円

葛を加え蒸し上げたもっちりとした食感の餡に、栗がぎっしり

上品で美しい多彩な名菓の宝庫

Ⓒ かいちん（小）
2268円

砂糖と寒天を使った色とりどりのおはじきのような干菓子

一口サイズ！

Ⓓ 羽二重 加賀
れんこん餅1個 237円

やわらかい羽二重餅に地物の加賀れんこんを練り込んだ人気の菓子

Ⓔ 黒糖ふくさ餅
1個 253円

求肥餅と丁寧に炊き上げたこし餡を、黒糖風味の焼皮で包んだ一品

Ⓕ あんず餅
4個入 1080円

豊潤な丸ごと蜜漬けあんずを白餡と羽二重餅で包んだ贅沢な味わい

Ⓐ あめの俵屋　Ⓑ 百番銘華（松葉屋）　Ⓒ 石川屋本舗
Ⓓ 歳時和菓子 越山甘清堂　Ⓔ 和菓子 村上　Ⓕ 菓匠 髙木屋

SHOPPING

和菓子

ごはん

雑貨

コスメ

うつわ

オリジナル

金沢駅

美味

ご飯のお供や酒の肴にぴったりな美味。地酒に合わせて購入しよう。

→P.57、71

Ⓐ 金沢これいいじぃ
シリーズ 648円〜

焼き塩辛や鰤そぼろ山椒など、クセになるご飯のお供

Ⓑ ふぐ粕漬
1188円

天日干しにしたふぐを酒粕に3カ月間漬け込んだ逸品

独特の上品な風味!

お酒がススム珍品揃い

How to

地酒を楽しむ

あんと内の「金沢地酒蔵」には、珍しい地酒の自動販売機が設置されており、100円から試飲ができる。好みのお酒を探してみよう。

Ⓒ 極上ごり
100g 1080円

国産の新鮮な川魚・ごりを、こだわりの調味料で炊き上げた一品

Ⓐ 鰤のたたき本舗 逸味 潮屋
Ⓑ 金澤北珍 肴の匠
Ⓒ 佃の佃煮

鮮やかな色合い

工芸品

加賀百万石の文化を受け継ぐ九谷焼や輪島塗など県内の伝統工芸も必見。

Ⓐ 箔座の金箔入あぶらとり紙6冊
セット(石川門・兼六園各3冊)
1925円

箔づくりの技を生かして作られた、天然素材のあぶらとり紙

華やかな工芸品をお持ち帰り

Ⓑ 彩漆2重だるまカップ(青・桃)
各 7700円

パール漆を塗った二重構造のステンレスのカップ

Ⓒ ひゃくまんさん手ぬぐい
各 880円

金沢土産にぴったりの愛らしいひゃくまんさんグッズ

Ⓓ 金華ゴールド ハンドジェル
45mL 1320円

美容成分配合の金箔入りハンドジェル。携帯しやすくギフトに最適

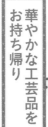

Ⓔ 九谷焼 猫いっぱい
マグカップ 4400円

名産品の九谷焼にカラフルな猫が描かれたキュートなマグカップ

Ⓐ 友禅工芸すずらん
Ⓑ 百椀百膳 能作
Ⓒ 金沢 わらじ屋
Ⓓ 箔一
Ⓔ 伝統工芸 金沢九谷(高橋北山堂)

テイクアウトもできる！

駅ナカグルメ を満喫♪

JR金沢駅構内にある商業施設「金沢百番街」。〈あんと〉〈あんと西〉〈Rinto〉の3つで構成され、金沢の人気グルメが勢揃い。帰る直前まで金沢を味わいつくそう！

Take out!
※ 琴路（12貫）
1人前2376円
※ 薫（11貫）
1人前1836円

名産ののどぐろをサクサクの唐揚げで！

のどぐろカマ唐揚げ
550円
※入荷状況で欠品の場合も

日本海から届く鮮魚を！

廻る富山湾 すし玉 金沢駅店
まわるとやまわん すしたま かなざわえきてん

人気回転寿司店「廻る富山湾 すし玉」の金沢駅店。カウンターのほかテーブル席もあり、家族連れにも人気。〈あんと〉

☎ 076-235-3238
🕐 11:00～21:30（LO21:00）　→**P.27**

シャリからはみ出す穴子がインパクト大

焼き穴子
440円

最後にもう一度〈〆は寿司で決まり

のどぐろを含むゴージャスな盛り合わせ

朝獲れ三種盛り
660円
※入荷状況で内容が異なる

野菜たっぷりほっとする味わい

野菜らーめん
726円

野菜と太麺がスープによく絡む！

お好みでマヨネーズをかけても◎

ロースカツカレー（中）
800円

手間ひまかけた唯一無二のカレー

老若男女に愛されるラーメン

8番らーめん金沢駅店
はちばんらーめんかなざわえきてん

国道8号沿いに開業したことが始まり。シャキシャキ野菜がたっぷり入った野菜らーめんは、塩や味噌など5種の味から選べる。〈あんと〉

☎ 076-260-3731
🕐 10:00～22:00（LO21:30）　→**P.37**

Take out!
※ 野菜らーめん
756円
※ 8番餃子（1人前・6個入）
324円

金沢カレーブームの立役者

ゴーゴーカレー 金沢駅総本山
ゴーゴーカレー かなざわえきそうほんざん

濃厚でどろっとしたルーに、千切りキャベツとカツを添えたカレー。55の工程を5時間かけて煮込んで55時間寝かせるカレーはクセになる味！〈あんと〉

☎ 076-256-1555
🕐 10:00～21:00（LO20:30）

Take out!
※ チキンカレー（中）
800円
※ ゴーゴーカレー（中）
600円

愛読者カード

本のタイトル

お買い求めになった動機は何ですか？（複数回答可）

　　1. タイトルにひかれて　　　2. デザインが気に入ったから
　　3. 内容が良さそうだから　　4. 人にすすめられて
　　5. 新聞・雑誌の広告で（掲載紙誌名　　　　　　　　　　　　）
　　6. その他（　　　　　　　　　　　　　　　　　　　　　　）

表紙　　1. 良い　　　　2. ふつう　　　3. 良くない
定価　　1. 安い　　　　2. ふつう　　　3. 高い

最近関心を持っていること、お読みになりたい本は？

本書に対するご意見・ご感想をお聞かせください

ご感想を広告等、書籍のPRに使わせていただいてもよろしいですか？

　　1. 実名で可　　　2. 匿名で可　　　3. 不可

郵便はがき

〒 1 0 4 - 8 0 1 1

東京都中央区築地
5−3−2

株式会社
朝日新聞出版
生活・文化編集部 行

おそれいりますが
切手をお貼り
下さい

ご住所　〒		
電話　（　　　）		
ふりがな お名前		
Eメールアドレス		
ご職業	年齢 　　　歳	性別

このたびは本書をご購読いただきありがとうございます。
今後の企画の参考にさせていただきますので、ご記入のうえ、ご返送下さい。
お送りいただいた方の中から抽選で毎月10名様に図書カードを差し上げます。
当選の発表は、発送をもってかえさせていただきます。

新鮮フルーツでビタミンチャージ

種類は季節で変わる

クラフトジュース
巨峰 (R)
550円

八百屋自慢のフルーツを堪能

八百屋のParlor Horita 205
やおやのパーラーホリタ ニーマルゴ

金沢の老舗青果店「堀他」がプロデュースするパーラー。新鮮な野菜やフルーツを使ったフードやスイーツは全品テイクアウトOK。〈Rinto〉

☎076-222-2011
⊖7:00〜20:00

Take out!
❀ 八百屋さんのフルーツタルト ……500円〜
❀ パワーサラダ ……540円〜

しみじみ美味な継ぎ足しのだし

おでん
一品100円〜

魚介系の薄口だしは旨みたっぷり

名物のおでんを求めて

季節料理・おでん 黒百合
きせつりょうり・おでん くろゆり

創業以来60年以上。昔からの出汁を継ぎ足し、味を変えずに作ったおでんが看板メニュー。地元食材を使った一品料理も豊富。〈あんと〉

☎076-260-3722
⊖11:00〜21:30 (LO21:00)
→P.34

Take out!
❀ 車麩 ……250円
❀ 鰯つみれ ……380円
❀ 赤巻 ……200円

ますのすし一重
1700円

明治45年から販売の老舗の味

ますのすし本舗 源
ますのすしほんぽ みなもと

緑濃く香りのよい笹に、ほどよく脂ののったマスとすし飯を詰めた名産品。味と色彩が見事に調和！

☎076-223-8086

感動を届ける極上笹寿し

芝寿し
しばずし

米や魚にこだわり、丁寧に仕上げた逸品。能登牛しぐれ、真鯛、紅鮭、穴子、炙り鰤の5種。

☎076-261-4844 →P.55

金沢笹寿し
プレミアム
5ヶ入 1134円

片手でパクっとね

柿の葉寿司
5個入 756円

藩政時代に生まれた柿の葉寿司

金澤玉寿司
かなざわたまずし

前田利家に献上されたという柿の葉寿司。柿の葉独特の香りが、酢飯と魚の旨みを引き立てる。

☎076-223-3858

駅弁セレクション

利家御膳
1300円

気分はお殿様！

食べ応えばっちり！

輪島朝市弁当
1100円

北陸の名物弁当が勢揃い

えきべん処金澤
えきべんどころかなざわ

高等商店の「輪島朝市弁当」は海の幸たっぷり。牡蠣めしや鰤角煮など能登の美味が満載。

☎076-235-2071

百番街店の限定商品

鰤のたたき本舗 逸味 潮屋
ぶりのたたきほんぽ いつみ うしおや

自家製の蒸しアワビを炊き込んだご飯が贅沢！鼓門をあしらったパッケージにも注目。

☎076-222-0408
→P.57、69

あわびめし
1600円

加賀藩ゆかりのお弁当

大友楼
おおともろう

駕籠をイメージした二段重ねの弁当箱がユニーク。郷土料理の治部煮も入っている。

☎076-260-6335

玄米ビビンバ丼
648円

野菜たっぷりで体に優しい

すゞめ
しゅうらく

ぷちぷちの玄米に、たっぷりの野菜と豚肉、温泉卵などをのせていただきます！

☎076-221-5011

上品な脂のおいしさを堪能しよう

舟楽
しゅうらく

高級魚ののどぐろを使った棒鮨。脂ののりがよく、大きいサイズののどぐろを手押しで棒鮨に。

☎076-260-3736

のどぐろ棒鮨
2600円

SHOPPING / 和菓子 / ごはん / 雑貨 / コスメ / うつわ / オリジナル / 金沢駅

「加賀百万石」を築いた
前田家が
スゴイ

利家とまつから始まる
"加賀百万石"の歴史

天文15(1546)年、現在の金沢城の前身である尾山御坊が建てられた。尾山御坊を拠点に起こった加賀一向一揆を柴田勝家に制圧させた織田信長は、御坊跡に金沢城を築き、佐久間盛政を入城させた。その後、賤ヶ岳の戦いで盛政が討たれると、豊臣秀吉から加賀40万石を与えられた前田利家が入城し、天正11(1583)年に加賀藩の歴史が始まった。利家は、正室まつと二人三脚で城の整備を進め、加賀百万石の礎を形成。関ヶ原の戦いに勝利した2代利長は、加賀・越中・能登の3カ国を賜り120万石の大名となり、文芸や美術に造詣の深い5代綱紀は加賀文化の土台を築いた。

わしが
利家じゃ

「ひがし」と「にし」

今も風情ある街並みが残る
「ひがし茶屋街」と「にし茶屋街」。
人気観光地であるこの茶屋街の起源とは。

金沢で茶屋街が誕生したのは文政3(1820)年、12代斉広の時代のことだった。当時、城下町に点在していた遊郭では犯罪が多発。そこで、茶屋の営業を取り締まるために、加賀藩公認のもと、浅野川の「ひがし」と犀川の「にし」につくられたのが現在の「ひがし茶屋街」と「にし茶屋街」である。明治に入ると、浅野川沿いに主計町茶屋街も誕生し、金沢三茶屋街として、現在まで文化が受け継がれている。

東新地絵図
(金沢市立玉川図書館近世史料館蔵)

重要伝統的建造物群保存地区でもあるひがし茶屋街

藩主の居城
金沢城

❀ What is

百万石

加賀藩そのものを指す場合もある「百万石」。米の収穫高を指す言葉で、成人男性が1年間で食べる米の量に換算すると100万人分。江戸時代の加賀藩の石高は119万5000石にも上っており、江戸幕府直轄領を除いて最大を誇っていた。

延宝年門金沢城下図(金沢市立玉川図書館近世史料館蔵)

前田家ゆかりのスポット

金沢の街中には、加賀藩の足跡を
色濃く感じられるスポットが点在。
街を歩いて、歴史スポットを巡ろう。

※ 金沢城公園

加賀藩・前田家の居城跡地。江
戸時代の建物は一部を残して消
失したが、平成になってから当
時の美しい姿へとよみがえった。
→P.78

※ 兼六園

5代藩主・綱紀が作庭を始め、12
代藩主・斉広が「兼六園」と命
名、13代藩主・斉泰のときに現
在の形に整えられた。
→P.76

加賀藩HISTORY

1488年	加賀一向一揆が起こる
1583年	前田利家が金沢城に入城
1598年	前田利長が2代目藩主となる。関ケ原の戦いの功で120万石の大名に
1600年	まつが徳川家の人質として江戸へ
1631年	寛永の大火
1632年	板屋兵四郎が辰巳用水を完成
1820年	ひがし茶屋街、にし茶屋街の成立
1867年	大政奉還
1868年	王政復古の大号令

※ 尾山神社 ※

初代藩主・前田利家
の功績を後世に伝え
ようと、旧加賀藩士
たちによって建立さ
れた。利家と正室・お
まつの方を祀る。
→P.85

※ 金澤神社 ※

金沢藩校「明倫堂」の
鎮守社として創建。
菅原道真公を祀って
いることでも有名。
→P.84

※ 成巽閣 ※

13代藩主斉泰が、自
分の母である12代
斉広の正室・眞龍院
のために造った邸宅。
女性らしいしつらえ
が特徴。
→P.84

加賀藩の伝統工芸

莫大な富を得た加賀藩は江戸幕府からの
警戒を和らげるために文化事業に注力。
「御細工所」と呼ばれる工房を造り工芸品を作らせた。

※ 金箔 ※

写真提供：金沢市

権力の象徴とされてきた金。江
戸時代になると金箔の生産は厳
しく統制されたが、加賀藩では
密に続けられ発展していった。
→P.67

※ 蒔絵 ※

写真提供：金沢市

桃山文化を代表する高台寺蒔
絵の巨匠・五十嵐道甫が御細工
所の指導者として招かれ、技法
を伝えたのが始まり。

※ 九谷焼 ※

写真提供：金沢市

「上絵付け」が特徴の九谷焼は、
加賀藩の命により有田で陶芸を
学んだ後藤才次郎が、加賀市山
中温泉九谷町で作り始めた。
→P.64

兼六園・金沢21世紀美術館

Kenrokuen/21st Century Museum of Contemporary Art,Kanazawa

兼六園や金沢城公園を中心とするこのエリアは、金沢を訪ねたらまず足を運びたい金沢観光の王道エリア。人気の観光スポットがぎゅっと集まり、一つひとつ見応えがあるのも特徴。

このエリアを巡る3つのコツ

01 一日乗車券を使ってバスでスムーズに移動

兼六園周辺へのアクセスは、金沢駅を起点とするバスが便利。路線バスなどが乗り放題、一部施設の割引特典も付いた1日フリー乗車券がおすすめ。

02 とにかく歩くので、歩きやすい靴はマスト

コンパクトに見どころが集まり、徒歩で移動できるスポットも多い。一つひとつのスポットが広いので、歩きやすいスニーカーがベスト！

03 大型スポットが多いので、一カ所の時間をたっぷり確保

兼六園、金沢城公園、金沢21世紀美術館と、見応えのある大型スポットが多数。時間に余裕を持ってスケジュールを立てておこう。

さらに裏ワザ！

花見シーズンには、兼六園への入園料が無料に
桜の見頃に合わせて、無料開園が実施されるので要チェック。日程の発表は気象庁の開花宣言のあと。

金沢21世紀美術館の交流ゾーンは、無料で公開！
交流ゾーンでは、個性豊かな恒久作品を無料で展示。誰でもアートを身近に感じることができる。

美術館の観覧券の半券でおトクに食事ができる！
金沢21世紀美術館の周辺レストランでは、美術館の半券を見せると飲食が割引になるところもある。上手に活用しよう。

近江町市場（P.30）は気になる店がいっぱい

カラー・アクティヴィティ・ハウス／オラファー・エリアソン／2010年制作

こんな楽しみ方も！

近江町市場で食べ歩き
新鮮な魚介をはじめ、あらゆる食材が集まる近江町市場。その場で味わえるものもあるので、お店の人に気軽におすすめを聞いてみよう。

お惣菜もいろいろ♪

豆皿茶屋で金沢城をひとり占め
金沢城公園内にある「豆皿茶屋」は、金沢城に面した壁がガラス張り！美しい景色をゆっくり眺めながら休憩できるなんて贅沢♡

夜は片町のおでんでしっぽり
寿司や丼で昼に海鮮を堪能したら、夜は金沢おでんでほっこり。繁華街の片町には、地元の人に愛される金沢おでんの名店が点在！

朝活で人気スポットをスムーズに制覇
兼六園や金沢城公園は、なんと朝7時（季節により異なる）に開園。朝時間を上手に活用すれば、複数の観光スポットを1日で回れる。

交通案内

兼六園
兼六園の入口は7カ所もある。金沢城公園に向かう場合は公園直結の桂坂口を利用するなど事前にチェックを。

金沢城公園
公園の入口は4カ所あり、兼六園との行き来なら石川門口が便利。尾山神社に向かうなら玉泉院丸口を利用して。

TOURISM

兼六園・金沢21世紀美術館

ひがし茶屋街

にし茶屋街・長町・香林坊

金沢郊外

金沢の宿

能登

▶ モデルコース ⏱約6時間／🚶約4km

この建物も
アートです

START → 1 → 2 → 3 → 4 → 5 → 6 → GOAL

| 金沢駅 | 徒歩15分 | 近江町市場 | 徒歩10分 | 金沢城公園 | 徒歩すぐ | 豆皿茶屋 | 徒歩10分 | 兼六園 | 徒歩すぐ | 成巽閣 | 徒歩10分 | 金沢21世紀美術館 | 徒歩すぐ | 広坂・21世紀美術館 |

あっちも
こっちも
気になる♪

兼六園・金沢21世紀美術館 MAP

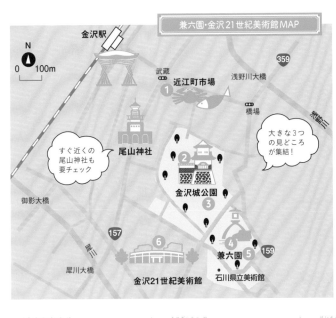

金沢駅

N
0 100m

武蔵
① 近江町市場
浅野川大橋
橋場
359

尾山神社

すぐ近くの
尾山神社も
要チェック

② 金沢城公園
③

大きな3つ
の見どころ
が集結！

御影大橋

157

⑥ 金沢21世紀美術館

④ 兼六園
⑤ 159

石川県立美術館

犀川
犀川大橋

！ ココに注意！

**ルールを守ろう
自転車は安全運転で**
金沢城公園など自転車の乗り入れができないスポットもあるので要注意。人が多い場所はまわりに気を付けて。

**種類が多いバスは
乗り間違いに注意**
金沢市内を走るバスは数種類ある。バスごとに使える乗車券も異なるので、利用できるバスを覚えておこう。

**金沢21世紀美術館
交流ゾーンは必見**
恒久作品が無料で鑑賞できるのは交流ゾーン。人気の「スイミング・プール」の内部は展覧会ゾーンとなっている。

① 近江町市場

海鮮をはじめ、ありとあらゆる地元の食材が集まる市場。朝から活気にあふれる雰囲気を感じながら、商店を見て回るだけでも楽しい。早朝から営業している食堂で朝食をいただくのも◎！
→P.30

② 金沢城公園

加賀藩前田家の歴代藩主の居城で、兼六園の隣に位置する。現存する石川門や、平成13年に復元された菱櫓・五十間長屋・橋爪門続櫓などが見学できる。
→P.78

③ 豆皿茶屋

金沢城公園内にある「豆皿茶屋」は、ガラス張りの店内から望む金沢城ビューが自慢。美しい景色を眺めながら、かわいい豆皿に盛られた石川の銘品・銘菓をいただこう。
→P.81

④ 兼六園

加賀藩歴代藩主が造営。日本三名園の一つで、桜やカキツバタ、紅葉など、四季折々に美しい景観を楽しませてくれる。なかでも、雪吊りは兼六園の冬の代名詞。
→P.76

⑤ 成巽閣

13代藩主・前田斉泰が12代の正室（母君）のために造営したという「成巽閣」。折り上げ天井に群青（ウルトラマリンブルー）を用いた「群青の間」など、雅な意匠を堪能しよう。
→P.84

⑥ 金沢21世紀美術館

公園のような開放的な雰囲気に包まれた現代美術館。正面のない円形の建築は今や金沢のシンボル的存在。無料で作品が鑑賞できるゾーンもあり、気軽にアートを楽しむことができる。
→P.82

加賀藩主が受け継いだ名庭園

兼六園の見どころを散策

広大な敷地を誇る兼六園。ぐるっと見て回るだけでも、
美しい風景に出合えるけれど、せっかくなら見どころを押さえて120%楽しもう。

加賀百万石の栄華ここにあり

見ごたえあり！

ことじとうろう
徽軫灯籠
脚の長さが異なる、アシンメトリーな美しさがポイント

かすみがいけ
霞ヶ池
園内のほぼ中心に位置する、一番大きな池

にじばし
虹橋
琴の胴に似ていることから別名「琴橋」とも呼ばれる

シンボルの灯籠！

完成までにかかった年月は、なんと約180年

特別名勝の美しい庭園

兼六園
けんろくえん

水戸偕楽園、岡山後楽園と並ぶ日本三名園の一つ。加賀藩5代藩主以降、14代までの歴代藩主によって造営された。庭の中に池を配した廻遊式庭園で、四季の美景を堪能できる。

4月上旬には、約40種400本もの桜が園内を埋め尽くす

枝折れ防止の雪吊りを見られるのは11月1日から

🏠 金沢市兼六町1 ☎ 076-234-3800
（石川県金沢城・兼六園管理事務所）
🕐 7:00～18:00（10月16日～2月末は
8:00～17:00）⊛ 無休 ⑭ 320円
バス停兼六園下・金沢城から徒歩5分
🅿 なし（近隣の有料駐車場を利用）
兼六園周辺 ▶MAP 別P.7 D-2 →P.15

✿ **How to**

兼六園を楽しむコツ

❶ **主要な見どころを押さえる**
シンボル的存在の徽軫灯籠など、まずは"六勝"をマスターしよう

❷ **季節限定のライトアップもチェック**
シーズンごとに開催されるライトアップでは夜の兼六園を見ることができる

❸ **プロによるガイドツアーに参加する**
☎ 076-221-6453（兼六園観光協会）
所要時間 40分　料金 500円

TOURISM

兼六園・金沢21世紀美術館

ひがし茶屋街

にし茶屋街・長町・香林坊

金沢市郊外

金沢の宿

能登

季節の美しさを見せる"六勝"を満喫しよう♪

7 翠滝・瓢池（みどりたき・ひさごいけ）

瓢箪形の池に霞ヶ池から流れる6.6mの翠滝が注ぐ。兼六園で最初に作庭されたとされる

1 霞ヶ池・徽軫灯籠（かすみがいけ・ことじとうろう）

約1haある園内最大の池は兼六園のシンボル。灯籠の手前にある虹橋に立って撮影を

金沢城公園（P.78）へ

START

見事な眺望！

2 眺望台（ちょうぼうだい）

金沢の町並みや卯辰山を望める。晴れた日には日本海や能登半島が見えることも

6 三芳庵（みよしあん）

ほっと一息

兼六園発祥の地と伝わる瓢池畔に立つ茶房。離れでは郷土料理も楽しめる →P.80

桂坂口
桂坂料金所
茶屋見城亭
ひろた藤菜堂
お食事処万清亭
陶芸吉崎東山
お食事処堤亭
清水亭
城山亭
兼六亭
蓮池門口
蓮池門料金所
三芳庵
夕顔亭
三芳庵水亭
翠滝・瓢池
真弓坂料金所

桜ヶ岡口
桜ヶ岡料金所
寄観亭
桜ヶ岡
虹橋
唐崎松
霞ヶ池
蓬莱島
内橋亭
兼六園胞谷
ことぶき亭
上坂口
上坂口料金所

時雨亭（P.80）
長谷池
手向けの松
兼六園菊桜

GOAL

真弓坂口

金沢21世紀美術館（P.82）へ

川口門跡

根上松
鶴鶴島
花見橋

飛鶴庭

5 曲水・花見橋（きょくすい・はなみばし）

桜やカキツバタが曲水に沿って咲く様子は見事。水は辰巳用水から引いている

梅林
随身坂料金所
随身坂口

成巽閣（P.84）
いしかわ生活工芸ミュージアム
石川県立伝統産業工芸館

小立野口料金所
小立野口

金澤神社（P.84）

3 唐崎松（からさきまつ）

随一の名木

13代藩主・前田斉泰が種子から育てた黒松で、水面を這うように枝が伸びている

❀ What is 六勝（ろくしょう）

優れた景観を表す「宏大・幽邃・人力・蒼古・水泉・眺望」を意味する。本来共存が難しい六勝を兼ね備えていることが兼六園の名前の由来とされる。

4 雁行橋（がんこうばし）

雁が列をなして飛んでいく様子を表現した橋（保護のため通行は不可）

時を超えてよみがえった 金沢城公園 で加賀藩の歴史に ふれる

加賀藩前田家の歴代藩主の居城だった金沢城。平成8(1996)年から都市公園として整備され、復元された建造物が、加賀百万石の栄華を伝え続けている。

橋爪門続櫓
はしづめもんつづきやぐら
橋爪門を通り、二の丸に向かう人々を監視していた重要な建物

瓦も美しい!

明治時代以降に建てられた城郭としては当時の全国最大規模

春は桜が美しい!

石川門を囲むように咲く桜は春の風物詩

◎ How to

金沢城公園攻略のコツ

❶ 入場無料の夜間ライトアップ

毎週土曜や祝日など、日没〜21:00にライトアップを開催。入園無料

❷ 多様な技法の石垣をチェック

石垣の博物館と呼ばれることもある金沢城公園で多彩な石垣を見つけよう

桜とお城のライトアップ

【自然石積み】　【粗加工石積み】　【切石積み】

◎ ここを見たい! ◎

E 菱櫓
ひしやぐら

二の丸で最も高さがあり、天守閣のない金沢城のシンボル的存在の櫓

↓

F 橋爪門続櫓
はしづめもんつづきやぐら

二の丸の正門である「橋爪一の門」を見下ろす位置にある櫓

↓

G 三十間長屋
さんじっけんながや

安政5(1858)年築の2層2階の多門櫓。現在の長さは26間半。重要文化財

↓

H いもり堀
ぼり

城の南西側の外堀で、2010年に復元された美しい堀

TOURISM

兼六園・金沢21世紀美術館

ひがし茶屋街

にし茶屋街・長町・香林坊

金沢市郊外

金沢の宿

能登

城下町のシンボル
加賀藩の歴史を伝える

加賀の歴史と文化を伝える
金沢城公園
かなざわじょうこうえん

前田利家が城に入った天正11(1583)年から本格的に城造りが始まった金沢城。その後、城の大半を火災で焼失し明治以後軍の拠点、金沢大学のキャンパスを経て、平成に入ってから建物が復元。安政の頃の景観が再現された。

🏠 金沢市丸の内1-1　☎076-234-3800
🕐 7:00〜18:00(10月16日〜2月末日は8:00〜17:00)、菱櫓・五十間長屋・橋爪門続櫓・橋爪門は9:00〜16:30(最終入館16:00)　休 無休　バス停兼六園下・金沢城から徒歩5分　P なし(近隣の有料駐車場を利用)

兼六園周辺　▶MAP 別P.6 C-1　→P.14

菱櫓
名前の通り建物の形が菱形で、さらに柱も菱形という特徴的な櫓

五十間長屋
内部見学可。2階に上がると、内部の太い梁や木組みが見られる

金沢城の築城年

1546年	金沢御堂を創建
1583年	前田利家が金沢城入城
1592年	本格的な石垣構築開始
1602年	落雷で天守閣焼失
1759年	金沢大火で全焼
1809年	橋爪門、二ノ丸菱櫓が完成
1858年	三十間長屋が完成
1996年	金沢城公園として整備へ
2010年	いもり堀の復元工事完了
2015年	橋爪門二の門完成
2020年	鼠多門・鼠多門橋 完成

D 五十間長屋
ご じっけんなが や

菱櫓と橋爪門続櫓を結ぶ場所で、武器や什器の保管庫として使われていた

撮影は正面が◎

C 橋爪門
はしづめもん

藩主の住まいである二の丸御殿に行く前の最後の門で、城内で最も格が高い
© 石川県観光連盟

B 河北門
か ほくもん

三の丸正面の実質的な正門。平成22(2010)年に復元された

A 石川門
いしかわもん

城の裏口で、現在の門は天明8(1788)年に再建された

鼠多門口
鼠多門
玉泉院丸庭園
旧第六旅団司令部
玉泉院丸口
いもり坂
三十間長屋
雁木坂
橋爪門続櫓
E 菱櫓
D
五十間長屋
黒門口
湿生園
大手門口
戌亥櫓跡
H いもり堀
C 橋爪門
鶴丸倉庫
辰巳櫓跡
鶴の丸休憩館
B
河北門
A
石川門
GOAL
石川門口
兼六園
START

💡 敵に石を落とすための出窓や、鉄砲を撃つための隠し狭間なども見つけてみよう。　79

歴史を感じながらひと休み
兼六園 & 金沢城公園の
絶景カフェ

加賀百万石の歴史を感じられる兼六園や金沢城公園には、美しい庭園を眺めながら、ゆっくりとくつろげる茶庵が。お茶と和菓子を味わうだけでなく、ランチをいただけるところも。

光の差し込む座敷でほっとひと息

着物が映える！

長谷池のほとりに立つ茶庵。散策途中に立ち寄ろう

絶景SPOT_01

@兼六園

→P.76

抹茶（上生菓子付き）730円

上品な味わいの上生菓子をお抹茶とともに。煎茶（千菓子付き）310円もある

1 九谷焼の器で配される上生菓子 2 美しく手入れされた庭園を眺めながら、ゆっくりとお茶を楽しめる

庭を愛でる贅沢な時間

時雨亭
しぐれてい

加賀藩5代藩主・前田綱紀の時代からあったとされる建物を、平成12（2000）年に今の場所に再現した茶房。

☎ 076-232-8841　🕘 9:00〜16:30（最終受付16:00）　🈂 無休
兼六園周辺 ▶MAP 別P.7 D-2

創業140年を超える
老舗料亭

三芳庵
みよしあん

明治8（1875）年創業の茶庵で、皇族や各界の著名人が訪れたことでも有名な料亭。兼六園発祥の地と伝わる瓢池畔に立っている。

☎ 076-221-0127　🕘 9:30〜17:00（ランチは11:00〜14:30）※季節により異なる　🈂 水曜（予約などにより変動あり）
兼六園周辺 ▶MAP 別P.7 D-2

1 瓢池に注ぎ込む翠滝 2 穏やかな池が心を和ませてくれる

緑に包まれた池のほとりで静かな時を過ごす

冷たいお抹茶も

抹茶（上生菓子付き）750円

夏は冷抹茶を飲みながら涼むのがおすすめ

TOURISM

兼六園・金沢21世紀美術館

ひがし茶屋街

にし茶屋街・長町・香林坊

金沢市郊外

金沢の宿

能登

豆皿に凝縮された金沢の美味

絶景SPOT_02

@金沢城公園

→P.78

ビジュアルランチならおまかせ

豆皿茶屋
まめざらちゃや

金沢城を望む店内で、石川の銘品・銘菓を豆皿に盛ったかわいらしい殿皿御膳や、軽食にぴったりな鶴の丸御膳1400円などを味わえる。

☎ 076-232-1877
🕚 11:00〜16:00
🈳 無休
兼六園周辺 ▶
MAP 別P.6 C-1

殿皿御膳（飲み物付き）
2600円

金沢名物の押し寿しや、汁物に、お菓子など全9品を楽しめる

金箔ソフト
950円

濃厚で口どけなめらかなソフトクリームに金箔をトッピング

堂々とした金沢城

1 ガラス張りの店内からは金沢城を一望できる 2 木のぬくもりを感じられる店構え

玉泉院丸庭園を眺めながら
極上の一服を

美しい庭園を望む休憩所

玉泉庵
ぎょくせんあん

江戸時代に露地役所（庭の整備管理に関する役所）があった場所に立つ茶房。意匠を凝らした庭園を一望しながら、抹茶とオリジナル上生菓子が味わえる。

☎ 076-221-5008 🕘 9:00〜16:30（最終受付16:00）🈳 無休
兼六園周辺 ▶ MAP 別P.6 B-1

CHECK
美しい庭園にも注目！

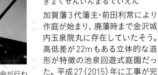

歴代藩主が愛でたといわれる庭園

玉泉院丸庭園
ぎょくせんいんまるていえん

加賀藩3代藩主・前田利常により作庭が始まり、廃藩時まで金沢城内玉泉院丸に存在していたそう。高低差が22mもある立体的な造形が特徴の池泉回遊式庭園だった。平成27（2015）年に工事が完了し、かつての姿がよみがえった。玉泉庵とセットで回りたい。
兼六園周辺 ▶ MAP 別P.6 B-1

庭園が見える茶室では、茶会が行われることもあるという

季節の和菓子！

抹茶（上生菓子付き）
730円

街中の喧騒を離れて、季節ごとに変わる上生菓子に舌鼓を打とう

週末の夜になるとライトアップされる玉泉院丸庭園。尺八や箏の音色とともに幻想的な世界へ。

街中にあるアート天国！

金沢21世紀美術館で
アートを満喫

金沢旅行の王道といえばこちら。「まちに開かれた公園のような美術館」を建築コンセプトに、屋内外に現代アートが展示されている。

「スイミング・プール」レアンドロ・エルリッヒ／2004年制作

まるで水の中にいるような不思議な感覚に

体で感じる現代アート

金沢21世紀美術館
かなざわにじゅういっせいきびじゅつかん

妹島和世と西沢立衛からなるSANAAが設計した、現代アートの美術館。いたるところに個性豊かな恒久作品が展示されているほか、多彩なアーティストによる企画展も開催する。

🏠 金沢市広坂1-2-1　☎ 076-220-2800　⊕ 交流ゾーンは9:00〜22:00（アートライブラリー、ミュージアムショップ、カフェレストランなどの時間はそれぞれ異なる）、展覧会ゾーンは10:00〜18:00（金・土曜は〜20:00）　㊡ 交流ゾーンは無休、展覧会ゾーンは月曜（祝日の場合は翌平日）　㊸ 交流ゾーンは入館無料、展覧会ゾーンは有料（内容や時期により異なる）　⊗ バス停広坂・21世紀美術館からすぐ　🅿 322台　兼六園周辺　▶ MAP 別 P.6 C-2　→P.16

✿ **How to**

金沢21世紀美術館の回り方のコツ

01 旅の予定に合わせて観覧ゾーンをセレクト

日帰りの場合など、時間が限られているときは、交流ゾーン（無料）のみ回ろう。余裕があればぜひ展覧会も！

02 人気の展示は事前予約でノンストレス

スイミング・プールなど人気の展示は、HPでの事前予約がおすすめ。

TOURISM

兼六園・金沢21世紀美術館

ひがし茶屋街

にし茶屋街・長町・香林坊

金沢市郊外

金沢の宿

能登

展覧会ゾーン（有料）からスタート！

交流ゾーン（無料）へ

♪

スイミング・プール

プールの上にいても下にいても見られている気分になる不思議な作品

レアンドロ・エルリッヒ／2004年制作

ヤン・ファーブル／1998年制作

雲を測る男

美術館の屋上にある作品で、空や建物と一体になっている

不思議な球体！

ブルー・プラネット・スカイ

切り取られた天井から見える空がまるで一枚の作品のように見える

ジェームズ・タレル／2004年

妹島和世＋西沢立衛／SANAA／2016年

ラビットチェア

ウサギの耳の形をしたかわいらしいチェア。座って撮影するのもいい

妹島和世＋西沢立衛／SANAA

まる

開館10周年記念で設置されたオブジェで、球体の中にも入れる

話しかけてみて！

♫

カラー・アクティヴィティ・ハウス

ガラスの重なりによって、見える風景がさまざまな色に変化する

オラファー・エリアソン／2010年制作

フロリアン・クラール／2004年制作

♪

アリーナのためのクランクフェルト・ナンバー3

地中を通して管でつながっているラッパ状の作品。会話も楽しめる！

限定グッズも！

各1100円

オリジナルてぬぐい

金沢駅から美術館までのマップが描かれている

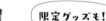

ひびのこづえタオルハンカチ

550円

能登半島の名所をユーモラスに描いたハンカチ

思い出の品をゲットしに

ミュージアムショップ

☎ 076-236-6072　営 10:00〜18:30（金・土曜は〜20:30）休 月曜（祝日の場合は翌平日）

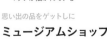

各3300円

トートバッグ ZUROKKING

図録が入るサイズのメッシュ素材のバッグ

カフェもランチも

フュージョンランチ

前菜ビュッフェ、メイン料理のセット

2450円

スタイリッシュな空間でランチ

カフェレストラン Fusion21

カフェレストランフュージョンにじゅういち

☎ 076-231-0201　営 10:00〜20:00（フードLO19:00、ランチ11:00〜14:00）休 月曜（祝日の場合は翌平日）※貸切の場合あり。要問合わせ

金沢21世紀美術館は、丸い建物の形から"まるびぃ"の愛称で親しまれている。

カメラ片手に訪れたい♪
胸キュンSPOTもマストです

兼六園からスグ

雅な雰囲気が漂う
群青色に染められた空間

ココがキュン！
目が覚めるような鮮やかな青がモダンな雰囲気

群青の間がある2階は数寄屋風書院の造りになっている

金澤神社

兼六園からスグ

鮮やかな朱色が目を引く
金沢随一のパワースポット

ココがキュン！
運がよければ拝殿天井の白蛇にお目にかかれる

かつては兼六園の鎮守だった神社の拝殿

シャンデリアが配され、壁紙には金や雲母で文様が施されている

「謁見の間」には、緻密な一枚板の透かし彫りの欄間がある

金城霊澤（湧水）は「金沢」の名の発祥になったといわれる

朱色の鳥居が立ち並ぶ先の神門にも立ち寄ろう

藩主の母への愛情が詰まった奥方御殿
成巽閣
せいそんかく

13代藩主・前田斉泰が12代の正室（母君）のために造営。極彩色の欄間や、鮮やかな色壁など、女性らしさのあふれる建物が見る者を魅了し続けている。

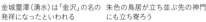

🏠 金沢市兼六町1-2 ☎076-221-0580 ⏰9:00〜17:00 休水曜 💴700円（特別展は別料金） 🚌バス停出羽町から徒歩3分 🅿7台

兼六園周辺 ▶MAP 別P.7 D-2

加賀藩ゆかりの由緒ある神社
金澤神社
かなざわじんじゃ

11代藩主・前田治脩により創建された神社で、学問の神である菅原道真公のほか、白蛇龍神も祀っており、火難・水難・災害除け・金運などのご利益があるとされる。

🏠 金沢市兼六町1-3 ☎076-261-0502 ⏰参拝自由 🚌バス停広坂・21世紀美術館前から徒歩5分 🅿なし

兼六園周辺 ▶MAP 別P.7 D-2 →P.21

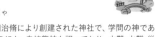

TOURISM

兼六園・金沢21世紀美術館

ひがし茶屋街

にし茶屋街・長町・香林坊

金沢市郊外

金沢の宿

能登

アートの町・金沢の歴史ある建造物はひと味違う。兼六園や金沢城公園とあわせて、
芸術を愛する前田家のエスプリが息づく場所を訪れよう。

兼六園から徒歩3分

ココがキュン！
「１０１鳥居」
でのカット
は必ず押さ
えたい

映えスポットが点在する
金沢最古の神社

約50mにわたり朱色の鳥居が並ぶ。夜にはライトアップも

金沢城公園からスグ

美しいギヤマンの
神門がお出迎え

ココがキュン！
夜になると
ライトアップ
され五彩
の光を放つ

国の重要文化財にも指定されている神門

恋愛成就を願い奉納された絵馬
がずらりと並ぶ「絵馬の小径」

季節の花が浮かべられた花手水
※2023年3月現在柄杓は撤去中

入母屋造屋根瓦葺の拝殿でお参
りをしよう

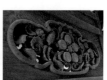
拝殿の欄間には、一枚板に梅花
紋が彫られている

2200年の歴史を誇る神社
石浦神社
いしうらじんじゃ

縁結びにご利益があり、金沢で最も古い神社として知られる。
令和元（2019）年に建てられた101基の鳥居や、花手水など
絵になる見どころも多い。

🏠 金沢市本多町3-1-30　☎ 076-231-3314　🕐🈺 参拝自由（社
務所は9:00～17:00）　🚌 バス停広坂・21世紀美術館からすぐ　🅿
10台

`兼六園周辺`　▶ MAP 別 P.6 C-2　**→P.13、20**

前田家とお松の方を祀る
尾山神社
おやまじんじゃ

加賀藩祖・前田利家公と正室・お松の方を祀っており、和漢洋
の建築様式をミックスさせた神門は全国的にも珍しい。最上
階のカラフルなギヤマンは必見！

🏠 金沢市尾山町11-1　☎ 076-231-7210　🕐🈺 参拝自由（社
務所は9:00～17:00）　🚌 バス停南町・尾山神社前から徒歩3分　🅿
15台

`兼六園周辺`　▶ MAP 別 P.6 B-1　**→P.21**

建物まですてき♡
おしゃれなミュージアムめぐり

金沢21世紀美術館のまわりには、ほかにも魅力的なミュージアムがいっぱい！
作品はもちろん、建物もおしゃれなので注目してみよう。

A 工芸専門の唯一の国立美術館
国立工芸館
こくりつこうげいかん

近代工芸・デザイン専門の美術館。漆芸家・松田権六の工房の移築展示やデジタル鑑賞システム、ライブラリ、ミュージアムショップも備える。

⌂ 金沢市出羽町3-2 ☎ 050-5541-8600 ⏰9:30〜17:30（最終入館17:00）㊡月曜（祝日の場合開館）※展覧会により異なる ⊗ バス停広坂・21世紀美術館から徒歩7分 Ⓟ 250台（文化施設共用駐車場） 兼六園周辺 ▶ MAP 別 P.7 D-3

→P.17

建物自体の意匠にも注目したい（写真 太田拓実）

B 茶道具と工芸の美術館
中村記念美術館
なかむらきねんびじゅつかん

茶道美術を中心に、古九谷、加賀蒔絵、加賀象嵌などの工芸作品から、現代作家の作品まで幅広く収蔵。

⌂ 金沢市本多町3-2-29 ☎ 076-221-0751 ⏰9:30〜17:00（最終入館16:30）㊡月曜（祝日の場合は翌平日）、展示替え期間 ㊅310円 ⊗ バス停本多町から徒歩3分 Ⓟ 20台 兼六園周辺 ▶ MAP 別 P.7 D-3

写真の本館のほかに敷地内には茶室などもある

C 仏教哲学者によるミュージアム
鈴木大拙館
すずきだいせつかん

金沢出身の仏教哲学者・鈴木大拙の足跡を紹介。建築家・谷口吉生氏設計の建物内には、自分と向き合う思索空間も。

⌂ 金沢市本多町3-4-20 ☎ 076-221-8011 ⏰9:30〜17:00（最終入館16:30）㊡月曜（祝日の場合は翌平日）、展示替え期間 ㊅310円 ⊗ バス停本多町から徒歩4分 Ⓟ なし 兼六園周辺 ▶ MAP 別 P.7 D-3

玄関棟、展示棟、思索空間棟の3つの棟からなる

1明治時代の建物を移築、活用（写真 太田拓実）2クラシカルな内観 3喫茶室では抹茶と菓子を楽しめる（350円）4本館から望む庭園と茶室耕雲庵 5書画工芸50〜70点を展示する2階の展示室 6静かに自分と向き合う思索空間

TOURISM

兼六園・金沢21世紀美術館

ひがし茶屋街

にし茶屋街・長町・香林坊

金沢市郊外

金沢の宿

能登

ここも見逃せない

まだある立ち寄り SPOT

見どころが多い兼六園周辺。石川県の伝統や文化にふれよう。

SPOT 1 庭園を眺めて 美しい料理を

加賀藩ゆかりの名園のある邸宅

かなざわ玉泉邸
かなざわぎょくせんてい

2代藩主夫人・玉泉院に由来する「玉泉園」を眺めながら日本料理を味わえる料亭。庭園は、江戸時代初期に前田家の重臣・脇田家が約100年の月日を費やし完成させた。
※昼夜ともに会席料理のみ

春は水芭蕉、夏はカキツバタなど季節の花々が楽しめる

🏠 金沢市小将町8-3 ☎ 076-256-1542 🕐 12:00～14:30、18:00～22:00 休 月曜(祝日の場合営業) 🚌 バス停兼六園下・金沢城から徒歩3分 🅿 10台
兼六園周辺 ▶MAP 別P.7 E-1

お昼は6050円～、夜は8470円～用意

どの部屋からも庭園を眺められる

SPOT 2 ミュージアムは ほかにも

明治時代の意匠が残る建物

石川四高記念文化交流館
いしかわしこうきねんぶんかこうりゅうかん

明治時代に建てられた重要文化財・旧第四高等中学校本館の建物を活用した施設で、「石川近代文学館」と多目的に利用できる「石川四高記念館」からなる。

レトロですてき

常時企画展やイベントなども開催されている

🏠 金沢市広坂2-2-5 ☎ 076-262-5464 🕐 9:00～17:00(展示室への最終入室16:30) 休 展示替え期間 料 370円 🚌 バス停香林坊から徒歩2分 🅿 なし
香林坊 ▶MAP 別P.6 B-2

ノスタルジックな赤レンガの博物館

いしかわ赤レンガミュージアム
石川県立歴史博物館
いしかわあかレンガミュージアム
いしかわけんりつれきしはくぶつかん

豊富な実物資料やジオラマ、映像で石川県の歴史と文化を分かりやすく紹介。陸軍兵器庫だった赤レンガの建物(国指定重要文化財)にも注目。

🏠 金沢市出羽町3-1 ☎ 076-262-3236 🕐 9:00～17:00(展示室への最終入室16:30) 休 展示替え・整理期間 料 常設展300円 🚌 バス停出羽町から徒歩5分 🅿 45台
兼六園周辺 ▶MAP 別P.7 D-3

石川の美術工芸品が一堂に会する

石川県立美術館
いしかわけんりつびじゅつかん

野々村仁清の国宝「色絵雉香炉」(常設)をはじめ、絵画や彫刻、工芸など、古美術から現代までの美術工芸品の数々を展示している。

パティシエ辻口博啓氏によるカフェも併設

🏠 金沢市出羽町2-1 ☎ 076-231-7580 🕐 9:30～18:00(最終入館17:30) 休 展示替え期間 料 コレクション展370円 🚌 バス停広坂・21世紀美術館から徒歩5分 🅿 60台
兼六園周辺 ▶MAP 別P.7 D-2

ひがし茶屋街
主計町茶屋街エリア

五感を楽しませてくれる街

Higashi Chaya-gai / Kazuemachi Chaya-gai

江戸時代のお茶屋を活かしたカフェや土産物店が立ち並ぶ、王道の観光スポット。大樋美術館や泉鏡花記念館などの、金沢の文化や芸術にふれられるスポットも点在している。

このエリアを巡る3つのコツ

01
混雑する時間帯を避けよう

観光客に大人気のひがし茶屋街は、夕方4時頃に行けば混雑はひと段落。ただ、夜の営業を行っていないお店は、17時頃になると閉店し始めるので気を付けて! もしくは観光客で賑わう前の午前中に訪れるのがおすすめ。

密を避けて、ゆっくり散策を楽しもう

02
路上での食べ歩きには注意

ひがし茶屋街では、景観保護のため、路上での食べ歩きや飲み歩きが規制されている。金箔ソフトクリームなども、店内にイートインスペースがあれば、その場で食べていくのがベター。野外でもベンチのある休憩スポットなら飲食可能。

SNS映えするスイーツもたくさん!

03
金沢駅へは便利なバスを利用

金沢駅方面へ向かうバス停は、浅野川大橋を渡って橋場交差点を兼六園方向に直進した「城下まち金沢周遊バス 左回り橋場町(金城楼向い)バス停」。このバス停には、周遊バスのほかにも一般路線のバスが毎時7本以上停まる。

帰りは混雑する可能性も高いので覚悟を

さらに裏ワザ!
ライトアップバスで夜景観光!

金曜の夜のみ、金沢駅東口発着でライトアップスポットを巡るバス。始発19:00〜。問合せは076-237-5115(北陸鉄道テレホンサービスセンター)へ。

交通案内
バス

城下まち金沢周遊バスは、市内の主な観光スポットを巡る循環バス。右回りと左回りがあり、各々約15分間隔で運行している。

レンタサイクル

ちょっと距離のあるスポットには「まちのり」がおすすめ。ひがし茶屋街の近くにもポートがあるのでトライしてみて!

こんな楽しみ方も!
趣ある茶屋街を着物で散策

金沢駅周辺やひがし茶屋街周辺には、着物レンタルショップがたくさんあり、街歩き用に気軽にレンタルできる。なかには加賀友禅を取り扱うお店もある。

シンボルの浅野川

由緒ある茶屋文化を楽しむ

ひがし茶屋街には「志摩」と「懐華樓」という有料で一般公開されているお茶屋さんも。一見さんお断りとされてきたお茶屋文化を肌で感じることができる。

TOURISM

兼六園・金沢21世紀美術館

ひがし茶屋街

にし茶屋街・長町・香林坊

金沢市郊外

金沢の宿

能登

▶ モデルコース　🕐 約5時間／🚶 約1km

おさんぽが楽しいね♡

START → ① → ② → ③ → ④ → ⑤ → ⑥ → ⑦ → ⑧ → GOAL

| 金沢駅 | 🚌 バスで10分 | ① ひがし茶屋街 | 徒歩すぐ | ② 懐華樓 | 徒歩すぐ | ③ 志摩 | 徒歩すぐ | ④ かなざわ 美かざり あさの | 徒歩3分 | ⑤ 多華味屋 | 徒歩2分 | ⑥ 八百萬本舗 | 徒歩2分 | ⑦ 主計町茶屋街 | 徒歩すぐ | ⑧ 主計町 鮨 むかい川 | 徒歩3分 | 橋場町 |

ひがし茶屋街・主計町茶屋街MAP

東山

ひがし茶屋街

中の橋

① 志摩　④
③
② 懐華樓

359

浅野川大橋

⑧
⑦　⑤
⑥

泉鏡花記念館

159

橋場

金沢文芸館

159

百万石通

0 　100m
N

お茶屋が立ち並ぶ風情ある街並み

金沢の街中を通る百万石通

⚠️ ココに注意！

茶屋街の周辺にはコンビニがない！

少し離れた場所にしかコンビニがないので、必要なものは武蔵ヶ辻エリアや金沢駅周辺で購入しておこう。

駐車場が少なく道が狭いレンタカーは注意

周辺には大型駐車場がないため、金沢駅からバスやレンタサイクルがベター。道路も狭いので運転には注意！

---

① ひがし茶屋街

美しい出格子の茶屋建築が並ぶ雅なお街で、着物姿で訪れる観光客も多い。食べ歩きはNGなので、店内か軒先、近くの広場などで楽しもう。
→P.90

② 懐華樓

昼は一般に広く公開。夜は一見さんお断りを通し、今なお一客一亭で華やかなお座敷が上げられている。贅を尽くした黄金の茶室も必見！
→P.96

③ 志摩

文政3年に建てられて以来、手を加えることなく現存している貴重な茶屋建築で、国指定重要文化財。2階で芸妓の舞や遊芸が披露される。
→P.96

④ かなざわ 美かざり あさの

九谷焼や加賀友禅、金沢箔、加賀繍、桐工芸など、石川の伝統工芸の中でも現代的な作家の作品が並ぶ。金箔貼り体験もできる。
→P.97

⑤ 多華味屋

石川県のご当地キャラをかたどったひゃくまん焼は、ビジュアル満点。あんこ、カスタードクリーム、豆腐レアチーズなどがある。
→P.94

⑥ 八百萬本舗

金沢の工芸品やお土産が手に入るショップ。2階の座敷には大きな「ひゃくまんさん」が鎮座しており、撮影スポットとしても人気。
→P.101

⑦ 主計町茶屋街

江戸時代、加賀藩士・富田主計の屋敷があったことからその名が付いた。金沢三文豪の一人・泉鏡花の作品にも登場し、格式ある料亭や茶屋が並ぶ。
→P.100

⑧ 主計町 鮨 むかい川

北陸の豊かな海の幸を使った洗練された鮨を提供。昼、夜ともにおまかせのコースのみ。カウンター席もあるが、浅野川を望むテーブル席もオツ。
→P.29

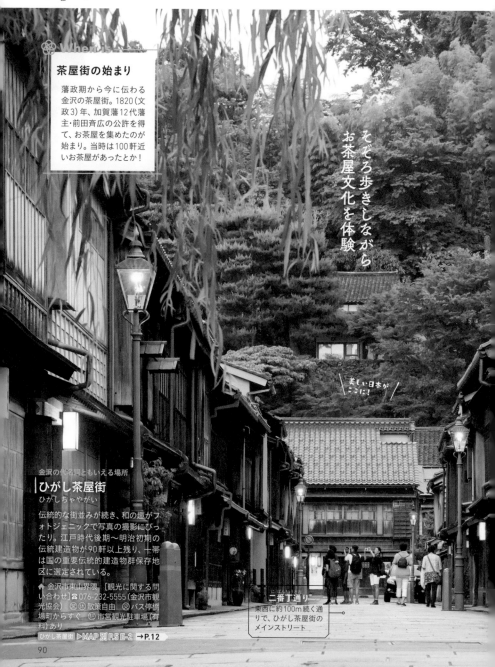

TOURISM
07

風情あふれる街並みをぶらり

ひがし茶屋街を着物さんぽ

江戸時代から続くお茶屋文化を楽しめる「ひがし茶屋街」。
金沢観光で外すことのできない人気観光地は、お散歩にぴったり。

茶屋街の始まり

藩政期から今に伝わる金沢の茶屋街。1820（文政3）年、加賀藩12代藩主・前田斉広の公許を得て、お茶屋を集めたのが始まり。当時は100軒近いお茶屋があったとか！

そぞろ歩きしながら
お茶屋文化を体験

美しい日本が
ここに！

金沢の代名詞ともいえる場所

ひがし茶屋街
ひがしちゃやがい

伝統的な街並みが続き、和の趣がフォトジェニックで写真の撮影にぴったり。江戸時代後期〜明治初期の伝統建造物が90軒以上残り、一帯は国の重要伝統的建造物群保存地区に選定されている。

🏠 金沢市東山界隈　[観光に関する問い合わせ] ☎ 076-232-5555（金沢市観光協会）⏰❌ 散策自由　🚌 バス停橋場町からすぐ　🅿 市営観光駐車場（有料）あり

ひがし茶屋街 ▶MAP 別 P.5 E-2 →P.12

二番丁通り
東西に約100m続く通りで、ひがし茶屋街のメインストリート

TOURISM

兼六園・金沢21世紀美術館

ひがし茶屋街

にし茶屋街・長町・香林坊

金沢市郊外

金沢の宿

能登

まずは着物をレンタル

ひがし茶屋街にはレンタル着物のお店が点在。リーズナブルに楽しめるところも多いので気軽に体験してみよう。

茶屋建築
街並みに面した出格子と、2階を高くして座敷を設けた構造が特徴

雅なお茶屋文化にふれる →P.96

一般の人が見学できるお茶屋は3つ。茶屋建築の内部や優美な意匠を真近で見られるので、ぜひ訪ねておきたい。

優美な造りにうっとり

趣ある町家カフェでほっこり →P.94

歴史ある建物を利用した町家カフェもあちこちに。和菓子やパンケーキなど提供しているメニューもいろいろ。気になるお店へGO！

かわいいおやつも♡

金沢ならではの手作り体験に挑戦 →P.97

華やかな金箔貼りや伝統の押し寿司作りなど、さまざまな文化が根付いた金沢ならではの体験がおすすめ。

完成

ひがし茶屋街
MAP

宇多須神社
Cafeたもん
かなざわ 美かざり あさの
志摩
二番丁通り
多華味屋
懐華樓

浅野川大橋
浅野川

0　　　　600m
N

茶屋街は15分ほどで回れる。気になる店に立ち寄りながら散策しよう

情緒ある空間にひたりながら…

ひがし茶屋街界隈の
町家グルメに舌鼓

加賀百万石の歴史と伝統を受け継いできた料亭の味や地元食材を使った料理など、町家でいただくごはんで金沢らしさを心ゆくまで味わえるはず。

旬の味覚をいち早く！
金沢ならではの本格会席

町家✕会席

治部煮やのどぐろも味わえる

味処佐兵衛
あじどころさへえ

創業約40年の会席料理店。四季折々の地物の食材を使った料理が、一品からコースまで幅広く揃う。ほんの少し背伸びして、贅沢な本格和食を楽しもう。

🏠 石川県金沢市観音町1-1-3 ☎ 050-5484-6863 🕐 17:30〜21:00（ランチは4名以上で予約可）🈲 日曜（4名以上で予約可）🚌 バス停橋場町から徒歩3分 🅿 1台
ひがし茶屋街
▶ MAP 別P.5 E-2

会席コース 8800円

郷土料理の治部煮や高級魚ののどぐろなど全10品が楽しめる

町家✕ブルワリー

昼飲みもオッケー！

What is
金沢のクラフトビール事情

クラフトビールが飲める飲食店が増えているが、ここ数年で醸造所がいくつもオープンしている。どのビールも特徴があって、地元の特産品などをうまく使った商品作りでじわじわとファンを集めている。

・770円

湯涌ゆずエール

柚子とビール発酵時のエステルが華やかに香るビール

金沢発の、
ローカルでユニークなビール

ORIENTAL BREWING 東山店
オリエンタルブルーイングひがしやまてん

金沢ならではの風味や香りが堪能できるクラフトビール。「加賀棒茶スタウト」や「湯涌ゆずエール」「能登塩セゾン」など、ここでしか飲めない味を気軽に楽しんでみて。

🏠 金沢市東山3-2-22 ☎ 076-255-6378 🕐 11:00〜21:00 🈲 無休 🚌 バス停橋場町からすぐ 🅿 なし
ひがし茶屋街
▶ MAP 別P.5 E-2

店内奥の醸造所で造られる、フレッシュなクラフトビールを！

常時8タップのオリエンタルブルーイングオリジナルビールを提供

地元づくしの料理を堪能！

町家×和食

昼と夜、2つの顔を持つ和食店

東山 志－YOSHI－
ひがしやま よし

能登出身の店主が作る、のどぐろや能登牛などご当地食材を使った贅沢丼が人気。夜は本格的な和食が楽しめる。

⌂ 金沢市東山1-4-42-1 2F ☎ 076-256-5634 🕐 11:30～16:00（土・日曜、祝日は11:00～）、18:00～22:00（夜は要予約）㊡ 不定休 🚌 バス停橋場町から徒歩2分 🅿 なし

ひがし茶屋街 ▶MAP 別P.5 E-2

のどぐろ炙り石焼き丼
3400円

石焼き・だし茶漬けと、脂がのったのどぐろを余すことなくいただける

「志」はまさに、大人の隠れ家的な一軒

石川が誇るブランド牛！

能登牛の5秒炙り丼 3800円。和牛特有のとろけるような甘さを堪能！

お昼時は行列ができる人気のランチ！

加賀麩づくしを堪能できる、麩料理専門店

麩の料理コース
3850円～

鍋風に仕上げた「車麩の巣ごもり」が名物！

明治八年創業の老舗のお麩屋さん

麩料理 宮田・鈴庵
ふりょうり みやた すずあん

生麩の刺身や生麩フライ田楽、デザートなど全メニューにお麩を使った専門店ならではの会席が人気。

⌂ 金沢市東山3-16-8 ☎ 076-252-6262 🕐 11:30～15:00（LO13:30）㊡ 水曜、最終日曜 🚌 バス停小橋町から徒歩2分 🅿 3台

ひがし茶屋街 ▶MAP 別P.5 D-1

浅野川河畔の古い民家。「加賀群青の間」のある風情ある店内

炊きたて土鍋ご飯が主役の昼ごはん

一汁六菜定食
1800円

土鍋ご飯のほか、煮物など6種類のおばんざいにデザート付き

手作りのおばんざいも必食！

東山みずほ
ひがしやまみずほ

石川県産米の土鍋ご飯と地元食材を使った家庭料理が絶品。

⌂ 金沢市東山1-26-7 ☎ 076-251-7666 🕐 11:00～LO14:00（土・日曜、祝日はLO15:00）㊡ 木曜（祝日の場合営業）🚌 バス停橋場町から徒歩5分 🅿 なし

ひがし茶屋街 ▶MAP 別P.5 F-2

ほかほかのご飯は、+200円で卵かけご飯にもできる

金澤町家とは、金沢市内にある伝統的な構造・形態または意匠を有する木造の建築物のうち、昭和25年の時点で現存していたものを指す。

この雰囲気に癒される♡
町家でほっこりカフェタイム

情緒ある茶屋街には、町家を利用したカフェが点在。初めて訪れてもほっこり和める雰囲気で、
のんびりした時間が過ごせそう。かわいいおやつもチェックしなきゃ!

ついつい
長屋しちゃった♪

ⓐ

甘い香りに誘われて
思わず寄り道

お店の前で記念撮影する人も多数

焼きたてを
いただきます

金沢ならでは
の美しい群青
の壁が印象的

2階の和室はレンタルする
こともも可能

What is

ひゃくまんさん

石川県観光PRマスコッ
トキャラクター。輪島塗
や金沢金箔、加賀友禅柄
など石川の伝統工芸の
技術が取り入
れられている。
グッズも豊富!

ⓐ
かわいい名物ひゃくまん焼き

多華味屋
たかみや

築150年の町家をリノベー
ション。当時の姿を残すお
座敷で味わえるのは、店頭
で焼き上げる名物のひゃく
まん焼き。定番の味以外に
季節限定メニューも用意し
ている。

ひゃくまん焼き
1個220円〜

あんこ、カスタード、
豆腐レアチーズなど
ガスタンパイ

📍金沢市観音町1-1-2 ☎076-
208-3344 🕐11:00〜18:00
(土・日曜、祝日は10:30〜)
休 火・水曜 🚌バス停橋場町
からすぐ 🅿なし
ひがし茶屋街 ▶MAP 別P.5 E-2
→P.19

TOURISM

兼六園・金沢21世紀美術館

ひがし茶屋街

にし茶屋街・長町・香林坊

金沢市郊外

金沢の宿

能登

ミルクが濃厚すぎ！

人気店が作ったミルキーな味わい

B

きなこソフトクリーム
590円

ジェラート専門店「能登ミルク」が手掛ける逸品

お茶屋の建物で贅沢なひととき

D

上生菓子と抹茶
700円

繊細で美しい金沢の和菓子をお抹茶とともにいただこう

茶屋街を眺めながら和スイーツを

C

上生菓子と抹茶のセット
1000円

四季の彩りを映した和菓子を。美しい器にも注目

「たもん」のパンケーキ
1300円

ふんわりほかほか米粉のパンケーキ

E

＋200円でホイップクリームなどお好みのトッピングを！

かわいいメニューに注目！

And Kanazawa
アンド カナザワ

古民家をモダンに改装。人気店が手掛けるきなこソフトクリームや金澤おはぎ3個セット800円、本格的なコーヒーなどが話題。

🏠 金沢市東山1-17-17-2 ☎076-299-5452 🕘9:00～18:00（土・日曜は10:00～）Ⓗ木曜 🚌バス停橋場町から徒歩4分 🅿なし
ひがし茶屋街 ▶MAP 別P.5 F-2

贅沢な眺めとともにひと息

波結
はゆわ

芸妓さんの髪を結い続ける「さくらい美容室」の跡地に誕生したカフェ。ひがし茶屋街のメイン通りに立ち、最高の眺望とともに抹茶と和スイーツをどうぞ。

🏠 金沢市東山1-7-6 2F ☎076-216-5577 🕘10:30～17:30 Ⓗ不定休 🚌バス停橋場町から徒歩3分 🅿なし
ひがし茶屋街 ▶MAP 別P.5 E-2

歴史あるお茶屋で休憩を

寒村庵
かんそんあん

国指定重要文化財であるお茶屋「志摩」(P.96)の奥棟にある茶室。庭を眺めながら、心静かなひとときを過ごすことができる。

🏠 金沢市東山1-13-21 志摩1F ☎076-252-5675（志 摩）🕘9:30～17:00（12～2月は～16:30）Ⓗ無休 🚌バス停橋場町から徒歩5分 🅿なし
ひがし茶屋街 ▶MAP 別P.5 F-2

自慢のふわふわパンケーキ

Cafe たもん
カフェたもん

前田利家公ゆかりの宇多須神社の目の前にある町家カフェ。石川県産コシヒカリの米粉を使用したふわふわ食感の「たもん」のパンケーキをはじめ、地産地消にこだわったメニューが人気。→P.49

🏠 金沢市東山1-27-7 ☎076-255-0370 🕘9:00～17:00 Ⓗ無休 🚌バス停橋場町から徒歩5分 🅿なし
ひがし茶屋街 ▶MAP 別P.5 F-2

🔍 カフェ「波結」の場所にあった「さくらい美容室」は半世紀以上続く老舗。同じ建物の反対側に移転し、営業を続けている。　95

金沢に来たら絶対行きたい！
お茶屋見学＆手作り体験を楽しむ

ひがし茶屋街には、昼間に金沢の伝統文化体験ができるお茶屋さんもある。
金箔貼りや押寿し作りなど珍しい体験をぜひ旅のプランに組み込んでみて！

贅を尽くした黄金の茶室も必見！

光り輝く
金箔畳が敷かれた茶室

普段は味わえない
特別な空間

お茶屋体験

朱塗りの階段
全面塗りの階段が非日常的な世界へと誘う

芸妓さんのうちわ
ひがしの芸妓さんの名前がずらりと並ぶ

朱の間
朱色の壁が印象的な歴史を感じられるお座敷

黄金くずきり
カフェでは金箔を使ったくずきりが味わえる

華やかなお茶屋の世界をのぞき見！

雅な茶屋文化を見てふれて

懐華樓
かいかろう

金沢で一番大きな茶屋建築で、約200年前の趣を残した装飾が印象的。夜は一見さんお断りで、一客一亭のお座敷が上げられている。

🏠 金沢市東山1-14-8　☎ 076-253-0591　🕙 10:00〜17:00（予約状況により変更あり）　🈺 水曜（営業日は要確認）　💴 750円、入館＋お抹茶セット付1400円　🚌 バス停橋場町から徒歩5分　🅿 なし
ひがし茶屋街 ▶ MAP 別P.5 F-2　→P.48

お庭の美しさに感動…

1 内部は漆仕上げの、優美で繊細な造りが特徴　2 美しい中庭も眺められる

江戸時代の姿をそのままに

志摩
しま

文政3年に建てられた茶屋建築で国指定重要文化財。2階が客間で、芸妓の舞や遊芸が披露される。

🏠 金沢市東山1-13-21　☎ 076-252-5675　🕙 9:30〜17:30（12〜2月は〜17:00）　🈺 無休　💴 500円　🚌 バス停橋場町から徒歩5分　🅿 なし
ひがし茶屋街 ▶ MAP 別P.5 F-2

歴史的にも貴重なお茶屋さん

金沢市指定文化財 お茶屋美術館
かなざわししていぶんかざい おちゃやびじゅつかん

文政3（1820）年に創立された茶屋建築がそのまま残る美術館。座敷の壁は弁柄の朱色や鮮やかな群青色に塗られ、金沢の茶屋文化の華やかさがうかがえる。

🏠 金沢市東山1-13-7　☎ 076-252-0887　🕙 9:30〜16:30　🈺 木曜　💴 500円　🚌 バス停橋場町から徒歩5分　🅿 なし　**ひがし茶屋街** ▶ MAP 別P.5 F-2

創建当時の様子がそのまま！

1 お茶屋は2階が客間となっている　2 櫛やかんざしなどの髪飾り、加賀蒔絵を施した道具類を展示

TOURISM

兼六園・金沢21世紀美術館

ひがし茶屋街

にし茶屋街・長町・香林坊

金沢市郊外

金沢の宿

能登

「丁寧にはろう！」

「シールをはがしてできあがり」

1 お皿や手鏡などのアイテムに金箔のシールをはる　2 シートを使って金箔をはり付ける

手作り体験

かなざわ 美かざり あさの
かなざわ びかざり あさの

金沢の美意識を体感

九谷焼や加賀友禅、金沢箔、桐工芸など石川の伝統工芸品の中でも、現代的な作家作品が並ぶ。日常使いできるアイテムが多く、オリジナルの金箔雑貨を作れる体験も人気。

⌂ 金沢市東山1-8-3　☎ 076-251-8911　🕐 9:00～18:00（体験10:00～最終受付15:00）　休 火曜（祝日の場合営業）　料 1200円～　🚉 バス停橋場町から徒歩5分　🅿 なし

ひがし茶屋街 ▶MAP 別 P.5 F-2

→P.67

金箔はり
箸や皿などのアイテムに金箔をはってオリジナルアイテムを作る

箔座稽古処
はくざけいこどころ

茶屋建築で箔押し体験を

風情ある茶屋建築の中で箔押しができる体験教室。体験メニューは箸や皿など。各回4名までとなっており、グループでゆっくり楽しめる。

⌂ 金沢市東山1-13-18 箔座ひかり蔵内　☎ 076-252-3641（前日までに要予約）　🕐 10:00～16:30　休 火・水曜　料 1540円～　🚉 バス停橋場町から徒歩5分　🅿 なし

ひがし茶屋街 ▶MAP 別 P.5 F-2

金箔をはる瞬間は思わず息を詰める

「極薄の金箔！」

押寿し
春と秋の祭りで家族揃って食べられていたハレの日の料理

「日本海の食材がたっぷり！」

1 地元名産のふぐの糠漬けなどの食材を使用　2 曲げわっぱに食材を詰める金澤寿司作りの体験2750円　3 完成品はこちら

押寿し体験厨房金澤寿し
おしずしたいけんちゅうぼうかなざわずし

ハレの日のごちそう作り

祭りに欠かせない押寿し作りの体験ができる。体験を通して金沢の食文化にふれ、味わうことができる。金沢ならではの食材が楽しめるので何度でも体験したくなる。

⌂ 金沢市東山1-15-6　☎ 076-251-8869　🕐 11:00～15:00（LO14:00）　休 水曜　料 1980円～　🚉 バス停橋場町から徒歩5分　🅿 なし　ひがし茶屋街 ▶MAP 別 P.5 F-2

♪♫♬

「自分の名前を入れて♪」

懐華樓
かいかろう

好きな文字が入ったうちわ

夜は「一見さんお断り」でも、昼間は建物のすべてを公開している。カフェでスイーツを味わうほか、芸妓さんが持つうちわに文字を入れる体験が楽しめる。

→P.96

1 初めてでも丁寧に教えてくれる　2 懐華樓caféには芸妓さんのうちわがずらりと並ぶ

芸妓うちわ作り
涼しく上品な芸妓の高級うちわを、自分の名前で作る風流な体験

昼間は体験をして、夜はBARを利用するなどひがし茶屋街は一日中楽しめる！

お土産にチョイスしたい！
心ときめく和雑貨に目移りする♪

伝統的な工芸の技術を生かした、金沢らしい和雑貨が勢揃い！
お土産としてはもちろん、自分へのご褒美にゲットしてみて。

かわいい手ぬぐいや
オリジナルグッズも充実！

い ミニヘアゴム
3つで1000円
お土産にぴったりな、プチプラアイテム！

人気No.1
オリジナル
手ぬぐい
各1210円

ろ 加賀野菜や加賀麩など、石川県の特産品をモチーフにしたデザインが素敵！

金沢らしい水引アクセサリーをお土産に…

人気No.1
水引
イヤリング・ピアス
各1320円

ろ 塗箸（左）990円
（右）1980円
箸は200本以上揃い、輪島塗のものも取り扱っている

加賀てまり柄がかわいい！

ろ オリジナル
がまぐち 1650円
モチーフがかわいいがまぐちは、お薬ポーチやメガネケースに！

い 色やデザインの種類も豊富で、蛍光カラーなど流行の色使いも…

風が吹くとひらひら揺れる♥

は ピアス（小林亜弥香さん）4950円
加賀友禅を使ったエアリー感のあるアクセサリー

は 一輪挿し（清井純一さん）3300円
透き通るようなブルーが美しい！

い バレッタ
各1650円
着物だけでなく洋服にも使える万能アクセ

伝統とデザインが融合した、若手作家のクラフト

は 九谷焼作家浅蔵一華さんの器はガーリーな絵柄や色使いにファンが多い

人気No.1
一口湯呑
3630円／
たまごボール（小）
4950円

い 水引を使ったアクセサリーが豊富！

浅の川 吉久
あさのがわ よしひさ

100種類以上ある水引を使って、一点もののアクセサリーをスタッフが丁寧に手作り。どれもリーズナブルで、バラまき土産などにも大人気！

🏠 金沢市東山1-4-42 ☎ 076-213-2222
🕐 10:00～17:00 🈺 不定休 🚌 バス停橋場町から徒歩3分
ひがし茶屋街 ▶MAP 別P.5 E-2

ろ 乙女心をくすぐるアイテムたち♥

今日香
きょうか

オリジナル手ぬぐいをはじめ、箸やお香など普段使いできる和雑貨が手頃な価格で購入できる。旅の思い出に、お気に入りを探してみて。

🏠 金沢市東山1-24-6 ☎ 076-252-2830
🕐 11:00～夕暮れ時 🈺 火・水曜、不定休 🚌 バス停橋場町から徒歩5分
ひがし茶屋街 ▶MAP 別P.5 F-2

は 「アートと暮らし」をテーマにセレクト

玉匣
たまくしげ

地元で活躍している若手工芸作家を中心に、現代の暮らしになじむアイテムをセレクト。ほかでは手に入らない、モダンなクラフト作品も充実。

🏠 金沢市東山1-14-7 ☎ 076-225-7455
🕐 10:00～17:00 🈺 火曜 🚌 バス停橋場町から徒歩6分
ひがし茶屋街 ▶MAP 別P.5 F-2

TOURISM

兼六園・金沢21世紀美術館

ひがし茶屋街

にし茶屋街・長町・香林坊

金沢市郊外

金沢の宿

能登

アートでモダンな伝統工芸作品を販売

食卓が華やかに！

九谷焼コーヒーカップ
（工藤完子さん）
各4950円

（ほ）お箸置き〜千鳥〜 各1100円
鮮やかなトリコロールカラーのガラス箸置き

（ほ）和紙アクセサリー（左）Personality
7150円／（右）輪 7700円
手染めした二俣和紙を使用した、北美貴さんの作品

（ほ）カップとソーサーが一体化したようなデザインの九谷焼コーヒーカップ

（に）ウールストール（安井未星さん）各1万5400円
色使いが美しい、アレンジ自在なストール

北陸の技術とセンスが光る逸品を集めたセレクトショップ

（へ）Ealuzakka 金澤箔
ヘアゴム 各3520円
多種多様な箔をあしらったヘアゴムで華やかな気分に！

（へ）Blooming（右）4510円／（左）4290円
能登ヒバと金箔をあしらったアクセサリーシリーズ

はなもっこ
2万8050円〜

素敵な出合いがあるセレクトショップ

ちょこんとした姿が愛らしい

（に）漆・紋切り・箔紋などが施された文字盤とベルトがカスタマイズできる

（に）加賀象牙ピアス
12000円〜15000円
加賀象牙作家が作った、スタイリッシュなデザインのピアス

（へ）愛らしいはちまんさんをモチーフにした豆皿

姫だるま 豆皿
（山崎裕理さん）
豆 2200円
豆豆 1980円

（に）北陸のものづくりを発信するギャラリー

Gallery&Shop 金澤美藏
ギャラリーアンドショップ かなざわみくら

地元企業や作家の優れたアイテムをセレクトしたショップ。工芸品だけでなく食品やファッションアイテムも揃う。

（家）金沢市東山1-13-7 （電）076-282-9909
（時）11:00〜16:00（日曜、祝日は10:30〜17:00）（休）不定休 （交）バス停橋場町から徒歩5分 （P）なし
ひがし茶屋街 ▶MAP 別P.5 F-2

（ほ）日常使いのできる工芸品がずらり！

縁煌
えにしら

九谷焼・漆・ガラス・金属など、北陸で活躍する約80名の作家の作品を展示販売する。東山エリアではここでしか取扱いのない作品ばかり！

（家）金沢市東山1-13-10 （電）076-225-8241
（時）10:00〜17:00 （休）不定休 （交）バス停橋場町から徒歩4分 （P）なし
ひがし茶屋街 ▶MAP 別P.5 F-2

（へ）伝統工芸のセレクトショップ

かなざわ 美かざり あさの
かなざわ びかざり あさの

金箔専門店 箔一が手掛ける、伝統工芸品を取り揃えたお店。加賀友禅や加賀繍をあしらったアクセなど、乙女心をくすぐるアイテムが充実！

（家）金沢市東山1-8-3 （電）076-251-8911
（時）9:00〜18:00 （休）火曜（祝日の場合営業）（交）バス停橋場町から徒歩5分 （P）なし
ひがし茶屋街 ▶MAP 別P.5 F-2

フォトSPOTを探しながら♪
主計町茶屋街に迷い込む

石畳の道に目の細かい出格子の店が立ち並び、まるでタイムスリップしたような
気持ちになれる主計町茶屋街。街となじむ和装でのんびりと歩いてみよう。

風情ある
街並み♪

ロマンチックな路地や坂道で記念撮影

How to
主計町茶屋街の巡り方

街並みを見て回るなら所要時間は
1時間程度。浅野川を挟んだ向か
いのひがし茶屋街（P.90）と一緒に
回ることもおすすめ。

文豪と縁のある茶屋街
主計町茶屋街
かずえまちちゃやがい

浅野川沿いの料亭や茶屋が立
ち並ぶ石畳の茶屋街では、夕暮
れ時に三味線の音が聴こえるこ
とも。歴史のある建物が往時の
繁栄を伝えてくれる。

🏠 金沢市主計町　⏰ 散策自
由　🚌 バス停橋場町からすぐ
🅿 東山観光駐車場あり
`主計町茶屋街` ▶MAP 別P.5 E-2
→P.13

PHOTO SPOT 📷
01
あかり坂（ざか）

暗がり坂に平行する坂で
作家の五木寛之が命名。
石段の坂道から住民の
息吹が感じられる。
`主計町茶屋街` ▶MAP 別P.5 E-2

お店も
のぞきたい！

PHOTO SPOT 📷
02
暗がり坂（くら）（ざか）

久保市乙剣宮より主計町に通じる小路で旦那衆
が人目を避け茶屋街に通う際に使ったとも。
`主計町茶屋街` ▶MAP 別P.5 E-2

PHOTO SPOT 📷
03
中の橋（なか）（はし）

浅野川に架かる歩行者
専用のレトロな橋。左
岸側の主計町茶屋街と
相まって趣深い。

🏠 金沢市主計町
⏰ 散策自由
🚌 バス停橋場町から徒
歩4分
`主計町茶屋街`
▶MAP 別P.5 D-2

レトロな橋を渡ってみる

TOURISM

兼六園・金沢21世紀美術館

ひがし茶屋街

にし茶屋街・長町・香林坊

金沢市郊外

金沢の宿

能登

PHOTO SPOT 📷 04

やおよろずほんぽ
八百萬本舗

元金物店だった町家を改装した建物。ポップな九谷焼や、ひゃくまんさんのグッズが並ぶブースもある。2階座敷には大きな「ひゃくまんさん」が鎮座。

🏠 金沢市尾張町2-14-20 ☎ 076-213-5148 🕙 10:00〜18:00 🈚 不定休 🚃 バス停橋場町からすぐ 🅿 なし

主計町茶屋街 ▶ MAP 別 P.5 E-2

→P.18

540円

チャンピオンカレー

金沢カレーの名で知られるコクと深みの強いルー

2階のひゃくまんさんの隣で記念撮影をしよう

大きさにびっくり！

385円

ひゃくまんさん マスキングテープ

ラッピングのアクセントに！

1 アクセサリーや保存食専門店など、8店舗が入る 2「ひゃくまんさんの家」にはここでしか手に入らないグッズも販売

お土産にぴったり

金沢のアイドルひゃくまんさんと出合う

PHOTO SPOT 📷 05

かなざわぶんげいかん
金沢文芸館

昭和4年建築の銀行の社屋内に、五木寛之氏ら金沢ゆかりの作家の作品等を多数展示する。

🏠 金沢市尾張町1-7-10 ☎ 076-263-2444 🕙 10:00〜18:00 🈚 火曜（祝日の場合は翌平日）、展示替え期間 💴 100円 🚃 バス停橋場町からすぐ 🅿 なし

主計町茶屋街 ▶ MAP 別 P.5 E-2

文豪の世界にふれて文学ロマンにひたる

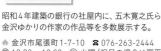

🌸 What is

金沢の三文豪

明治時代から昭和初期にかけて活躍した金沢出身の泉鏡花、徳田秋聲、室生犀星の3人。

PHOTO SPOT 📷 06

いずみきょうかきねんかん
泉鏡花記念館

写真提供：泉鏡花記念館

金沢三文豪の一人、泉鏡花の自筆資料など約2000点を所蔵。生涯や美意識にもふれることができる。

🏠 金沢市下新町2-3 ☎ 076-222-1025 🕙 9:30〜17:00 🈚 火曜（祝日の場合は翌平日）、展示替え期間 💴 310円 🚃 バス停橋場町から徒歩3分 🅿 4台（金沢蓄音器館と共同駐車場）

主計町茶屋街 ▶ MAP 別 P.5 D-2

🌱 「はちまんさん」は、金沢では縁起物として子どもの誕生や婚礼のお祝いに贈る習わしがあることで知られる。 101

金沢ゆかりのアートにふれる

個性派ミュージアム で金沢の魅力を知る

時代の移り変わりとともに変化していく芸術と伝統。その遍歴と一緒に歩む金沢ゆかりの芸術家たちが残した作品を巡ろう。

あ！この木型かわいい！

奥深き百万石の菓子文化は美しい

美術館の入口は木型のトンネルがお出迎え

貴重な器も！

茶文化との深い関わりが分かる茶碗の数々

お茶で一服♪

隣接する森八茶寮では茶菓を楽しむことも

江戸時代から受け継ぐ菓子木型が千数百点

森八 金沢菓子木型美術館

もりはち かなざわかしきがたびじゅつかん

1625年から長きにわたり金沢の菓子文化を築いてきた老舗菓子店の歴史をたどる美術館。驚くほど精巧な木型はまさに芸術作品！

🏠 金沢市大手町10-15 森八本店2F ☎076-262-6251 🕘9:00〜17:00 🈺無休 💴200円 🚏バス停橋場町から徒歩3分 🅿13台
主計町茶屋街 ▶MAP 別P.5 E-3

戦後を代表するプロダクトデザインにふれる

柳宗理記念デザイン研究所

やなぎそうりきねんデザインけんきゅうじょ

家具やキッチンツールなど、数多くの優れた工業デザインを遺した柳宗理。約200点もの貴重な資料と多数の作品で、その魅力を思う存分体感してみて。

🏠 金沢市尾張町2-12-1 ☎076-201-8003 🕘9:30〜17:00 🈺月曜（祝日の場合開館）🈚無料 🚏バス停尾張町から徒歩2分 🅿7台
主計町茶屋街 ▶MAP 別P.5 D-2

代表作「バタフライスツール」

日本の工業デザイナー柳宗理氏

柳宗理の魅力に迫る作品200点を展示

ミシュラン1つ星の美術館

見応えある作品が並ぶ

百万石文化を伝える加賀の茶陶

大樋美術館

おおひびじゅつかん

百万石金沢の茶道文化が垣間見られ、奥ゆかしい風情が漂う美術館。初代から当代11代・大樋長左衛門まで350年以上の歴史ある大樋焼を展示。

🏠 金沢市橋場町2-17 ☎076-221-2397 🕘9:00〜17:00 🈺無休 💴700円 🚏バス停橋場町からすぐ 🅿1台
主計町茶屋街 ▶MAP 別P.5 E-3

隈研吾氏が設計した大樋ギャラリー

TOURISM

兼六園・金沢21世紀美術館

ひがし茶屋街

にし茶屋街・長町・香林坊

金沢市郊外

金沢の宿

能登

ここも見逃せない

まだある立ち寄りSPOT

東山でトキメキの映えFoodをテイクアウトしよう！

SPOT 1

映えるテイクアウトならココ！

金沢の老舗フルーツショップ

金澤パフェむらはた

かなざわパフェむらはた

まさにフルーツを味わうためのパフェ！フルーツ専門店ならではの厳選フルーツが季節に応じてお目見え。

🏠 金沢市東山3-2-18味の十字屋本店2F ☎076-225-8099 🕙10:00～18:00(LO17:30) 🈺不定休 🚌バス停橋場町から徒歩2分 🅿️なし

ひがし茶屋街 ▶MAP 別P.5 E-2

至福レベルあがる！

金澤パフェフルーツ600円

休日には行列ができる名物ソフト

烏鶏庵 東山店

うけいあん ひがしやまてん

烏骨鶏卵ソフトクリームに金粉がたっぷり！貴重な烏骨鶏の卵がふんだんに使われた濃厚な味わい！

🏠 金沢市東山1-3-1 ☎076-255-6339 🕙9:30～17:00 🈺不定休 🚌バス停橋場町から徒歩4分 🅿️なし

ひがし茶屋街 ▶MAP 別P.5 E-2

烏骨鶏卵ソフト金箔付700円

キラキラ輝く東山名物！

箔座プロデュースのおいしい金箔体験

箔座 金の縁起屋

はくざ きんのえんぎや

天然のだしが香るこだわりのたこ焼きに、大胆に金箔を一枚のせ！

🏠 金沢市東山1-13-23 ☎076-253-8881 🕙10:00～17:00(LO16:30) 🈺無休 🚌バス停橋場町から徒歩5分 🅿️なし

ひがし茶屋街 ▶MAP 別P.5 F-2

出汁の旨みが凝縮！運気もUPしそう！

金のたこ焼 松 1200円

のど黒ソフト 550円

食べ進めるたびにおいしいが出てくる♪

インパクト大なビジュアルで大人気！

金沢東山・百番屋

かなざわひがしやまひゃくばんや

かわいいピンクの"のど黒"最中の口からのぞく濃厚ソフト♪中にカスタードや能登大納言がたっぷり！

🏠 金沢市東山3-3-35 ☎076-254-6181 🕙10:00～17:00 🈺不定休 🚌バス停橋場町から徒歩3分 🅿️なし

ひがし茶屋街 ▶MAP 別P.5 E-2 →P.52

Gold Wand 1本500円

チョコといちごの2種から選べる

金箔工芸店が発信するNEW金箔スイーツ

金箔屋さくだ 茶屋街店

きんぱくやさくだ ちゃやがいてん

まるで魔法の杖のような、クッキー生地のチョコスティック。注文したその場で金箔を巻いて提供。

🏠 金沢市東山1-3-40 ☎076-251-6777 🕙10:00～17:00(LO16:30) 🈺木曜 🚌バス停橋場町からすぐ 🅿️本店駐車場利用

ひがし茶屋街 ▶MAP 別P.5 E-2

金沢の情緒があり歴史が色濃く残る
にし茶屋街
長町・香林坊エリア
Nishi-Chayagai/Nagamachi/Korinbo

茶屋建築が軒を連ねるにし茶屋街や、土塀や石畳の小道が残る、加賀藩士が住んでいた長町武家屋敷跡などが見どころ。歴史が凝縮された趣あるエリアだ。

このエリアを巡る 3 つのコツ

01
ボランティアガイドを活用しよう

「長町武家屋敷休憩館」や「金沢市西茶屋資料館」には、ボランティアガイドのまいどさんが常駐。依頼すれば無料で同行し、周辺の見どころなどをガイドしてくれるので、歴史や建物についてより深く知ることができる。

建物の知識や魅力にふれることで、旅がさらに楽しくなりそう！

02
人気の飲食店は予約が必須

川沿いのせせらぎ通りをはじめ、このエリア界隈には人気の飲食店が多数。ディナーはもちろん、モーニングやランチも満席になることが多いので、予定通りに観光を楽しむためにも、予約可能な人気店は必ず早めに予約しておこう。

ひらみぱん（P.40）のクロックマダム

03
レトロでディープな通り新竪町商店街へGO

にし茶屋街や長町武家屋敷跡といった王道スポットに行ったあとは、地元っ子が注目する金沢も楽しみたい。昭和レトロな雰囲気が漂い、個性的でおしゃれな店が集まる新竪町商店街は、金沢のディープな魅力がいっぱい。

レトロな新竪町商店街（P.112）

さらに裏ワザ！

夕暮れ時のにし茶屋街

日が暮れると茶屋街に明かりが灯り、昼よりも一層情緒が感じられる。夕方以降は人も少ないので、街並みをゆっくり楽しみたい人におすすめ。

交通案内

バス

金沢駅からのアクセスはバスが便利。香林坊は路線バスや城下まち金沢周遊バスなど、ほとんどのバスが停車する。

徒歩

エリア内で最も離れた長町武家屋敷とにし茶屋街は、歩いて15分程度の距離。エリア内の移動は徒歩がベスト。

こんな楽しみ方も！

のんびりお散歩が似合うエリア

歴史が色濃く残るにし茶屋街や長町武家屋敷跡など、歩いて楽しめるスポットが多いのがこのエリアの特徴。観光スポットを順番に回るだけでなく、ゆっくり街並みを堪能してみて。

着物姿が絵になる♡

TOURISM

兼六園・金沢21世紀美術館

ひがし茶屋街

にし茶屋街・長町・香林坊

金沢市郊外

金沢の宿

能登

▶モデルコース　🕐約3.5時間／🚶約3km

のんびり
歩きましょう

START	1	2	3	4	5	6	7	8	GOAL
金沢駅	長町武家屋敷跡	武家屋敷跡 野村家	和菓子村上 長町店	せせらぎ通り	オヨヨ書林	ビストロひらみぱん	にし茶屋街	甘納豆かわむら	広小路

バスで約10分　🚶徒歩すぐ　🚶徒歩すぐ　🚶徒歩すぐ　🚶徒歩5分　🚶徒歩すぐ　🚶徒歩すぐ　🚶徒歩15分　🚶徒歩すぐ　🚶徒歩3分

にし茶屋街・長町・香林坊MAP

尾山神社

金沢城公園

⑤⑥

せせらぎ通り

④

③②

①

長町武家屋敷跡

香林坊

ステンドグラスが素敵な尾山神社

賑やかで飲食店も多い場所です

金沢市役所

金沢21世紀美術館

犀川

室生犀星記念館

157

片町

犀川大橋

春になると犀川河川敷は桜がきれい

⑧

⑦にし茶屋街

N　0　100m

❸ 和菓子村上 長町店

老舗の和菓子店が展開する人気カフェ。長町武家屋敷跡の散策途中に立ち寄るのにぴったりのロケーション。
→P.109

❹ せせらぎ通り

用水路沿いに続く、地元でも人気の通り。おしゃれなカフェや雑貨店などが点在し、散歩にもうってつけ。
→P.110

❺ オヨヨ書林

大正時代の建物を改装したおしゃれな古本屋。絵本や文芸など、多彩なジャンルの本を取り扱っている。
→P.110

❻ ビストロひらみぱん

元鉄工所の建物をカントリー調にリノベートした、せせらぎ通りの人気ビストロ。焼きたてパンの販売も。
→P.40

！ ココに注意！

小ぢんまりとしたにし茶屋町は徒歩で

しっとりとした風情を残すにし茶屋街は、近隣住民の生活道路でもある。範囲も広くないので歩いて巡ろう。

長町武家屋敷跡の散策は明るいうちに！

武家屋敷の公開時間はどこも夕方まで。土塀や石畳の趣ある景観を楽しむためにも、明るい時間の方がおすすめ。

❶ 長町武家屋敷跡

江戸時代の豪壮な武家屋敷が立ち並び、趣のある景観が続く。歩くだけでタイムスリップしたような感覚に！
→P.108

❷ 武家屋敷跡 野村家

由緒ある野村家の武家屋敷跡は、現在も一般公開される屋敷の一つ。屋敷と庭園の美しい調和を感じよう。
→P.109

❼ にし茶屋街

茶屋建築が軒を連ねる、小ぢんまりとした茶屋街。料亭や茶屋のほか、町家を利用した甘味処やカフェなども。
→P.106

❽ 甘納豆かわむら

にし茶屋街にある甘納豆の専門店。パッケージも愛らしい。併設の茶房「Salon de thé Kawamura」もおすすめ。
→P.53

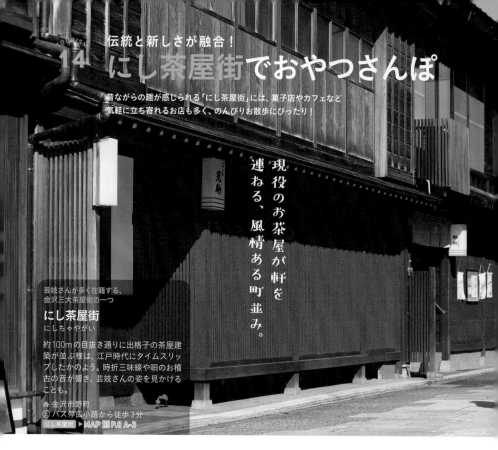

伝統と新しさが融合！

14 にし茶屋街でおやつさんぽ

昔ながらの趣が感じられる「にし茶屋街」には、菓子店やカフェなど
気軽に立ち寄れるお店も多く、のんびりお散歩にぴったり！

現役のお茶屋が軒を連ねる、風情ある町並み。

芸妓さんが多く在籍する、
金沢三大茶屋街の一つ

にし茶屋街
にしちゃやがい

約100mの目抜き通りに出格子の茶屋建
築が並ぶ様は、江戸時代にタイムスリッ
プしたかのよう。時折三味線や唄のお稽
古の音が響き、芸妓さんの姿を見かける
ことも。

🏠 金沢市野町
🚌 バス停広小路から徒歩3分
にし茶屋街 ▶ MAP 別 P.8 A-3

にし茶屋街を一望できる景観もウリ！

 甘納豆専門店がつくった、上質サロン

Salon de thé kawamura
サロン・ド・テ・カワムラ

芸妓さんのおもたせから始まった、「かわむ
ら」の甘納豆。併設のカフェで提供している、
こだわりのわらび餅やかき氷なども人気！

🏠 金沢市野町2-24-7 ☎ 076-282-7000
🕐 10:30～17:00（日曜、祝日は～16:30）
🗓 第１火曜 🚌 バス停広小路から徒歩3
分 🅿 なし
にし茶屋街 ▶ MAP 別 P.8 A-3

◥ 自家製豆腐クリーム付き！ ◤

本黒わらび餅
1400円

本わらび粉を100%
使用したわらび餅

**お豆のプレート
（加賀棒茶付き）**
1800円

甘納豆や果物菓子・栗・
Yokanが付いた贅沢プ
レート

お土産はコレ！

各1500円

豆壺

人気の甘納豆を美濃焼
の壺に詰め合わせ

各390円～

甘納豆フクロイリ

能登大納言の甘納豆は
人気土産No.1！

106

B お茶屋文化を体験できる施設

金沢市西茶屋資料館
かなざわしにしちゃやしりょうかん

お茶屋「吉米楼」の跡地に立つ、お茶屋造りを再現した資料館。朱色の壁が印象的なお座敷を見学できる。

🏠 金沢市野町2-25-18　☎ 076-247-8110
🕘 9:30〜17:00　休 無休　料 無料　🚌 バス停広小路から徒歩3分　🅿 なし
にし茶屋街 ▶ MAP 別 P.8 A-3

観光ガイドまいどさんが常駐しているので、案内してもらおう！

吹き出し：ステキな町並み〜

C お豆腐屋さんが作るスイーツにも注目！

手造り 中谷とうふ
てづくり なかたにとうふ

北陸のエンレイ大豆と能登の塩田にがりだけを使った「昔とうふ」が、地元の人にも大人気。豆本来の味が堪能できる。

🏠 金沢市野町2-19-13　☎ 076-241-3983
🕘 10:00〜17:00　休 日曜、不定休　🚌 バス停広小路から徒歩3分　🅿 なし
にし茶屋街 ▶ MAP 別 P.8 A-3

「昔とうふ」(270円)

おみやげにおすすめなのは、とうふアイスクリーム370円

D 老舗菓子店のこだわり甘味

西茶屋菓寮 味和以
にしちゃやかりょう あじわい

嘉永2(1849)年創業の老舗菓子店「諸江屋」が手掛ける茶房。庭園を眺めながら、能登大納言をはじめ、厳選素材を使用した甘味が楽しめる。

🏠 金沢市野町2-26-1　☎ 076-244-2424
🕘 10:00〜17:00　休 火曜（祝日の場合は営業）　🚌 バス停広小路から徒歩3分　🅿 8分
にし茶屋街 ▶ MAP 別 P.8 A-3 → P.45

能登大納言ぜんざい
880円

七輪で焼く餅の香ばしさがたまらない。

La・KuGaN（ココア）
540円

店を代表する梅型小らくがんのココア味

お土産にぴったり!!

にし茶屋街 MAP

水色の壁が特徴的な洋風な佇まいの、"西検番事務所（国の登録有形文化財）"も見どころの一つ

片町
にし茶屋街
野町広小路
寺町

A・E　B
C
西検番事務所

E サクサクモナカは急いで召し上がれ♪

mameノマノマ
マメノマノマ

甘納豆の「かわむら」に隣接するテイクアウト専門店。"賞味期限6分"のモナカやドリンクなどを販売しており、散策途中に気軽に立ち寄れる。

🏠 金沢市野町2-24-7　☎ 076-282-7000　🕘 9:30〜16:30　休 第1火曜　🚌 バス停広小路から徒歩3分　🅿 なし
にし茶屋街 ▶ MAP 別 P.8 A-3

塩豆あんアイス
400円

最中のサクサク食感が楽しめる6分以内に味わおう！

 大正時代のベストセラー作家・島田清次郎が、幼少時母親と過ごした「吉米楼」は、小説の中にも登場する。　107

TOURISM
兼六園・金沢21世紀美術館
ひがし茶屋街
にし茶屋街・長町・香林坊
金沢市郊外
金沢の宿
能登

武家文化を満喫！
長町武家屋敷跡でタイムトリップ

江戸時代の雰囲気を今もなお残す長町武家屋敷跡は、のんびりと散策しながら巡るのがおすすめ。カフェでちょっと休憩したり、ウィンドウショッピングしたりするのも楽しい！

What is

武家屋敷

武士が所持した邸宅のこと。長町武家屋敷跡をはじめとする金沢の武家屋敷では、現在も市民が普通に暮らしている。庭園がすてきなところも！

城下町の情緒溢れる！

風情漂う石畳が続く

土塀
冬には土塀を雪から守るための「薦掛け」が行われる

外敵の侵入を防ぐ袋小路の抜け道などが残る

歴史を堪能できるエリア
長町武家屋敷跡
ながまちぶけやしきあと

藩政時代に加賀藩の中級武士が屋敷を構えた地域。武家屋敷の庭が再現されている施設もあり、木羽板葺の屋根や長屋門の街並みが当時の雰囲気を伝えている。

🏠 金沢市長町　☎ [観光に関する問い合わせ] 076-232-5555（金沢市観光協会）🕘 散策自由 💰バス停香林坊から徒歩5分 🅿長町観光駐車場20台

長町武家屋敷跡　▶ MAP 別P.8 B-1
→P.13

観光ボランティア「まいどさん」に聞いた！

街並みのココに注目してみよう

❶ ごっぽ石
雪の多い金沢で下駄の歯の間に詰まった雪を落としたり、馬をつないだりと重宝された石。武家屋敷の通りにいくつか残る。

❷ 新家邸長屋門
格子付きの「武者窓」が特徴的。門の横にあり、外を監視できるようになっている。全面道路に向けて窓が開けられている。

❸ 戸室山の石
凍寒に強く耐火性がある特性を生かして藩政時代より金沢城の石垣や武家屋敷の土塀基礎石などに使われている。

豪華な内装にびっくり！

曲水や古木を配した庭園は国際的にも高評価

屋敷と庭園はため息が出るほどの美しさ

贅沢な時間・・・！

抹茶を味わいつつ心休まる時間が過ごせる

心落ち着く大きな武家屋敷跡

武家屋敷跡 野村家

ぶけやしきあと のむらけ

廃藩まで続いた由緒ある野村家の武家屋敷跡。北前船時代に栄えた豪商の邸宅を一部移築している。数寄屋建築の茶室、濡れ縁に迫る曲水と庭園、資料の数々などから歴史が感じられる。

金沢市長町1-3-32 ☎076-221-3553 営8:30〜17:30（10〜3月は〜16:30）※最終入館は各30分前 休12月26・27日、1月1・2日 料550円 バス停香林坊から徒歩5分 P6台
長町武家屋敷跡 ▶MAP 別 P.8 B-1

ココも注目 Cafe

老舗菓子店のかわいいスイーツ

和菓子村上 長町店

わがしむらかみ ながまちてん

明治44（1911）年創業の和菓子店が展開するカフェ。五感で楽しめるスイーツが揃う。

金沢市長町2-3-32 ☎076-264-4223 営10:00〜16:30（土・日曜、祝日は〜17:00）休不定休 バス停香林坊から徒歩5分 Pなし
長町武家屋敷跡 ▶MAP 別 P.8 B-1 →P.44

庭園を望む甘味処でひと息

茶菓工房たろう 鬼川店

さかこうぼうたろう おにかわてん

モダンで独創的な和菓子で知られる。併設する甘味処で、抹茶と上生菓子（700円）などを。

金沢市長町1-3-32 ☎076-223-2838 営8:45〜17:30 休無休 バス停香林坊から徒歩5分 P8台
長町武家屋敷跡 ▶MAP 別 P.8 B-1 →P.44

旧診療所を改装したリノベカフェ

MORON CAFE

モラン カフェ

ヴィンテージ家具を配した海外のような雰囲気のカフェ。スイーツはもちろん、モーニング利用も可能。

金沢市長町2-4-35 ☎076-254-5681 営9:00〜18:00 休火曜 バス停香林坊から徒歩5分 P2台
長町武家屋敷跡 ▶MAP 別 P.8 B-1

ふっくら小豆の絶品和甘味

甘味処 金花糖

あまみどころ きんかとう

丹波大納言をじっくり炊き上げた小豆で作る、あんみつやぜんざいなど甘味が絶品。

金沢市長町3-8-12 ☎076-221-2087 営12:00〜夕暮れ時 休火・水曜（祝日の場合は営業） バス停香林坊から徒歩12分 P4台
長町武家屋敷跡 ▶MAP 別 P.8 A-1

ココも注目 Shopping

素朴な味にほっこり

和菓子村上 長町店

わがしむらかみ ながまちてん

職人が丹精込めて作り上げた和菓子に定評がある金沢の老舗。黒糖ふくさ餅やわり氷も人気。

金沢市長町2-3-32 ☎076-264-4223 営10:00〜16:30 休不定休 バス停香林坊から徒歩5分 Pなし
長町武家屋敷跡 ▶MAP 別 P.8 B-1

ふくさ餅5個入1485円

わり氷5個入1512円

オリジナルの柄！

日々の生活になじむ九谷焼

本田屋食器店

ほんだやしょっきてん

毎日の生活に取り入れたい和食器や雑貨を扱う。個性豊かな柄が揃う手ぬぐいも人気。

金沢市長町1-3-8 ☎076-221-1250 営10:00〜18:00 休火曜 バス停香林坊から徒歩5分 Pなし
長町武家屋敷跡 ▶MAP 別 P.8 B-2 →P.64

TOURISM
兼六園・金沢21世紀美術館
ひがし茶屋街
にし茶屋街・長町・香林坊
金沢市郊外
金沢の宿
能登

おさんぽコースに＋α
せせらぎ通りでトレンドチェック

名前の通り、川が流れるせせらぎ通りには、地元の人にも人気の名店のほか、
カフェや雑貨店などが立ち並び、おさんぽにもってこい！ のんびり巡ってみよう。

のんびり
おさんぽ
したい♪

香林坊の裏通りの
ニュースなスポット

絵になる
スポット

くらつきようすい
鞍月用水
藩政期初期から400年
にわたり市民の生活に
潤いを与えた用水路

古い建物をリノベーショ
ンしたお店にも注目

おしゃれなお店がいっぱい！

せせらぎ通り
せせらぎどおり

鞍月用水沿いの通りで、人気店も多く
注目を集めている。地元の人も行きつ
けにする名店が点在し、和洋問わずさ
まざまなジャンルのグルメを楽しめる。
夜までオープンする店も多い。

♠ 金沢市長町〜香林坊　🕐🅿 店舗により
異なる　🚍 バス停香林坊からすぐ
`せせらぎ通り` ▶MAP 別P.8 B-2

❀ **How to**

せせらぎ通りの
楽しみ方

雑貨店でお土産をゲットした
あとは、川沿いにあるおしゃれ
な飲食店でのんびりと過ごそ
う。カフェのハシゴもおすす
め！

本好き必見の
おしゃれ古本店

A ゆったりとお気に入りの古本探し
オヨヨ書林 せせらぎ通り店
オヨヨしょりん せせらぎどおりてん

大正時代の建物を改装した古本屋。
文芸から絵本まで多彩なジャンルの
本が揃うので、お気に入りの本がき
っと見つかるはず！

♠ 金沢市長町1-6-11　☎076-255-0619
🕐 13:00〜19:00　休 月曜　🚍 バス停
香林坊から徒歩7分　🅿 なし
`せせらぎ通り` ▶MAP 別P.8 B-1

本棚にずらりと
並べられた光
景は圧倒的

時間を忘れる…

📷 TOURISM

兼六園・金沢21世紀美術館

ひがし茶屋街

にし茶屋街・長町・香林坊

金沢市郊外

金沢の宿

能登

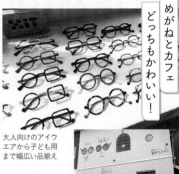

めがねとカフェ
どっちもかわいい！

B 買い物途中にスイーツでひと息

めがねのお店 Mito
めがねのおみせ ミト

店長厳選のアイウエアやメガネ雑貨などを取り揃えるショップ。併設されたカフェでは、こだわりの特製スイーツやドリンクがいただける。

🏠 金沢市香林坊2-12-10 せせらぎパサージュ1-C ☎ 076-263-8823 🕐 11:00～18:30 🈂 水曜 🚌 バス停香林坊から徒歩3分 🅿 なし
[せせらぎ通り] ▶ MAP 別P.8 B-1

カフェのスイーツは日替わり！

大人向けのアイウエアから子ども用まで幅広い品揃え

町並みになじむかわいい黄色の建物

Mitoの自家製プリン（ドリンクセット）950円～

まるでヨーロッパ！おしゃれな空間

店内のアイテムは常時入れ替わる

香林坊店限定のニコロンは県産食材を使う

こだわり素材のチョコレート

せせらぎ通り MAP

Ａ

Ｃ

野村家

長町武家屋敷跡

Ｂ

Ｅ Ｄ

近江町市場

香林坊東急スクエア

百万石通り

C とろける口どけのショコラ

サンニコラ 香林坊店
サンニコラ こうりんぼうてん

金沢に3店舗を構えるチョコレート専門店。とろけるようななめらかさと口どけ、風味にこだわったチョコレートやケーキも人気。

🏠 金沢市香林坊2-12-24 ☎ 076-264-8669 🕐 11:00～19:00 🈂 水曜、第3火曜 🚌 バス停香林坊から徒歩3分 🅿 なし
[せせらぎ通り] ▶ MAP 別P.8 B-1

香り専門店

リラックスできる

全部巡りたい！

D 思わずのんびりしたくなる

SKLO room accessories
スクロ ルーム アクセサリーズ

店主自ら、チェコやドイツなど中欧諸国を回り、買い付けたアンティーク雑貨や家具を販売するセレクトショップ。

🏠 金沢市香林坊2-12-35 ☎ 076-224-6784 🕐 12:00～19:00 🈂 不定休 🚌 バス停香林坊から徒歩2分 🅿 なし
[せせらぎ通り] ▶ MAP 別P.8 B-2

E お気に入りの香りをチョイス

アロマ香房 焚屋
アロマこうぼうたくや

お香とアロマの専門店。約1000種類の中から好みに合ったものを、お香の歴史や原料に精通した香司やアロマセラピストが選んでくれる。

🏠 金沢市長町1-2-23 ☎ 076-255-6337 🕐 11:00～18:00 🈂 火曜（祝日の場合は営業） 🚌 バス停香林坊から徒歩2分 🅿 なし
[せせらぎ通り] ▶ MAP 別P.8 B-2

友禅柄モチーフの匂い袋「ぽち香」はお土産にぴったり

ひぐまさんモチーフも

個性豊かなお店がズラリ

レトロな新竪町商店街へ

初めて訪れてもどこか懐かしい、レトロな雰囲気の新竪町商店街。時間がのんびり、ゆったり流れる商店街で、お散歩＆ショッピングを気ままに楽しもう。

✿ Why

小さな商店街が注目されるワケ

昭和にタイムスリップしたようなレトロな商店街に、おしゃれなショップが次々登場。新旧が共存した独特の雰囲気が注目の理由！

不思議な魅力がいっぱいの商店街

あの店も気になる♪

唯一無二の雰囲気を味わいながら、ぶらぶら歩くのが楽しい

懐かしくて新しい商店街

新竪町商店街
しんたてまちしょうてんがい

もともと古美術品や骨董品を扱う店が点在し、「骨董通り」と呼ばれていた通り。現在は、古い建物を改装したショップやカフェなど、個性豊かなお店も多数。

🏠 金沢市新竪町　🅟🅟 店舗により異なる　🚏 バス停片町から徒歩10分

新竪町 ▶MAP 別 P.8 C-3

ゲートがお出迎え！

商店街の入口にあるゲートもレトロな雰囲気が感じられる

✿ How to

新竪町商店街の楽しみ方

商店街の雰囲気を楽しみつつ、気になるお店で買い物やカフェタイムを。商店街の横道にもお店があるので、周辺をぶらりと歩いてみて。

小ぢんまりと、アットホームな雰囲気も魅力

買い物途中に気軽に一杯

パーラーコフク

週末は昼酒も楽しめる小箱酒場。自家製のスモーク料理やアンチョビなど、ビールやワインに合うおつまみのほか、パスタなど食事メニューも。

1000円

おつまみ3種盛＋ドリンクのコフクセット

🏠 金沢市新竪町3-118　☎ 076-221-7757　🕐 17:00 ～ 23:00（土・日曜、祝日は15:00～）　🈺 月・火曜　🅿 バス停片町から徒歩10分　🈵 なし

新竪町 ▶MAP 別 P.8 C-3

お好きな野菜は？

職人によるオリジナルアクセサリー

KiKU
キク

彫金師・竹俣勇壱さんのアトリエ兼ショップ。オリジナルのジュエリーのほか、カトラリーなどの生活道具も販売している。

🏠 金沢市新竪町3-37 ☎ 076-223-2319 🕐 11:00〜20:00（火曜は予約制）🈂 水曜 🚌 バス停片町から徒歩10分 🅿 なし

新竪町 ▶MAP 別P.8 C-3

一つひとつ丁寧に仕上げた独創的なアクセサリーたち

結婚指輪などのオーダーメイドジュエリーも対応可能

500円

カップのデザインもおしゃれなラテ

大人気のトムとジェリーのチーズケーキ

650円

彩り豊かな旬の野菜たち

八百屋松田久直商店
やおやまつだひさなおしょうてん

季節の加賀野菜や青果を対面販売。店内キッチンで作る日替わりの自家製惣菜や手作りジャムなどもおすすめ！

🏠 金沢市新竪町3-104 ☎ 076-231-5675 🕐 8:30〜17:00 🈂 日曜、祝日 🚌 バス停片町から徒歩10分 🅿 2台

新竪町 ▶MAP 別P.8 C-3

野菜は少量でも購入OK。配送の相談もお気軽に

こだわりのエスプレッソが美味

ESPRESSO BAR ケサランパサラン
エスプレッソ バー ケサランパサラン

2種類の珈琲豆から選べるエスプレッソは豊かな味わい。ラテやカプチーノなど、コーヒー類はすべてエスプレッソメニューで提供。

🏠 金沢市新竪町3-17-3 ☎ 080-3743-6801 🕐 8:30〜17:00 🈂 月・金曜 🚌 バス停片町から徒歩10分 🅿 なし

新竪町 ▶MAP 別P.8 C-3

掘り出し物を探してみよう

海外のセレクト雑貨がズラリ

benlly's & job
ベンリーズ アンド ジョブ

オーナー自らが工房で制作したオリジナル革製品を中心に取り揃えるファクトリーショップ。手入れ方法などについても気軽に相談してみよう。

🏠 金沢市新竪町3-16 ☎ 076-234-5383 🕐 11:00〜19:00 🈂 火・水曜 🚌 バス停片町から徒歩12分 🅿 1台

新竪町 ▶MAP 別P.8 C-3

お出かけしたくなる

4400円

撮影がより楽しくなりそうなカメラストラップ

ココも Check!

犀星の作品、生涯や交友など多面的に紹介

すべての著書の表紙パネルを年代順に展示

文豪・犀星の世界と魅力を

室生犀星記念館
むろおさいせいきねんかん

金沢三文豪の一人である室生犀星の生家跡に立つ記念館。直筆原稿や遺品を展示するほか、本人による詩の朗読も聞ける。

🏠 金沢市千日町3-22 ☎ 076-245-1108 🕐 9:30〜17:00 🈂 火曜（祝日の場合は翌平日）、展示替え期間、年末年始 💴 310円 🚌 バス停片町から徒歩6分 🅿 4台 新竪町 ▶MAP 別P.8 A-3

TOURISM

兼六園・金沢21世紀美術館

ひがし茶屋街

にし茶屋街・長町・香林坊

金沢市郊外

金沢の宿

能登

ハシゴしたい
片町グルメナイトクルージング！

おいしいグルメ店がひしめく、金沢一の繁華街、片町周辺。
木倉町やせせらぎ通りには、人気の和食店をはじめ個性あふれる名店も揃う。

人気メニュー

お皿にはみ出すほど
盛りだくさんな前菜が名物！

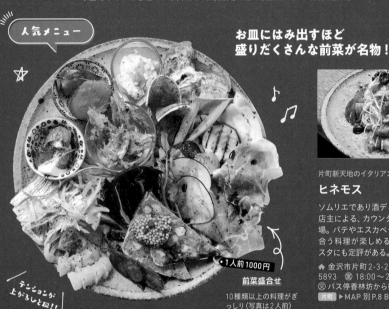

テンションが
上がるひと皿!!

• 1人前 1000円

前菜盛合せ

10種類以上の料理がぎっしり（写真は2人前）

片町新天地のイタリアン酒場

ヒネモス

ソムリエであり酒ディプロマでもある店主による、カウンターのみの食堂酒場。パテやエスカベッシュなどお酒に合う料理が楽しめる前菜盛合せやパスタにも定評がある。

🏠 金沢市片町2-3-22 ☎ 090-2838-5893 🕐 18:00～24:00 🈺 月曜
🚌 バス停香林坊から徒歩6分 🅿 なし
片町 ▶ MAP 別 P.8 B-2

オシャレな店内で料理と
スイーツ両方楽しもう！

人気メニュー

• 660円

ベリーミックスソーダなどかわいいドリンクも豊富

地下に店を構える
隠れ家カフェ＆レストラン

Underground Table

アンダーグラウンドテーブル

2022年2月1日オープン。こだわりの詰まったピザや見た目もおいしいガトーショコラが人気。スイーツはディナー時も注文できる。

🏠 金沢市片町1-4-18 TALKタテマチビルB1階 ☎ 076-210-490
0 🕐 11:30～16:00、18:00～23:00 🈺 水曜、第1・3・5火曜
🚌 バス停片町から徒歩1分 🅿 なし
片町

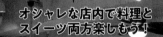

1. マルゲリータ1320円 **2.** 自分でチョコレートをかけて仕上げる濃厚ガトーショコラのチョコレートがけ880円

TOURISM

兼六園・金沢21世紀美術館

ひがし茶屋街

にし茶屋街・長町・香林坊

金沢市郊外

金沢の宿

能登

スパイスとワインが味わえる人気店

ルロワと満月とワイン。
ルロワとまんげつとワイン。

旬の食材を中心に、ハーブやスパイスを使ったジャンルにとらわれない料理を提供。自家製ガラスープで炊いた土鍋カオマンガイも人気！

🏠 金沢市香林坊2-12-18 ZOINE ビル1F　☎ 076-214-7221　🕐 18:00～22:00　🈳 月曜　🚌 バス停香林坊から徒歩3分　🅿 なし
片町 ▶MAP 別P.6 A-1

鶏塩レモン餃子
米粉を使用したもちもちの皮で鶏ムネ肉とセセリを包んだ一品

スパイスを使ったスイーツも絶品！

・1500円

女性オーナー2人で営むイタリアン

scala
スカラ

気軽にバル感覚で利用できる人気店。ワインの種類も豊富で、「牛ホルモンのトマト煮込み」は訪れたらぜひ食べたい一品。

🏠 金沢市木倉町2-5 2F　☎ 076-256-0406　🕐 18:00～24:00（LO 23:00）　🈳 火曜、第1水曜　🚌 バス停香林坊から徒歩3分　🅿 なし
片町 ▶MAP 別P.6 A-2

濃厚チーズのストラッチ
生パスタを使った、超濃厚なひと皿（値段は変更の可能性あり）

迷ったら、まず前菜盛合せを！

素材の持ち味を生かした串と一品料理

木倉町 クサムラ
きぐらまち クサムラ

・220円～

肉と野菜を組み合わせた創作串焼きと一品料理のお店。お酒との相性抜群な、炭火でじっくり焼き上げたメニューも要チェック！

🏠 金沢市木倉町2-8　☎ 076-213-5330　🕐 17:00～24:00　🈳 水曜、第1・3火曜　🚌 バス停香林坊から徒歩3分
片町 ▶MAP 別P.8 B-2

野菜巻き串
見た目も味も楽しくヘルシーで人気

自家製フルーツサワーなど、ドリンクも豊富！

✺ CHECK

おいしい名店がずらり！ツウが通うディープスポット

お酒が入って、みんなゴキゲン！

木倉町は金沢を代表する飲食店街。地元民行きつけのおいしい和食店から個性派グルメ・BARなど、ぜひハシゴしてみて！

通称「やきよこ」と呼ばれるノスタルジックなグルメ街

やきとり横丁
やきとりよこちょう

金沢でも一・二を争う古い飲み屋街。カウンターのみの小さなお店がギシギシに並ぶ超ディープスポット。

🏠 金沢市木倉町6-4　🚌 バス停片町から徒歩3分
片町 ▶MAP 別P.8 B-2

ミシュランビブグルマンを獲得した小料理店や、チーズハンバーグで人気の洋食店など、実力店が多い

片町の真ん中に現れる昭和ロマンな屋台街

中央味食街
ちゅうおうみしょくがい

狭い路地に小さな店が約20軒並び、金沢ならではのサブカルを体感できるレトロな横丁。どの店も狭くて座席は数席。

🏠 金沢市片町2-13-8　🚌 バス停片町から徒歩2分
片町 ▶MAP 別P.8 B-2

「焼肉 しんちゃん」など、愛嬌のあるネーミングとジャンルレスなラインナップに、2軒・3軒と巡りたくなる

約70もの寺社が集結！
歴史を感じる佇まいの寺町へ

にし茶屋街からほど近い寺町周辺は、たくさんの寺社が残るスポット。
通称W坂と呼ばれるジグザグになった階段状の坂道など、周辺には見どころもいっぱい！

別名 "忍者寺" と呼ばれる、由緒ある古刹

外観は2階建てだが、実は4階建て！！

中庭にある井戸の中のトンネルは、金沢城へとつながっていると伝えられている

Where

忍者寺のからくり拝見

建物のあちこちに、藩主を守るための巧妙な仕掛けが満載！

茶室
抜け道の先には、刀を振り回せないようにした茶室が！

落とし穴
落ちた敵を下に潜む家来が攻撃できるからくり

隠し階段
物置の戸の下にある床板を外すと、下へ続く階段がある

目にもおいしい華やかな懐石

美しい庭から、城下町金沢を一望

はなれの見事な群青の間も必見

Ⓐ 江戸時代の防衛術を見学！

妙立寺
みょうりゅうじ

加賀藩主前田家ゆかりの寺。本堂の一角に、お殿様のための隠し拝殿があったり、床板を外すと落とし穴や逃げ道になる階段が出現するなど、複雑な造りを探検するだけでも楽しい。

🏠 金沢市野町1-2-12 ☎
076-241-0888 ⏰9:00〜16:00（※要予約）㊡法要日 ￥1200円 🚌バス停広小路から徒歩2分 🅿なし
にし茶屋街 ▶MAP 別P.8 A-3

Ⓑ 日本庭園を眺めながらの懐石ランチ

仁志川
にしかわ

四季の美しさを感じる庭園を眺めながら、加賀野菜や魚介をふんだんに使った伝統的な金沢の懐石料理が味わえるお店。お昼限定の御膳は、気軽に割烹の味が楽しめる人気メニュー。

🏠 金沢市寺町3-5-18 ☎
076-241-0111 ⏰11:30〜14:00、17:00〜21:00 ㊡水曜 🚌バス停寺町3丁目から徒歩2分 🅿12台
にし茶屋街 ▶MAP 別P.3 E-3

Ⓒ 英国の影響を受けた、風光明媚な庭園

辻家庭園
つじけていえん

加賀藩家老の横山家が明治から大正初期に建てた名園。近代日本庭園の先駆者7代目小川治兵衛による深山幽谷を思わせる。ラピスラズリの粉末で仕上げられた群青の間も絢爛豪華！

🏠 金沢市寺町1-8-48 ☎
076-201-1124 ⏰11:00〜17:00（冬季〜18:00）㊡火・水曜 ￥500円 🚌バス停寺町2丁目から徒歩3分 🅿60台
寺町 ▶MAP 別P.9 E-2

Ⓓ 芸妓さんの宴席が設けられるお茶屋さん

料亭 華の宿
りょうてい はなのやど

にし茶屋街が加賀藩から公許された、文政3（1820）年から残る建物。夜になると芸妓さんを招いての宴席が設けられるが、午前中は茶房として営業している。

🏠 金沢市野町2-24-3 ☎
076-242-8777 ⏰10:00〜午前中のみ ㊡不定休 ￥300円（コーヒー付）🚌バス停広小路から徒歩3分 🅿なし
にし茶屋街 ▶MAP 別P.8 A-3

TOURISM

兼六園・金沢21世紀美術館

ひがし茶屋街

にし茶屋街・長町・香林坊

金沢市郊外

金沢の宿

能登

ここも見逃せない

まだある立ち寄り SPOT

散策がてら巡りたい、人気のパン屋さんと BAR。

いらっしゃいませ〜！

無花果クルミのカンパーニュ
（ハーフサイズ）740円

SPOT ①

地元の人気店とコラボした
「地域密着型の企画パン」が人気！

苺とフランボワーズの
ジャムぱん 240円

四角いコロンとした形が愛らしい！

寺町通りの一角にある小さなパン屋さん

坂の上ベーカリー
さかのうえベーカリー

まるでアートギャラリーのようにパンがディスプレイ。自家製ピーナッツクリームをサンドしたパンや、地元の和菓子店とコラボした「たろうのあんぱん」は必食！

あんこは、「茶菓工房たろう」のものを使用

🏠 金沢市寺町3-2-27 ☎ 080-4255-1595 ⏰ 9:00〜15:00 🈺 月・火曜 🚌 バス停寺町3丁目からすぐ 🅿 2台 にし茶屋街 ▶ MAP 別 P.3 E-3

たろうのあんぱん 310円

SPOT ②
ちょっと背伸びして出かけたい
城下町 BAR

ビジュアルにうっとり♥

旬のフルーツカクテル 1400円〜

旬のフルーツカクテルが人気の隠れ家BAR

漱流
そうりゅう

世界各国の多彩なお酒を揃え、特にウイスキーは40種類以上を揃える。旬の果物を使ったカクテルは、女性にも人気。

🏠 金沢市竪町12-2 ☎ 076-261-9212 ⏰ 18:00〜翌3:00（日曜、祝は〜翌2:00）🈺 不定休 🚌 バス停片町から徒歩5分 片町 ▶ MAP 別 P.6 B-3

お酒と一緒に、「バーのオムレツ」も人気！

ヒロサカハイボール 880円

上級者も初心者も楽しめるハイボールが人気

広坂ハイボール
ひろさかハイボール

地元で30年以上続く有名なBAR。スコッチウイスキーを使った名物「ヒロサカハイボール」は、キレのよいすっきり味。

🏠 金沢市柿木畠4-9 2階 ☎ 076-265-7474 ⏰ 18:00〜24:00（日曜は15:00〜23:00）🈺 月曜 🚌 バス停香林坊から徒歩6分 片町 ▶ MAP 別 P.6 B-3

マスターのカクテルは絶品！

Genroku-玄六-
1300円

古民家を改装した心落ち着く空間

洋酒カクテル 中村堂
ようしゅカクテル なかむらどう

迫力ある一枚板のカウンターのほか、2階には川を望む和室もある。自家製シロップなどを使ったこだわりの一杯を楽しんでみて。

🏠 金沢市片町1-8-25 ☎ 076-263-3838 ⏰ 18:00〜翌2:00 🈺 日曜（連休の場合は最終日）🚌 バス停片町から徒歩3分 🅿 なし 片町 ▶ MAP 別 P.8 B-3

北陸一の醤油の産地に!

映画の舞台にもなった港町

醤油蔵が立ち並ぶ、発酵と本のまち、大野＆金石へ

大野は野田や銚子、龍野と並ぶ醤油の産地としても知られ、現在もたくさんの蔵元が醤油や味噌を醸造する町。発酵食や話題のカフェ・図書館で、身も心もリフレッシュできそう。

醤油蔵の中にはワクワクがいっぱい!

発酵

糀の魅力を体験できる、発酵パーク!

ヤマト糀パーク（ヤマト醤油味噌）

ヤマトこうじパーク（ヤマトしょうゆみそ）

老舗の醤油蔵「ヤマト醤油味噌」が運営する「一汁一菜に一糀」をコンセプトにしたテーマパーク。発酵食文化と糀のチカラを体験できる。

🏠 金沢市大野町4-イ170　☎ 076-268-5289　⏰ 10:00～17:00　🈳 水曜　🚌 バス停大野から徒歩5分　🅿 30台

`金沢市郊外` ▶ MAP 別P.9 D-1

🏵 **What is** ⎯⎯⎯⎯

糀パークの見どころ

見て、感じて、楽しんで、丸ごと一日発酵を体感できる、おいしいスポット

発酵食美人食堂
寝かせ玄米を使ったランチが味わえる!

こめとはな
発酵技術を生かしたチーズケーキ専門店が登場!

ひしほ蔵
醤油や味噌をはじめさまざまな調味料が揃っている

糀パークツアー
糀手湯やみそぼーる作りなど、体験も豊富!

お土産

ケーキセットは週替わり

今日のケーキセット（チーズケーキ）880円

海辺のお土産屋さん!

ホホホ座金沢

ホホホざかなざわ

川沿いに佇む鉄工所をリノベーションした店内では、ホホホ座関連の本やアーティストのグッズなどを販売。喫茶スペースも併設。

🏠 金沢市大野町3-51-6　☎ 076-255-2038　⏰ 13:00～17:00　🈳 日・月曜　🚌 バス停大野港からすぐ　🅿 5台

`金沢市郊外` ▶ MAP 別P.9 D-1

世界で最も美しい公共図書館の一つ

金沢海みらい図書館

かなざわうみみらいとしょかん

シーラカンスK&Hが設計した、国内外から注目されるデザインの図書館。やわらかな光に満ちた館内は、建築ファン必見!

ライブラリー
外壁には約6000個の丸窓を設けた斬新なデザイン!

🏠 金沢市寺中町イ1-1　☎ 076-266-2011　⏰ 10:00～19:00（土・日曜、祝日は～17:00）　🈳 水曜（祝日の場合開館）、特別整理期間　💴 無料　🚌 バス停金沢海みらい図書館前からすぐ　🅿 100台　`金沢市郊外` ▶ MAP 別P.9 D-2

→P.17

TOURISM

兼六園・金沢21世紀美術館

ひがし茶屋街

にし茶屋街・長町・香林坊

金沢市郊外

金沢の宿

能登

What is

大野、金石
おおの　かないわ

藩政期には金沢の外港として北前船が寄港し、銭屋五兵衛が活躍した地。歴史を色濃く残す街並みが保存されている

ヤマト醤油味

実は金沢って、発酵大国なんです

ゴロゴロ野菜と豚の味噌漬けをトッピングした「港町のめった汁」

具だくさんのお味噌汁にほっこり

お味噌汁食堂そらみそ 金石店
おみそしるしょくどうそらみそ かないわてん

金石港で水揚げされた魚介類や、旬の野菜と地元の味噌を使った味噌汁が主役のお店。「ふぐの子クリームチーズ」など、おむすびの具も特徴的。

🏠 金沢市金石西1-2-15 コッコレかないわ内
☎ 076-256-5207　🕐 11:00〜16:00(日曜は9:00〜)　❌ 水曜　🚌 バス停金石から徒歩6分　🅿 12台

金沢市郊外　▶MAP 別P.9 D-1

自家焙煎した金棒茶の専門店

Ten riverside
テン リバーサイド

金石に古くから伝わる「金棒茶」を、ハンドドリップとサイフォンの2通りの淹れ方で提供してくれるカフェ。川沿いに立つので、景色も抜群。

🏠 金沢市金石西1-14-1　☎ 076-213-5117　🕐 11:00〜LO16:30(日曜は10:00〜)　❌ 水・木曜　🚌 バス停金石から徒歩5分　🅿 4台

金沢市郊外　▶MAP 別P.9 D-1　→P.59

→P.59

サイフォンで淹れるとしっかりコクのある味わいに

大きな窓から川が望めて、開放感バツグン！

キャラメルのような風味の「しょうゆソフトクリーム」

醤油蔵をリノベーションしたカフェ

もろみ蔵
もろみぐら

実際に使用されていた醤油蔵を利用したギャラリーカフェ。醤油の樽や桶で作られた店内のテーブルや椅子も素敵。

🏠 金沢市大野町2-39　☎ 076-267-6638　🕐 11:00〜18:00(土・日曜、祝日は10:00〜)　❌ 水曜　🚌 バス停桂町東から徒歩5分　🅿 20台

金沢市郊外　▶MAP 別P.9 D-1

「直っぺ」でおなじみの醤油蔵

醤油処・直江屋源兵衛
しょうゆどころ・なおえやげんべい

金沢庶民の味として親しまれている「直源醤油」。もろみを熟成させる醸造蔵を使ったカフェでは、お醤油スイーツも味わえる。

🏠 金沢市大野町4-16　☎ 076-268-1300　🕐 10:00〜17:00　❌ 水曜　🚌 バス停桂町東から徒歩5分　🅿 10台

金沢市郊外　▶MAP 別P.9 D-1

醤油クッキー付き！

醤油デザートセット
550円

醤油はもちろんドレッシングやぽん酢などの調味料も好評！

お買い得な魚を購入するなら、朝イチがおすすめ！

競り直後のとれたての魚が並ぶ！

金沢港いきいき魚市
かなざわこういきいきうおいち

近郊の港で水揚げされた新鮮な魚介が揃う鮮魚市場。加能ガニ、のどぐろ、岩ガキ、甘えびなど、厳選された魚介類が漁師直営価格に！

🏠 金沢市無量寺町ヲ52　☎ 076-266-1353　🕐 9:00〜16:00　❌ 水曜　🚌 バス停金沢港クルーズターミナルから徒歩5分　🅿 100台

金沢市郊外　▶MAP 別P.9 D-1

話題の宿泊施設が続々！
泊まってみたい宿＆ホテル

ちょっぴりリッチなホテルや温泉のほかにも、新しいスタイルのホテルやゲストハウスが登場！
暮らすように、金沢の町を旅してみよう。

1室 2万円〜 　艶やかな雨の金沢に似合う宿

雨の日を楽しむアイデアが満載
雨庵 金沢
うあん かなざわ

「金沢の雨の日の風情も味わい尽くしてもらおう」と思いを込めて命名。客室数を限定し、ゆったりくつろげるゆとりあるスペースを確保。伝統工芸やアート作品鑑賞が楽しめるラウンジにも注目。

🏠 金沢市尾山町6-30　☎ 076-260-0111
🚌 バス停武蔵ヶ辻・近江町市場から徒歩5分　🅿 なし
近江町市場周辺　▶ MAP 別P.4 C-3
料金 スーペリアツイン2万円〜
IN 15:00　OUT 11:00

◆ おすすめプラン
朝食付プラン（1室2万5500円〜）

1 和モダンなデザインで全客室に浴室を備えている 2 ラウンジ「ハレの間」3 ラウンジでは加賀棒茶をいつでもいただける

1室 2万5300円〜 　金沢の奥座敷にある静かな宿で、ほっこり♥

湯の贅を愉しむ大人のリゾート
金澤湯涌温泉 百楽荘
かなざわゆわくおんせん ひゃくらくそう

ワンランク上の特別な一日が過ごせる「別邸 -神楽 KAGURA-」、"美のときめき"をテーマにした「本館 -彩心 IROHA-」。趣の異なる2つの空間で湯ごもりを愉しんでみて。

🏠 金沢市湯涌荒屋町67-1　☎ 076-235-1110　🚌 バス停湯涌温泉から徒歩2分
🅿 25台
湯涌温泉　▶ MAP 別P.2 B-3
料金 本館彩心一般客室2万5300円〜
IN 15:00　OUT 11:00

◆ おすすめプラン
お籠りルームサービスプラン（2万8600円〜）は、大切な人と2人だけの時間が存分に楽しめる。

1 ブルーのインテリアでまとめられた「彩心」のジュニアスイート（一例）2 貸切露天は幻想的な光と湯けむりに癒される 3 和のアフタヌーンティーでお出迎え

《 オシャレリノベーションホテルもCheck！ 》

1室 1万5600円〜

併設のカフェでは、その場で点てたお抹茶もいただける！

金沢の伝統文化を未来につなぐホテル

KUMU 金沢 by THE SHARE HOTELS
クム かなざわ バイザ シェア ホテルズ

金沢の伝統を汲む場所をコンセプトに、「禅」や「茶の湯」の精神も感じられるモダンで洗練されたホテル空間。

🏠 金沢市下堤町2-40　☎07
6-282-9600　🚌 バス停南町
・尾山神社からすぐ　🅿 なし
▶MAP 別P.4 B-3

全室個室で、グループやファミリーにも最適！

料金 BUNKタイプ1万5600円〜　IN 15:00　OUT 10:00

1室 2万円〜

ベッドは全室シモンズ製を用意している

金沢の旅を心地よい空間がサポート

KANAME INN TATEMACHI
カナメ イン タテマチ

主要な観光スポットが徒歩圏内にあり、観光に便利。快適に休むことを追求し、シンプルさにこだわった客室が特徴。

🏠 金沢市竪町41　☎076-20
8-3580　🚌 バス停香林坊から徒歩6分　🅿 なし
片町
▶MAP 別P.6 A-3

世界中のレコードが集まるバーも！

料金 ツインルーム1万円〜　IN 15:00　OUT 11:00

1室 6000円〜

シンプルな客室は長期滞在にもおすすめ

暮らすように心地よい時間を

LINNAS Kanazwa
リンナス カナザワ

シングル向けからグループ向けまで多彩な客室を用意。キッチンやプライベートサウナを備えた共用部も魅力的。

🏠 金沢市尾張町1-2-8　☎
🚌 バス停武蔵ヶ辻・近江町市場から徒歩5分　🅿 なし
近江町市場周辺
▶MAP 別P.4 C-2

金沢の豊かな暮らしを提案してくれる♪

料金 シングルルーム6000円〜　IN 15:00　OUT 10:00

1棟 2万7900円〜

約125年前の立派な梁が走る2階の和室

自分サイズで金沢を楽しむ一組貸切宿

INTRO 玉川
イントロ たまがわ

キッチンで料理を作って楽しんだり、みんなで布団を敷いて寝たり、修学旅行気分で旅を楽しむならココ！

🏠 金沢市玉川町12-17　☎07
6-255-3736(10:00〜20:00)
🚌 JR金沢駅から徒歩9分
🅿 なし
近江町市場周辺
▶MAP 別P.4 A-2

古民家を改装した1日1組限定の宿！

料金 1棟2万7900円〜(2名利用〜)　IN 16:00　OUT 11:00

1室 3900円〜

コンパクトだけど過ごしやすい空間

清らかな犀川の流れを望む、リバーサイドホテル

HOTEL SARARASO
ホテル サララソ

観光からビジネスまで、旅の目的に合わせたゲストルームが揃い、全室リバービューで心地よいホテル時間が過ごせる。

🏠 金沢市菊川1-1-8　☎076-
254-5608　🚌 バス停猿丸神社前から徒歩7分　🅿 5台
金沢市郊外　▶MAP 別P.9 F-2

朝食の土鍋の炊き込みご飯も見逃せない！

料金 シングルルーム3900円〜　IN 15:00　OUT 11:00

駅周辺と百万石通り周辺は、数年前からホテル開業ラッシュ！個性的な空間やサービスでしのぎを削っている。

TOURISM

兼六園・金沢21世紀美術館

ひがし茶屋街

にし茶屋街・長町・香林坊

金沢市郊外

金沢の宿

能登

豊かな自然と食材に出合いに
能登エリア
Noto

日本の原風景ともいえる景色が広がる能登には、風光明媚な景勝地が点在。食の宝庫でもあり、日本海の美味を存分に楽しめる。金沢市内からも車があれば1日で周遊可能だ。

能登を巡る3つのコツ

01
**移動には
自由なレンタカーが便利**

鉄道や路線バスでのアクセスが少し不便なので車での移動がベスト。金沢駅周辺で車を借りて出かけよう。能登半島の交通の柱となっている、のと里山海道を使えば、穴水町まで約90kmを信号なしでアクセスできる。

心地よい風を感じながらドライブを楽しもう

02
**奥能登エリアは
定期観光バスで**

奥能登エリアは、距離的にも遠く入り組んだ道も多いので、運転に少し不安がある場合は定期観光バスがおすすめ。和倉温泉から毎日運行している「のとフライト号」は、空席さえあれば当日でも乗車可能(3300円)。

奥能登にある迫力満点の見附島

03
**地元を知り尽くした
運転手がナビゲート**

羽咋や七尾・中能登エリアが観光できる「能登どまん中観光ガイドタクシー」や、奥能登エリアを専門でガイドしてくれる「notoいろタクシー」なら、能登を知りつくしたドライバーが案内してくれる(小型5100円〜、料金は変更の可能性あり)。

地元ならではのエピソードが聞けることも

さらに裏ワザ!

能登に来るなら寒〜い冬!

加能ガニや真牡蠣・寒ブリなどの食や風情ある雪景色や温泉など、冬の能登には魅力がいっぱい。奥能登の冬の風物詩「波の花」が見られることも。

運がよければ出合える!

交通案内

電車

金沢駅から和倉温泉までは、特急「能登かがり火」など1日6本運行しているJRでの移動も便利。

レンタカー

JR乗車券と駅レンタカーをセットで申し込むとJR運賃が割引になるプランもあるのでオススメ。

こんな楽しみ方も!

ローカル線の観光列車を利用

七尾から穴水の区間を走る、のと鉄道観光列車「のと里山里海号」。車窓からは世界農業遺産にも認定された能登の里山里海の風景を存分に楽しめる。

のんびり電車旅

ノトキリシマツツジが彩る能登の春

4月下旬〜5月中旬に開花するノトキリシマツツジは深紅色の花びらが特徴的で、葉っぱが見えなくなるほど密集して咲く。個人の庭を公開するイベントも。

TOURISM

兼六園・金沢21世紀美術館

ひがし茶屋街

にし茶屋街・長町・香林坊

金沢市郊外

金沢の宿

能登

▶ モデルコース　🕐 約9時間／🚗 約245km

START ─→ ❶ ─→ ❷ ─→ ❸ ─→ ❹ ─→ ❺ ─→ ❻ ─→ ❼ ─→ ❽ ─→ GOAL

| 金沢駅 | 🚗 車で110分 | 輪島朝市 | 🚗 車で5分 | 輪島キリコ会館 | 🚗 車で15分 | 白米千枚田 | 🚗 車で50分 | 大本山總持寺祖院 | 🚗 車で30分 | てらおか風舎富来本店 | 🚗 車で10分 | 巌門 | 🚗 車で35分 | 道の駅のと千里浜 | 🚗 車で10分 | 千里浜なぎさドライブウェイ | 🚗 車で40分 | 金沢駅 |

自然を求めて出かけよう

能登MAP

N　0　10km

白米千枚田　❸

見附島

❶
輪島朝市　●
輪島キリコ会館　❷

❹ 總持寺祖院
のと里山空港

249　穴水駅　249

❺

のとじま水族館
能登島

❻ 巌門

和倉温泉駅
七尾一本松通り
七尾駅

車で走れる
珍しい砂浜

おいしい海
の幸がたく
さんあるよ

JR七尾線

249

❼ 千路駅

千里浜なぎさ
ドライブウェイ

❽

富山湾

まるでアー
トのような
棚田に注目！

⚠ ココに注意！

連続するカーブが多発！

能登の海岸線は急カーブも多いので、ハンドル操作にはご注意を。細い道や住宅街はゆっくり安全に走ろう。

ガソリンスタンドやコンビニが少ない

のどかな地帯が広がる能登には、ガソリンスタンドやコンビニの数も少なめ。燃料の補充は見つけたときに。

❶ 輪島朝市

平安時代から続き、毎朝約160以上の露店が並ぶ朝市では、とれたての野菜や魚介、干物や珍味などの加工品を購入することができる。
→P.130

❷ 輪島キリコ会館

能登の「キリコ祭り」の文化に通年ふれられるミュージアム。館内には、祭り囃子が流れ、大小合わせて30基が展示されている。
→P.131

❸ 白米千枚田

海に面した急斜面に作られた1000枚を超える棚田。季節や時間によって表情を変え、特に夕に染まる時刻は息をのむ美しさ。
→P.125

❹ 大本山總持寺祖院

曹洞宗の大本山として、鎌倉時代に創建。明治時代に本山が横浜市へ移ったが、禅の名刹として現在も多くの僧が修行に励んでいる。
→P.131

❺ てらおか風舎富来本店

能登丼をはじめとするご当地メニューも食べておきたい。てらおか風舎では、ブランド牛・能登牛のステーキ重などを楽しめる。
→P.127

❻ 巌門

海に突き出た岩盤、荒波の浸食によって開いた洞門が織りなす芸術。遊覧船に乗ってその迫力を体感したい。
→P.125

❼ 道の駅のと千里浜

千里浜海岸のすぐそばという立地で、ショップやレストラン、ベーカリーなどが揃う。お土産に能登と羽咋の特産物を買って帰ろう。
→P.124

❽ 千里浜なぎさドライブウェイ

波打ち際を車でドライブできる世界でも珍しい海岸で、バイクの走行も可能。夏は海水浴客で賑わう。
→P.124

豊かな自然を満喫しよう

絶景＆縁結びドライブ！

「能登の里山里海」として世界農業遺産に認定される能登半島。風光明媚な景勝地や縁結びスポットを巡り、ダイナミックな海岸線が続く能登を余すことなく堪能しよう。

砂浜をドライブ！景色も気分も爽快

約**7**時間で能登をぐるっと！

日本の原風景のようなのどかな景色を楽しみながらドライブしよう！

START

金沢駅
🚗 40分
① 千里浜なぎさドライブウェイ
🚗 15分
② 氣多大社
🚗 30分
③ 巌門
🚗 60分
④ 西保海岸
🚗 30分
⑤ 白米千枚田
🚗 120分 GOAL
金沢駅

絶景 SPOT

約8kmに及ぶ砂浜ドライブウェイ

① 千里浜なぎさドライブウェイ

ちりはまなぎさドライブウェイ

きめ細かな砂が海水を含んで引き締まって硬くなるので、車での走行が可能な天然のドライブウェイ。

🏠 宝達志水町〜羽咋市 [観光に関する問い合わせ] ☎0767-29-8250（宝達志水商工観光課）、0767-22-1118（羽咋市商工観光課）[交通に関する問い合わせ] ☎0767-22-1225（羽咋土木事務所） ⊗のと里山海道今浜IC・千里浜ICからすぐ《天候により進入規制を行う場合あり》

羽咋市 ▶MAP 別P.2 B-2

海も空も近く感じる！

道の駅のと千里浜に寄り道しよう

千里浜海岸に来たら、すぐ近くにある道の駅へ。米や塩など能登特産の食品をお土産に！

能登 ▶MAP 別P.2 B-2

1 看板商品のマルガージェラート430円〜 **2** 人気の紅はるかチップス378円

📷 TOURISM

兼六園・金沢21世紀美術館

ひがし茶屋街

にし茶屋街・長町・香林坊

金沢市郊外

金沢の宿

能登

縁結びのパワースポット

② 氣多大社

けたたいしゃ

縁結びの神様である大己貴命を祀り、恋愛成就を願って訪れる人が多数。毎月1日には縁結びのお祓いを無料で受けられる「ついたち結び」が行われる。

🏠 羽咋市寺家町ク1-1 ☎ 0767-22-0602 🕐 参拝自由 🈺 無休 🚗 のと里山海道柳田ICから車で5分 🅿 200台
[能登] ▶MAP 別 P.2 B-2

約8km
約15分 🚗

> お守りは21種類！

本殿奥には国の天然記念物「入らずの森」がある

約23km
約30分 🚗

大きな穴は荒波に削られてできたのだとか

絶景SPOT

断崖絶壁が続く絶景

③ 巌門

がんもん

荒波などの浸食でできた巨大な洞門を間近で見ることができる。迫力ある景観は歌川広重が「六十余州名所図会」に描いたほど。

🏠 羽咋郡志賀町富来牛下 ☎ 0767-42-0355（志賀町観光協会）🕐 見学自由 🈺 無休 🚗 のと里山海道西山ICから車で20分 🅿 100台
[能登] ▶MAP 別 P.10 B-3

約53km
約60分 🚗

奇岩「ゾウゾウ鼻」にある展望台

曲がりくねった海岸線はまさに絶景

海岸沿いに続く奇形の巨岩

④ 西保海岸

にしほかいがん

荒々しい断崖絶壁が続く海岸。ワニのような「鰐ヶ淵」、ゾウの鼻のような「ゾウゾウ鼻」など大小さまざまな奇岩が見られる。

🏠 輪島市鵜入町〜上大沢町 ☎ 0768-36-2001 🕐 散策自由 🈺 無休 🚗 のと里山海道のと里山空港ICから車で50分 🅿 9台 [能登] ▶MAP 別 P.10 C-1

約17km
約30分 🚗

1004枚が連なる田に感動！

⑤ 白米千枚田

絶景SPOT

しろよねせんまいだ

日本海に向かって広がる棚田は、日本初の世界農業遺産に認定された「能登の里山里海」を代表する光景。季節はもちろん、1日の中でも細やかに表情が変化する。

🏠 輪島市白米町ハ99-5 ☎ 0768-23-1146（輪島市観光課）🕐 見学自由 🈺 無休 🚗 のと里山海道のと里山空港ICから車で40分 🅿 51台 [能登] ▶MAP 別 P.11 D-1

ロマンチックな あぜのきらめき

10〜3月頃は、毎晩ソーラーLEDで棚田が彩られる

青々とした稲が育つ爽やかな夏の棚田

のどかな半島でいただく美味

能登の海鮮グルメ三昧！

豊かな自然に囲まれた能登半島は魚介や野菜、米など食材の宝庫。
これを食べにわざわざ足をのばしたくなるような絶品グルメを一挙ご紹介。

\NICE/

バラエティ豊か！
能登丼・西能登おもてなし丼
（のとどん・にしのとどん）

能登産のコシヒカリと水、そして地場の海の幸を使った地元グルメ

穴水能登丼
4000円
旬のネタをはじめ、珍味なども盛り込んだ逸品

素材のおいしさを最大限に

幸寿し
こうずし

県外にもファンが多い人気店で、丁寧な仕事に定評あり。握りはおまかせで、醤油や奥能登の揚げ浜塩など、ネタに合った食べ方で提供される。シャリは能登産コシヒカリを使用。

🏠 鳳珠郡穴水町大町チ 37-4
☎ 0768-52-2114　⏰ 17:00
〜23:00 (土・日曜、祝日は 11:
30〜14:00、17:00〜23:00)
🈺 水曜　🚃 のと鉄道穴水駅からすぐ　🅿 3台
[能登] ▶ MAP 別 P.10 C-2

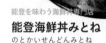

能登を味わう海鮮丼専門店

能登海鮮丼みとね
のとかいせんどんみとね

能登海鮮丼
2310円
一番人気の海鮮丼。海の幸が贅沢に10種類楽しめる

老舗の温泉街に店を構える海鮮丼専門店。仕込みから切り付け、盛り込みに至るまですべての工程を熟練の寿司職人が手掛ける。新鮮なネタはもちろん、酢飯か白米を選べるのもうれしい。

🏠 石川県七尾市和倉町ワ部 23-3　☎ 0767-62-0077　⏰
10:00〜18:00　🈺 月曜、第1・3火曜 (祝日の場合は翌日) 🚗
のと里山空港から車で45分　🅿 6台
[能登] ▶ MAP 別 P.11 E-2

地物能登海鮮丼
3450円
朝どれの魚がてんこ盛りの海鮮丼

新鮮な魚介類を堪能しよう

福寿司
ふくずし

その日に揚がった魚しか使わないというこだわりが詰まった海鮮丼が人気。珍しい魚に出会えることもある。旬の魚を贅沢に楽しもう。

🏠 穴水町字川島アの 34　☎ 0768-52-1032
⏰ 11:30〜魚がなくなり次第終了　🈺 日曜日、12/31〜1/1　🚃 バス停穴水駅から徒歩6分　🅿 8台
[能登] ▶ MAP 別 P.10 C-2

wow!

☆ ★

地元の食事処でボリューム丼

能登旬菜ダイニング
市左衛門
のとしゅんさいダイニング
いちざえもん

昼は定食、夜はコース料理や地酒を提供。能登の食材をふんだんに使用した料理に定評があり、地元民で常に賑わっている。

海鮮丼
2400円
能登の旬の8種類もの魚介を味わえる盛りだくさんの丼

写真提供：
(一社) 志賀町観光協会

🏠 羽咋郡志賀町末吉千古 1-6
☎ 0767-32-0073　⏰ 11:30〜
13:30、17:30〜 22:00　🈺 隔週月曜、第1日曜　🚗 のと里山海道西山ICから車で5分　🅿 20台
[能登] ▶ MAP 別 P.10 B-3

TOURISM

兼六園・金沢21世紀美術館

ひがし茶屋街

にし茶屋街・長町・香林坊

金沢市郊外

金沢の宿

能登

能登の新名物！
輪島ふぐ
天然ふぐの漁獲量日本一を誇る。
輪島の港で水揚げされたふぐ

白く透き通ったふぐ
の刺身にトロトロの
白子がON

輪島ふぐ丼白子のせ
1980円

What is
魅力的な 能登グルメ
冬の能登なら、天然の
寒ブリもぜひ食べてお
きたい。日本海でたくま
しく育った鰤は身が引
き締まっていて絶品！
道の駅などにあるご当
地牛乳もぜひ購入を。

輪島港直送の鮮魚ならココ
海幸
かいこう

輪島朝市通りにある海鮮丼・寿司専
門店。名物は輪島ふぐを使った輪
島ふぐ丼。早朝から開いているの
で、朝食を楽しむのもおすすめ。

🏠 輪島市河井町1-100-4　☎ 0768-
22-0058　🕐 8:30～14:00　📅 水曜
🚶 輪島朝市からすぐ　🅿 なし
`能登` ▶ MAP 別P.11 D-3

牡蠣の炭火焼き
6個880円

小粒なのに濃厚！
能登牡蠣
（のとがき）
プランクトンが豊富な七尾湾で育
つ牡蠣。旬は2～4月

焼きたてのあつあつを
ほおばろう

殻付きの牡蠣を自ら焼
いていただける

通年提供する港直送の牡蠣

穴水湾を望む牡蠣専門店
coast table
コースト テーブル

目の前の海で育てた自家養殖の牡
蠣を使った料理を提供。12月～5月
は真牡蠣、夏季は岩ガキが登場す
る。牡蠣のフルコースも用意。

🏠 鳳珠郡穴水町中居南2-107　☎ 080-1966-1761　🕐
11:00～15:00　📅 水曜（6～11月は火・水曜）　🚶 のと鉄道
穴水駅から車で10分　🅿 6台　`能登` ▶ MAP 別P.10 C-2

炭火焼がき
1400円

かき処 海
かきどころ かい

能登牡蠣の養殖を行う山下
水産の直営店で、一年を通
して牡蠣を味わえる。夏は
岩ガキを1個800円程度か
ら楽しめるのもうれしい。

🏠 七尾市中島町浜田ツ-21
☎ 0767-66-1594　🕐 10:45
～14:00　📅 木曜　🚶 のと鉄
道能登中島駅から徒歩15分
🅿 15台
`能登` ▶ MAP 別P.10 C-3

まるごと能登牛丼
2700円

こっちもおすすめ！
能登牛
（のとぎゅう）
石川県内で飼育される黒
毛和牛A3以上orB3以上
の肉で、希少性が高い

能登牛ロース肉を甘辛
〜ハズレなしの一品

極上の肉をステーキで
てらおか風舎富来本店
てらおかふうしゃとぎほんてん

肉屋直営のレストランで、ハンバーグなどの手
頃なメニューからサーロインステーキなどま
で幅広いメニューラインナップが魅力。

🏠 羽咋郡志賀町富来領家町イ-30　☎
0767-42-2941　🕐 11:00～LO14:30、17:00
～LO20:00　📅 火曜、月・水曜夜　🚶 のと里
山海道西山ICから車で20分　🅿 20台
`能登` ▶ MAP 別P.10 B-3

**能登牛の匠
ステーキ重**
3850円

能登牛の赤身を使
用。和風ソースと
きざみわさびがマッ
チ

能登牛をすき焼きスタイルで
夢一輪館
ゆめいちりんかん

昼のみ営業するそば店で、
信州産のそば粉で打った手
打ち二八蕎麦が自慢。そば
のほかにも、脂ののった能
登牛のメニューが人気。

🏠 鳳珠郡能登町当目28-1　☎
0768-76-1552　🕐 11:00～
14:00（手打ちそばがなくなり
次第終了）　📅 月曜（祝日の
場合は営業）　🚶 のと里山空
港から車で8分　🅿 10台
`能登` ▶ MAP 別P.11 D-2

🍶 酒蔵が多いことでも知られる能登。日本酒はもちろん、近年ではワインも注目されている。

127

里山里海の恵みを五感で味わう!

能登の美食&美酒

豊かな生態系を持つ能登の里海。新鮮な魚介類や能登野菜、いしりなどの発酵食、日本酒・ワインなど、独特な気候風土や食環境が生み出した美食がいっぱい。

ランチは5600円〜ご用意!

ランチBコース 6776円
コースは3種あり、季節を感じる料理が楽しめる。

星付きレストランで経験を積んだシェフの料理は、盛り付けが芸術的!

食材の宝庫から生まれる、能登フレンチ

L'Atelier de NOTO
ラトリエ・ドゥ・ノト

"能登の食材を紹介する媒体"がコンセプト。故郷の厳選食材や伝統を愛するシェフが織りなす、ここでしか味わえない極上の食を体験できる。

🏠 輪島市河井町4-142 ☎ 0768-23-4488 🕐 11:30〜LO13:00、18:00〜LO20:00 🈺 月・火曜ランチ 🚌 バス停輪島塗会館から徒歩5分 🅿 6台
輪島 ▶ MAP 別 P.10 A-1

輪島塗の塗師屋工房だった古民家(長屋)を改装した店内

奥能登の辺境のワイナリー

HEIDEE WINERY
ハイディワイナリー

奥能登で純国産のワインを醸造。土作りをはじめ、手摘み収穫や発酵状況に合わせた温度調節を徹底することで、果実味たっぷりでふくよかな味わいのワインができあがる。

🏠 輪島市門前町千代31-21-1 ☎ 0768-42-2622 🕐 11:00〜17:00 🈺 火曜 🚗 のと里山空港から車で40分 🅿 15台
輪島 ▶ MAP 別 P.10 B-2

広大な海を抱く谷合いの、緑豊かな丘の上に立つ

おすすめプラン
試飲もできる「醸造所見学ツアー」(1100円)も開催!

赤・白・ロゼ・スパークリングを販売!

ワインにも合う〜!

併設のカフェ&レストランでは、ランチやスイーツも提供!

能登特有の気候と土地が、奥行きのある味わいを作り出す

(右)「INTRO Blanc 2016」
(左)「相承 キュヴェ メモリアル 2019 赤」

📷 TOURISM

兼六園・金沢21世紀美術館

ひがし茶屋街

にし茶屋街・長町・香林坊

金沢市郊外

金沢の宿

能登

✿ What is

能登杜氏

日本には30近い杜氏が存在し、なかでも岩手の南部杜氏、新潟の越後杜氏、兵庫の但馬杜氏、そして石川の能登杜氏が日本四大杜氏といわれている。

おいしくな～れ！

能登の酒の個性は「濃厚旨口」！

「竹葉（ちくは）」製造元

数馬酒造

かずましゅぞう

能登産の原料にこだわり、酒米も地元の契約農家から仕入れるなど、能登の恵みを醸した日本酒で数々の賞を受賞！日本酒をベースにした梅酒やゆず酒も見逃せない。

🏠 鳳珠郡能登町宇出津ヘ-36
☎ 0768-62-1200 ⏰ 9:30～17:00（土曜は10:00～）🚫 日曜、祝日 🚗 のと里山海道のと里山空港ICから車で30分 🅿 5台
能登 ▶ MAP 別 P.11 E-2

仕込み水は能登町内の旧柳田村山中の湧水を使用している

「竹葉 生酛純米 奥能登」

米、水、酵母に至るまで能登産を使用した究極の日本酒！

（左）竹葉 純米吟醸
（中）竹葉 生酛純米 奥能登
（右）竹葉 能登純米

季節限定で登場するカニ面！

まるで絵画を見ているかのような料理の数々

能登だからできるフランス料理を楽しむ

la clochette

ラ クロシェット

能登の里山里海が生み出す豊かな食に、フランス生活で得たエッセンスを加えたフランス料理を提供。併設のマダムが作る焼き菓子店もチェック！

🏠 羽咋市柳田町ほ79-1 ☎ 0767-23-4712 ⏰ 11:30～LO13:00、18:00～LO19:30 🚫 日・月曜（祝日の場合は翌火曜日）🚗 のと里山海道柳田ICから車ですぐ 🅿 8台
能登 ▶ MAP 別 P.2 B-2

ランチ B 6400円

気軽にお店の味を堪能できるオススメコース！

マエストロが作る絶品ジェラート

マルガージェラート 能登本店

マルガージェラート のとほんてん

コンテストで数々の賞を受賞したジェラートマエストロである柴野氏が作る、未来体験型ジェラート。地域素材や地元の生乳を100%使った人間の五感を刺激する味わい。

🏠 鳳珠郡能登町字瑞穂163-1 ☎ 0768-67-1003 ⏰ 11:00～17:00 🚫 無休（11～2月は水曜）🚗 のと里山海道穴水ICから車で50分 🅿 20台
能登 ▶ MAP 別 P.11 D-2

おすすめジェラート

世界大会で入賞した「グランピスタチオ」は、必食！

毎月新フレーバーが登場！

後味サッパリなのにコクのある味わい！

MALGA GELATO

朝市から伝統工芸まで盛りだくさん
輪島を楽しみつくす！

日本三大朝市の一つである「輪島の朝市」をはじめ、輪島塗や新鮮なお寿司など、魅力が尽きない輪島。ここに来たら外せない5つのお楽しみをチェックしよう。

Enjoy

お楽しみ **1**

朝市を
パトロール♪

素朴な朝市は
歴史も規模も
日本一

なんでも
聞いてね

露店は売り手ごとに場所が決められている

コレをGet!

柚餅子（ゆべし）
輪島の代表銘菓で平安後期に誕生したとか。柚子の香りが爽やか

輪島塗の箸
丈夫で使いやすい輪島塗の箸はお土産に。使うたびに艶やかに光る

瓶詰発酵食品
自家製の佃煮や塩辛なども充実。ご飯がいくらでも食べられそう！

観光客も訪れる歴史ある朝市
輪島朝市
わじまあさいち

平安時代に行われた物々交換が起源とされ、実に1000年を超える歴史を持つ朝市。通称「朝市通り」と呼ばれる総延長約360mの道路には、鮮魚や干物、野菜など、約160軒もの露店がズラリ！

塩辛パン
輪島の塩辛とじゃがいもが意外なほどパンと好相性。食べ応えあり

wow!

干物類
輪島崎町や海士町など漁師町でとれた魚介を干物に。お土産に人気

🏠 輪島市河井町本町通り ☎0768-22-7653（輪島市朝市組合）⏰8:00〜12:00 ㊡第2・4水曜 🚗のと里山海道のと里山空港ICから車で20分 🅿600台
[輪島] ▶ MAP 別 P.10 A-1

えがら饅頭
こし餡入りの饅頭に黄色に染めたもち米をまぶして蒸し上げた一品

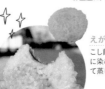

have fun!
楽しむコツ

輪島の朝市は地元の人にとっての交流の場。おすすめ食材や調理法など気軽に教えてくれるので、分からないことは聞いてみよう。

TOURISM

兼六園・金沢21世紀美術館

ひがし茶屋街

にし茶屋街・長町・香林坊

金沢市郊外

金沢の宿

能登

お楽しみ **2**

輪島塗の逸品をGET！

ひら椀・黒利休ねずグラデーション
美しいグラデーションが目を引く一品。使うほどに色艶が増すのだそう

・5500円
蒔地楕円箸
職人の手によって作り出される楕円形の箸。手なじみもいい

・ひら椀2万6240円

輪島キリコ

キリコ祭りとは能登特有の祭礼の総称。キリコとは祭りのときに神輿を先導する御神燈のことで、キリコ燈籠が行き交う様子は幻想的。

職人技の逸品を普段使いしよう
輪島キリモト・漆のスタジオ[本店]
わじまキリモト・うるしのスタジオ［ほんてん］

毎日の暮らしに寄り添う漆器や木製品などを制作。伝統的な技術と技法を重ね、手間ひまかけて作り上げられる漆器は、美しい曲線と手にしっくりなじむ触り心地がたまらない。

🏠 輪島市杉平町大百苅70-5 ☎ 0768-22-0842
🕘 9:00～17:00 🈺 年末年始、臨時休業有 🚌 バス停ふらっと訪夢から徒歩15分 🅿 数台
能登 ▶ MAP 別P.10 B-1 →P.65

漆の名刺入れ
ヒノキアスナロを使用。蒔地技法で仕上げているので傷がつきにくい

・各2万5300円～

能登の伝統
キリコ祭りの世界へ

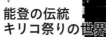

会館は2015年に移転リニューアルした

空に舞うエネルギッシュなキリコ
輪島キリコ会館
わじま キリコ かいかん

能登の祭りで街を練り歩く御神燈のキリコ。夕闇を照らす巨大なキリコや資料を常設展示しており、7～10月の祭り期間以外でもキリコ祭りの雰囲気が感じられる。豪壮で華麗な祭りを体感しよう。

お楽しみ **3**
輪島キリコを体感

🏠 輪島市マリンタウン6-1 ☎ 0768-22-7100 🕘 9:00～17:00 🈺 無休 💴 630円 🚌 輪島市から徒歩5分 🅿 37台
輪島 ▶ MAP 別P.10 B-1

お楽しみ **4**
大本山で開運祈願！

なんと高さは17.5mあります

祖院としての威厳ある佇まい

大本山の面影を偲ばせる一大聖地
大本山總持寺祖院
だいほんざんそうじじそいん

元亨元(1321)年、曹洞宗の大本山として創建された寺院。明治の大火災で焼失し、横浜市鶴見に移り祖院に。今も総欅造りの貫禄ある山門や大祖堂が残され、祖院としての威厳や風格が感じられる。

🏠 輪島市門前町門前1-18甲 ☎ 0768-42-0005 🕘 8:00～17:00 🈺 無休 💴 500円 🚌 のと里山海道穴水ICから車で20分 🅿 20台
輪島 ▶ MAP 別P.10 B-2

2024年に太祖瑩山紹瑾禅師の大遠忌が営まれる

能登の新鮮な魚介を召し上がれ
助ずし
すけずし

朝市通りのそばにある寿司店。鰤やのどぐろなど、能登の旬の味わいを取り揃え、地元客だけでなく、遠方から訪れるリピーターも多い。寿司はもちろん、能登丼2860円や一品料理もおすすめ！

🏠 輪島市河井町3-26 ☎ 0768-22-4101 🕘 11:30～13:30(土・日曜のみ)、17:00～21:30(LO21:00) 🈺 月曜(祝日の場合は翌日) 🚌 輪島朝市から徒歩5分 🅿 8台
輪島 ▶ MAP 別P.10 A-1

地物の魚介類のみを使用した地物にぎり2600円

能登半島の
ピチピチ海の幸♡

お楽しみ **5**
新鮮なお寿司をいただきます

新鮮でピカピカ

名湯の町を楽しみ尽くす！

和倉温泉でしたい3のコト♪

能登島の入口でもあり、開湯1200年という歴史ある能登最大の温泉地。
街の中には足湯スポットや、おいしいスイーツが味わえるお店も！

和倉の中心にそびえるシンボル的存在の宿

たどり着いたときから
癒しの始まり

趣のある
野天風呂！

七尾湾を一望できる露天風呂は格別な気分に

日本一に選ばれたもてなしの旅館

和倉温泉 加賀屋
わくらおんせん かがや

「一生に一度は加賀屋」とも評される憧れの宿で、極上のもてなしを体感してみて！心からのくつろぎが味わえる。

🏠 七尾市和倉町ヨ部80 ☎ 0767-62-4111 🚗 JR和倉温泉駅から車で6分 🅿 200台 和倉温泉 ▶MAP 別P.11 E-2

料金 能登本陣2名1室3万3000円 IN 15:00 OUT 10:00

To Do 01 能登・湯の町 和倉で
"ほっ"と癒しトリップ

体も心も
癒される〜！

自分らしい"きまま"な旅館ライフ

和倉温泉 虹と海
わくらおんせん にじとうみ

オーシャンビューに癒される、ココロとカラダに優しい宿。日頃の忙しい生活から離れ、ちょっとリッチな気分を味わってみて。

カップルや女子旅にオススメ！

🏠 七尾市和倉町ヨ部96 ☎ 0767-62-8888 🚗 JR和倉温泉駅から車で8分 🅿 50台 和倉温泉 ▶MAP 別P.11 E-2

料金 和室2名1室1万7050円〜 IN 15:00 OUT 10:00

きまま旅が
もっとおもしろくなる

全室オーシャンビューで気分もあがる！

開湯1200年、和倉を活気づける憩いの場

和倉温泉 総湯
わくらおんせん そうゆ

露天風呂もある豪華な共同温泉。見事な建築美で和倉の中心に位置しているので、旅館から温泉をハシゴする人も！

🏠 七尾市和倉町ワ部6-2 ☎ 0767-62-2221 🕖 7:00〜21:00 🈺 毎月25日 💴 490円 🚗 和倉温泉駅から車で5分 🅿 90台 和倉温泉 ▶MAP 別P.11 F-2

能登島を眺めながら足湯でゆったり

湯っ足りパーク
妻恋舟の湯
ゆったりパーク つまこいぶねのゆ

つま先から
あったまってく♪

水面を眺めながら足湯が楽しめる人気の足湯スポット。無料で利用できるので散策に疲れた足をここで癒そう！

🏠 七尾市和倉町ひばり1-5 ☎ 0767-62-2221 🕖 7:00〜19:00 🈺 無休 🚗 JR和倉温泉駅から車で5分 🅿 20台 和倉温泉 ▶MAP 別P.11 F-2

※掲載料金は1室の宿泊料金です。

TOURISM

兼六園・金沢21世紀美術館

ひがし茶屋街

にし茶屋街・長町・香林坊

金沢郊外

金沢の宿

能登

大自然で育まれた「能登ミルク」をジェラートで

入浴後の幸せ♡

To Do 02 温泉街でチェックしたい 人気スイーツショップ！

いろんなフレーバーが揃っている

温泉あがりに食べたい
能登ミルクジェラート

能登ミルク
のとミルク

530円

欲張りさんはダブルで
2つの味を楽しもう

能登ミルクの生乳を原料にジェラートマエストロが作る味わい深いジェラートが楽しめる人気カフェ。イカしたデザインのグッズやおやつにも注目！

🏠 七尾市和倉町ワ部13-6　☎ 0767-62-2077
🕐 9:00〜17:00　休 水・木曜　🚃 JR和倉温泉駅
から車で5分　🅿 5台　和倉温泉 ▶ MAP 別 P.11 F-2

一流パティシエ辻口博啓氏の世界へ

七尾湾を一望しながらケーキを堪能

五感を刺激する
スイーツとアートの世界

LE MUSÉE DE H
辻口博啓美術館
ル ミュゼ ドゥ アッシュ つじぐちひろのぶびじゅつかん

LE MUSÉE DE Hの
人気商品セラヴィ

七尾出身で世界的なパティシエ辻口博啓氏のスイーツとアートを体感！石川の素材を使った焼き菓子や、オリジナルスイーツがたくさん。

🏠 七尾市和倉町ワ部65-1
☎ 0767-62-4002　🕐 9:30〜
18:00（LO17:00）　休 不定休
🚃 JR和倉温泉駅から車で6分
🅿 20台
和倉温泉 ▶ MAP 別 P.11 F-2

To Do 03 体験スポットで和倉の「動」と「静」を知ろう

熱き祭り文化の情熱にふれる

展示ホールでは迫力のある「でか山」や「大奉燈」などを展示

七尾を代表する祭りの迫力を体感！

和倉温泉 お祭り会館
わくらおんせん おまつりかいかん

「青柏祭」や「石崎奉燈祭」など、七尾市を代表する勇壮な祭りの文化や歴史を紹介した施設。巨大な実物大の「でか山」「奉燈」は圧倒的！

🏠 七尾市和倉町2-13-1　☎ 0767-62-4332　🕐 9:00〜17:00（最終入館30分前）　休 第2・4水曜　💰 800円　🚌 バス停お祭り会館前からすぐ　🅿 89台
和倉温泉 ▶ MAP 別 P.11 F-2

Let's try
お祭り体験

巨大スクリーンに映し出される祭りの掛け声に合わせて曳山をひく体験など、それぞれの祭りを全身で体感してみて。

info

●お祭りシアター
（約8分30秒）
●お祭り体験（各10分）
（青柏祭・石崎奉燈祭・能登島向田の火祭・お熊甲祭）
※リクエストも可能

心を無にする癒しの寺

心を清める修行体験

美しい本格的な庭と総檜造りの御便殿

白巖山 青林寺
はくがんざん せいりんじ

御便殿の幻想的な風景はインスタ映え抜群！心を鎮める坐禅や写経体験も人気。

🏠 七尾市和倉町レ部61　☎ 0767-62-2836　🕐 9:00〜12:00、13:00〜16:00　休 木曜、法要時　💰 拝観志 500円　🚃 JR和倉温泉駅から車で5分　🅿 10台　和倉温泉 ▶ MAP 別 P.11 E-2

レンタサイクル

レンタサイクルで和倉散策

和倉温泉観光協会
わくらおんせんかんこうきょうかい

目的に合わせ、クロスバイクや電動自転車などのレンタサイクルで能登・和倉の旅を満喫！

🏠 七尾市和倉町2-13-1　☎ 0767-62-1555　🕐 9:00〜17:00　休 無休　💰 1台4時間500円〜　🚌 バス停お祭り会館前からすぐ　🅿 90台（お祭り会館駐車場）　和倉温泉 ▶ MAP 別 P.11 F-2

能登島の玄関口
1日じゃ物足りない！
七尾の町めぐり

漁港とともに歩んできた歴史ある七尾の町。ノスタルジックな雰囲気を残しつつも新たなセンスを感じさせる一本杉通りも巡ってみよう！

ガタンゴトン

能登の海が育んだ魚介を、寿司や一品料理で

ランチ限定！海鮮すし丼
2970円

豪快な海の幸が盛り込まれた海鮮丼

大将渾身の握りが味わえる
能登すしの庄 信寿し
のとすしのしょう のぶずし

食材にこだわり、鮨を探求し続ける七尾の銘店「信寿し」。窓から美しい庭園を望みながら、鮮度抜群のネタを使った能登前寿司を召し上がれ！

🏠 七尾市和倉町ひばり3-120-1
☎ 0767-62-2019 🕐 11:00〜14:00、17:00〜21:00 休 水曜、第1・3木曜 🚌 バス停香島から徒歩3分 🅿 15台
輪倉温泉
▶ MAP 別 P.11 F-2

能登前すし
2750円

気軽に里海の新鮮な味が楽しめる

What is

能登前寿し

地元の旬のネタと能登の里山で栽培したお米を使ったお寿司のこと。協賛店ならどこでも一律2750円で新鮮な握りが楽しめる。

能登の新鮮なネタを味わう

七尾湾の宝石を召し上がれ！

お刺身　盛り合わせ
1人前1500円
※写真は3人前4500円

七尾湾の朝どれ新鮮な魚介をお刺身で

七尾名産の赤西貝
時価

昭和天皇も大好物だった、コリコリ食感の珍しい貝

徳川家斉に献上された幻の玉子巻きが味わえる店
松乃鮨
まつのずし

創業150年を超える「松乃鮨」。七尾湾の新鮮なネタに能登産ブランド米を使用したシャリで握る寿司は格別！

🏠 七尾市府中町220-6 ☎ 0767-53-0053 🕐 11:30〜14:00、17:00〜22:00 (LO21:30) 休 日曜 (月曜が祝日の場合は営業)、祝日の月曜 🚃 JR七尾駅から徒歩10分 🅿 8台
能登 ▶ MAP 別 P.11 F-3

へい、らっしゃい！

一貫入魂 代々受け継がれた能登前寿司

上握り
3300円

本日のおすすめ13貫が味わえる贅沢な握り寿司!!

TOURISM

兼六園・金沢21世紀美術館

ひがし茶屋街

にし茶屋街・長町・香林坊

金沢郊外

金沢の宿

能登

外は香ばしく中はふわり♪

A 蔵を改装した風情あふれる焼き鳥屋

鶏とまつば
とりとまつば

明治時代の重厚な蔵の中でいただく、厳選された地鶏や銘柄鶏を使った焼き鳥が人気!

🏠 七尾市松本町93-1 ☎ 0767-88-9013 ⏰ 18:00～23:00 休 火曜 🚃 JR七尾駅から徒歩12分 🅿 2台
能登 ▶MAP 別P.11 F-3

ランチやカフェタイムにぜひ!

色鮮やかな、花嫁のれん

一本杉商店街 MAP

レトロな一本杉通りを歩く

E

F

A C D G

B

E 江戸中期から続く建物を生かしたカフェ

ICOU
イコウ

老舗酒造を改装した、地元の味が量り売りのビュッフェスタイルで楽しめるダイニング。

🏠 七尾市木町1-1 ☎ 0767-57-5797 ⏰ 11:30～18:00(LO 17:30) 休 火曜・水曜 🚃 七尾駅から徒歩10分 🅿 7台
能登 ▶MAP 別P.11 F-3

B 幕末から続く婚礼の風習を体験

花嫁のれん館
はなよめのれんかん

明治から平成までの花嫁のれんを展示。花嫁のれんくぐり体験も可能。

🏠 七尾市馬出町ツ部49 ☎ 0767-53-8743 ⏰ 9:00～17:00(最終入館16:30) 休 12/29～1/3 💴550円 🚃 JR七尾駅から徒歩8分 🅿 60台 能登 ▶MAP 別P.11 F-3

F 創業90余年、老舗の昆布店

昆布海産物處 しら井
こんぶかいさんぶつどころ しらい

昆布や海産物が豊富に揃い、能登の海藻万華鏡作り体験700円～も大好評!(要予約5名～)

🏠 七尾市一本杉町100 ☎ 0767-53-0589 ⏰ 9:30～18:00 休 火曜 🚃 JR七尾駅から徒歩8分 🅿 5台
能登 ▶MAP 別P.11 F-3

旅の思い出に作ってみよう!

注目の日本料理店

ゆっくりしていってね～!

C 2020年7月にOPEN!

一本杉 川嶋
いっぽんすぎ かわしま

名店で培った技術をもとに能登の四季折々の味を五味五感で楽しませてくれる日本料理店。

🏠 七尾市一本杉町32-1 ☎ 0767-58-3251 ⏰ 12:00～14:00(水曜のみ)18:00～22:00(要予約) 休 不定休 🚃 JR七尾駅から徒歩8分
能登 ▶MAP 別P.11 F-3

昔ながらの店構え

740円

D 手仕事が生む食卓の調味料

鳥居醤油店
とりいしょうゆてん

地元の素材を使って丁寧に手作りされた醤油やだしつゆ、味噌を販売。

🏠 七尾市一本杉町29 ☎ 0767-52-0368 ⏰ 9:00～18:00 休 木曜 🚃 JR七尾駅から徒歩8分 🅿 2台
能登 ▶MAP 別P.11 F-3

G 1892年から続く和ろうそく店

高澤ろうそく店
たかざわろうそくてん

石川県の希少伝統工芸品「七尾和ろうそく」の老舗。ゆらぐ明かりに癒されて。

🏠 七尾市一本杉町11 ☎ 0767-53-0406 ⏰ 9:00～19:00 休 第3火曜 🚃 JR七尾駅から徒歩7分 🅿 2台
能登 ▶MAP 別P.11 F-3

1210円

お土産にも喜ばれるトモーレ菜の花ビン入り(30本入り)

七尾に行くなら

人気の観光列車も CHECK!

能登の歴史や文化を感じる特別列車に揺られ、里山里海の景色を楽しもう!

金沢駅と和倉温泉駅をつなぐ特別列車

花嫁のれん
はなよめのれん

女子旅にぴったり!

金沢と七尾・和倉を結ぶ観光列車。おしゃれな食事も魅力的!

和倉温泉 ▶MAP 別P.11 F-3

[時刻、運賃等に関する問い合わせ] ☎ 0570-00-2486(JR西日本お客様センター)※有料、6:00～23:00 金沢駅発10:15/14:15 和倉温泉駅発12:08/16:30 💴2800円 運行日 金～日曜、祝日 →P.156

七尾から穴水間、約1時間の車窓旅

のと里山里海号
のとさとやまさとうみごう

プレゼントもあるよ!

能登半島内側の海沿いを走り、能登らしい穏やかな車窓風景を楽しめる。

能登 ▶MAP 別P.11 F-3

☎ 0768-52-2300(のと鉄道観光列車予約センター)※水～月曜 七尾発8:55/12:30/15:32、穴水発11:00/14:15 💴普通列車運賃＋500円～ 運行日 土・日曜、祝日 →P.156

🍴 「花嫁のれん」「のと里山里海号」ではスイーツや軽食などお食事プランを一緒に楽しむのがおすすめ!

カメラに収めたくなること間違いなし
フォトジェニックな奥能登へ

豊かな自然が残る奥能登には、日本海の絶景を楽しめるスポットがたくさん！
ドライブがてら、自然が作り出したフォトジェニックスポットを巡ろう。

A

海にそびえ立つ
能登のシンボル

夜にはライトアップされ、幻想的な雰囲気に

B

ロマン
チック！

絶景をひとり占め！
スリル満点の展望台

絶壁にあるトンネル
を進むと青の洞窟が

C

大自然のパワーを求めて
全国から人がやってくる

海に突き出した
神秘の岬

D

穏やかに湾曲した
縁結びの海岸

カップルで鳴らすと結ば
れるといわれる鐘なども

巨大な奇岩・別名「軍艦島」

 A 見附島
みつけじま

珪藻土でできた高さ28m、周囲約300mの無人島。踏み石が並べられているため、引き潮の時間帯には近くまで歩いて行ける。

🏠 珠洲市宝立町鵜飼 ☎
0768-82-7776 (珠洲市観光交流課) 🕐見学自由 🚗
のと里山空港から車で40分
🅿200台
能登 ▶MAP 別P.11 E-1

最果ての地で絶景を望む

 B スカイバードと青の洞窟
スカイバードとあおのどうくつ

複雑な入江のため、長らく未開の地だった、能登先端の珠洲岬を空中から望む「スカイバード」。雄大な眺めを楽しめる。

🏠 珠洲市三崎町寺家10-13 ☎
0768-86-8000 (ランプの宿) 🕐
8:30～16:30 (季節により変動あり) 🈺無休 🈯スカイバードと
青の洞窟、展望台の共通券1500円
🚗のと里山空港ICから車で60分
🅿114台
能登 ▶MAP 別P.11 F-1

日本屈指のパワースポット

 C 珠洲岬
すずみさき

禄剛崎、金剛崎、遭崎などの総称。地上の気流と海中の暖流・寒流が集中することから、日本三大聖域の一つだとも。

🏠 珠洲市三崎町寺家10-11
☎0768-86-8000 (ランプの宿) 🕐8:30～16:30 (季節により変動あり) 🈺無休 🈯スカイバードと青の洞窟、展望台の共通券1500円 🚗のと里山空港ICから車で60分
🅿114台
能登 ▶MAP 別P.11 F-1

悲しい恋の伝説が残る海岸

 D 恋路海岸
こいじかいがん

能登半島国定公園に指定。白砂が美しい見附島までの3.5kmは「えんむすびーち」と呼ばれ、縁結びスポットとして有名。

🏠 鳳珠郡能登町恋路 ☎
0768-62-8526 (能登町ふるさと振興課) 🕐見学自由 🚗
のと里山空港ICから車で
40分 🅿約20台
能登 ▶MAP 別P.11 E-1

ここも見逃せない

まだある立ち寄り SPOT

能登半島には、ほかにも楽しいレジャースポットが点在。

SPOT
1 能登半島のいきものに会いに行こう

約500種のいきものに会いに
のとじま水族館
のとじますいぞくかん

能登半島近海にすむ魚を中心に飼育。一番人気の「イルカ・アシカショー」や、プロジェクションマッピングで海中散歩しているような臨場感を味わえる「のと海遊回廊」がおすすめ。

一体型アクリル水槽で間近に感じられる「イルカたちの楽園」

迫力満点の魚たち！

ジンベエザメを展示する巨大水槽「ジンベエザメ館 青の世界」

イルカたちの華麗なパフォーマンスにうっとり

🏠 七尾市能登島曲町15部40 ☎ 0767-84-1271 ⏰9:00〜17:00 🈳12/29〜31 🉐1890円 🚗和倉温泉から車で20分 🅿1100台
能登 ▶ MAP 別P.10 C-3

SPOT
3 古くから伝わる塩田体験に挑戦

優しく教えます♪

SPOT
2 オリジナルのガラス作り

吹きガラスやサンドブラスト、アクセサリーなどから選べる

バサーッ！！

海水からオリジナルの塩作りをしています

ガラス製品を思い出の品に
能登島ガラス工房
のとじまガラスこうぼう

吹きガラスなどさまざまなガラス製品作りの体験ができる人気スポット。併設のショップではガラス製品の購入も可能。

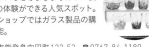

🏠 七尾市能登島向田町122-53 ☎0767-84-1180 ⏰9:00〜17:00 🈳無休 🉐吹きガラス体験3850円〜 🚗和倉温泉から車で20分 🅿あり
能登 ▶ MAP 別P.11 D-3

揚げ浜式の塩作りを体験
道の駅 すず塩田村
みちのえき すずえんでんむら

能登半島に古来伝わる「揚げ浜式」による塩作りの資料館。日本でここでしかできない塩田体験（2000円、要予約）に挑戦しよう。

よいしょっと

🏠 珠洲市清水町1-58-1 ☎0768-87-2040 ⏰9:00〜17:00（12〜2月は〜16:00）🈳無休 🉐資料館100円 🚗のと里山空港から車で45分 🅿30台
能登 ▶ MAP 別P.11 D-1

ひと足のばして
プチトリップ
郊外
OTHER AREA

名湯で癒されるもよし、
日本の秘境を体感するもよし

金沢からひと足のばすなら、山代温泉や山中温泉など4湯が集まる加賀温泉郷と世界遺産の白川郷がおすすめ。「関西の奥座敷」と評される加賀温泉郷や、日本の原風景が残る白川郷で、心も体も癒されるひとときを過ごそう。北陸新幹線の開通でアクセスがスムーズになったお隣の富山県にも、この機会に足を運んでみよう♪

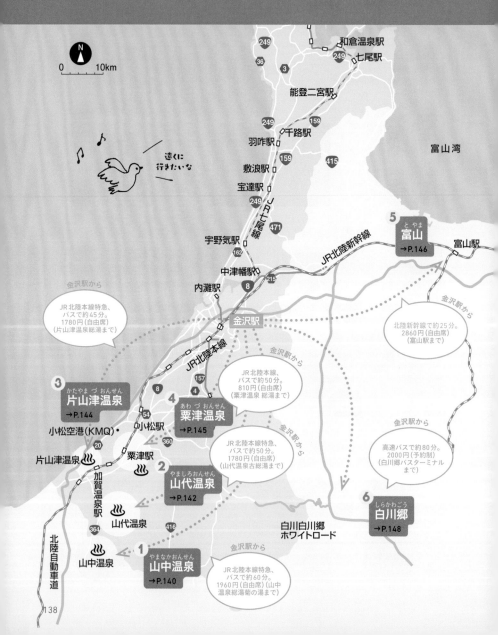

遠くに
行きたいな

富山湾

0　　　10km

249

36

3

和倉温泉駅

249　七尾駅

能登二宮駅

249　　159

千路駅

羽咋駅

159　　415

敷浪駅

宝達駅

249　JR七尾線

471

宇野気駅

162

5 **富山** とやま
→P.146

富山駅

JR北陸新幹線

中津幡駅

215

内灘駅

8

金沢駅から

JR北陸本線特急、バスで45分。1780円(自由席)(片山津温泉総湯まで)

金沢駅

JR北陸本線

金沢駅から

北陸新幹線で約25分。2860円(自由席)(富山駅まで)

金沢駅から

JR北陸本線、バスで約50分。810円(自由席)(粟津温泉 総湯まで)

3 **片山津温泉** かたやまづ おんせん
→P.144

小松空港(KMQ)

8

157

54

小松駅

4 **粟津温泉** あわづ おんせん
→P.145

360

片山津温泉

20

金沢駅から

JR北陸本線特急、バスで約50分。1780円(自由席)(山代温泉古総湯まで)

金沢駅から

高速バスで約80分。2000円(予約制)(白川郷バスターミナルまで)

粟津駅

2 **山代温泉** やましろおんせん
→P.142

加賀温泉駅

山代温泉

416

364

山中温泉

北陸自動車道

1 **山中温泉** やまなかおんせん
→P.140

白川白川郷
ホワイトロード

6 **白川郷** しらかわごう
→P.148

金沢駅から

JR北陸本線特急、バスで約60分。1960円(自由席)(山中温泉総湯菊の湯まで)

138

各エリアへのアクセス＆おたのしみ

山間のいで湯は松尾芭蕉も絶賛！

1 山中温泉
やまなかおんせん

北陸有数の歓楽温泉。緑に囲まれた美しい鶴仙渓、古九谷や山中漆器といった伝統工芸品など、魅力たっぷり。

▶ 山中温泉総湯 菊の湯 →P.140
▶ あやとりはし →P.140
▶ 鶴仙渓川床 →P.141

名だたる文化人に愛された温泉地

2 山代温泉
やましろおんせん

奈良時代から続くとされる名湯。大聖寺藩の歴代藩主や北大路魯山人などが足を運んだことで知られている。

▶ 山代温泉 古総湯 →P.143
▶ 九谷焼窯跡展示館 →P.142

ミネラル豊富な湯ですべすべ肌に

3 片山津温泉
かたやまづおんせん

霊峰白山と柴山潟の絶景が見事で、柴山潟では1日12回大噴水が上がる。湖底から湧き出る湯はミネラル豊富。

▶ 片山津温泉 総湯 →P.144

加賀温泉郷MAP

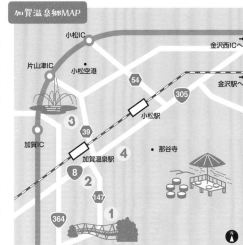

N

交通ガイド

加賀温泉郷を巡るなら「キャン・バス」

JR加賀温泉駅を起点に、加賀温泉郷の見どころを巡る加賀周遊バス。「山まわり」「海まわり」「小松空港線」「加賀小松線」「加賀越前線」の5つのルートがあり、乗り降り自由なので利用しやすい！ ※一部運休や減便の可能性あり

施設の特典券もついてるよ♪

開湯1300年の歴史ある温泉

4 粟津温泉
あわづおんせん

白山の麓という美しいロケーションが自慢。高僧・泰澄（たいちょう）大師が開いたとされる温泉で、北陸最古の歴史を誇る。

▶ 加賀 伝統工芸村 ゆのくにの森
  →P.145
▶ 粟津温泉 総湯 →P.145

話題のアートスポットがいっぱい

5 富山
とやま

アートを体感できる富山県美術館や、隈研吾氏のデザインが印象的な富山市ガラス美術館など注目のスポットが多数！

▶ 富山県美術館 →P.146
▶ 富山市ガラス美術館 →P.146
▶ 富岩運河環水公園 →P.147

古き良き日本の暮らしを体感

6 白川郷
しらかわごう

世界遺産に登録される「合掌造り集落」が100棟あまり残され、現在も人々が生活を営む。日本の文化や暮らし、美しい自然を感じよう。

▶ 荻町合掌造り集落 →P.148
▶ 国指定重要文化財和田家 →P.149

加賀温泉郷の宿は、駅から無料送迎を行うところも多い。事前に確認しておこう。

心も体も癒される山間のいで湯

山中温泉
やまなかおんせん

「行脚の楽しみ、ここにあり」と松尾芭蕉も絶賛した山中温泉は、実に見どころがいっぱい。緑に囲まれた美しい鶴仙渓を眺めながらの天然温泉はもちろん、街をそぞろ歩けば、おいしいグルメにも出会える。古九谷や山中漆器などの伝統工芸品も必見。

癒しバッチリ

昼：◎ 夜：◎

豊かな自然に囲まれた温泉地で、心身ともに癒されるエリア。

アクセス

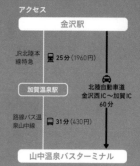

金沢駅

JR北陸本線特急　25分（1960円）

加賀温泉駅

北陸自動車道
金沢西IC〜加賀IC
60分

路線バス温泉山中線　31分（430円）

山中温泉バスターミナル

フォトスポットも

男女別棟で立っている珍しい共同浴場。「山中座」も併設している

玄関前には白鷺の像が

yamanakaonsen 01

まずは大定番！風情ある街並みを散策

1300年の歴史を持つ山中温泉。山中を流れる大聖寺川沿いに温泉地が広がる、風光明媚な街並みを歩いて楽しもう。秋なら美しく染まる渓谷の紅葉にも出会えるかも。

芭蕉も浸かった公衆浴場
山中温泉総湯 菊の湯
やまなかおんせんそうゆ
きくのゆ

温泉街の中心にあり、山中温泉発祥の場所だといわれている。低温のさらりとしたお湯が特徴で、観光客はもちろん、地元民にも親しまれている。

⌂加賀市山中温泉湯の出町レ1（おとこ湯）、加賀市山中温泉薬師町ム1（おんな湯）　☎0761-78-4026　⏰6:45〜22:00　㊡第2・4水曜（祝日の場合は翌日）　㊫490円　Ⓟ山中温泉バスターミナルから徒歩7分　㊟約100台
山中温泉
▶MAP 別 P.12 B-1

モダンな紅紫色の橋

yamanakaonsen 02

温泉街のシンボル・2つの美しい橋を渡る

レトロな雰囲気

自然豊かな渓谷・鶴仙渓に架かる2つの橋。夏は爽やかな青もみじ、秋はオレンジや赤に染まる渓谷が広がる。

ユニークなS字の橋
あやとりはし

鶴仙渓の中心に架かる「あやとり」をコンセプトにデザインされた。九谷五彩をイメージしたライトアップも行う。

⌂加賀市山中温泉　☎0761-78-4134　㊡㊫散策自由　Ⓟ山中温泉バスターミナルから徒歩7分　㊟12台
山中温泉
▶MAP 別 P.12 B-1

総檜の風情あふれる橋
こおろぎ橋
こおろぎばし

江戸時代から鶴仙渓に架かっていた総檜の橋（現在は4代目）。秋は県内有数の紅葉スポットとして多くの人が訪れる。

⌂加賀市山中温泉下谷町　☎0761-78-4134　㊡㊫散策自由　Ⓟバス停こおろぎ橋から徒歩4分　㊟22台
山中温泉
▶MAP 別 P.12 C-1

川床セット600円※席料のみは大人300円、小学生200円

600円

ふわふわロールケーキ

♨ yamanakaonsen 03

夏季限定の川床で涼を楽しむ

大聖寺川の中流にある渓谷、鶴仙渓は、あまりの美しさに松尾芭蕉が9日間も逗留したといわれている。川床は、4〜11月の期間限定。

納涼感たっぷりの茶席

鶴仙渓川床
かくせんけいかわどこ

川沿いの遊歩道沿いに夏季限定で登場する茶席は、赤い傘が目印。川の流れを眺めながら涼やかな時間を過ごせる。

🏠加賀市山中温泉 ☎0761-78-0330（山中温泉観光協会）⏰9:30〜16:00 休6/13〜15、9/12〜9/14（メンテナンス期間）料席料300円 交キャン・バスバス停山中座から徒歩5分 Ｐ20台
山中温泉 ▶MAP 別P.12 B-1

♨ yamanakaonsen 04

かわいいカフェでひと休み

歩き疲れたら、鶴仙渓の周辺にあるカフェで少し休憩。澄んだ空気と緑に包まれながら、こだわりのスイーツをいただこう。

450円

店構えもすてき

人気メニューの「森のケーキ」

森の中に佇む隠れ家カフェ

東山ボヌール
ひがしやまボヌール

鶴仙渓の入口にひっそりと佇むカフェ。ナッツたっぷりの「森のケーキ」やビーフシチューが名物。

🏠加賀市山中温泉東町1-ホ19-1 ☎0761-78-3765 ⏰9:00〜17:00 休木曜 交山中温泉バスターミナルから徒歩3分 Ｐなし
山中温泉 ▶MAP 別P.12 B-1

♨ yamanakaonsen 05

温泉街でちょこっと食べ歩きも♪

温泉街にある長谷部神社を中心とした「ゆげ街道」付近には、食べ歩きができる魅力的な店がたくさん！

ソフトクリーム

温泉たまごが名物の店

小出仙
こでせん

白身も黄身もクリーム状の温泉（ゆせん）たまごが入った濃厚なソフトクリームを。

🏠加賀市山中温泉本町2-ナ-4 ☎0761-78-1310 ⏰9:00〜17:30 休無休 交山中温泉バスターミナルから徒歩5分 Ｐなし
山中温泉 ▶MAP 別P.12 B-1

350円

明治創業の和菓子店

山中石川屋
やまなかいしかわや

温泉土産として人気の娘娘（にゃあにゃあ）万頭を販売。黒糖と味噌がほのかに香る。

ふわふわ食感

3個421円

🏠加賀市山中温泉本町2-ナ-24 ☎0761-78-0218 ⏰8:00〜17:00 休水曜、1月1日 交山中温泉バスターミナルから徒歩5分 Ｐなし 山中温泉 ▶MAP 別P.12 B-1

おすすめ宿はココ！

川のせせらぎが聞こえる湯

かがり吉祥亭
かがりきっしょうてい

鶴仙渓の絶景とともに、天然温泉を楽しむ。夕食は会席料理で加賀山海の幸に舌鼓を。

🏠加賀市山中温泉こおろぎ町二1-1 ☎0761-78-2223 交北陸道加賀ICから車で25分、JR加賀温泉駅や小松空港から無料送迎有（要予約）Ｐ42台
料金2万4500円 IN 14:00 OUT 10:00
山中温泉 ▶MAP 別P.12 C-1

創業800年の老舗旅館

白鷺湯たわらや
しらさぎゆたわらや

マイナスイオンを浴びながら、湯を楽しめる渓流野天風呂で贅沢なひとときを。日帰り入浴1500円も可能（要予約）。

🏠加賀市山中温泉東町2-ヘ-1 ☎0761-78-1321 交北陸道加賀ICから車で20分、JR加賀温泉駅から無料送迎有（要予約）Ｐ80台
料金1万6650円〜 IN 15:00 OUT 11:00
山中温泉 ▶MAP 別P.12 B-1

湯の曲輪で、グルメやアートを満喫！

山代温泉
やましろおんせん

開湯約1300年。風情たっぷりの山代温泉は、九谷焼やご当地グルメなど魅力がたくさん！歴史と文化に彩られた魅力満載の温泉街の楽しみ方をご紹介！

五感を満たす

昼：◎ 夜：○

バランスよく各施設が充実！宿からのアクセスのしやすさも◎。

アクセス

金沢駅

🚃 25分　🚗 42分

加賀温泉駅　　北陸自動車道 加賀IC

加賀温泉バス
🚃 12分　　🚗 15分

山代温泉総湯 古総湯

 yamashiroonsen 01

九谷焼の窯跡を、発掘された状態で公開！

登り窯も当時のまま保存！

江戸時代後期に造られた、再興九谷・吉田屋窯の遺跡が発掘された状態のまま展示されている貴重なスポット。国指定史跡にもなっている。

九谷の歴史を感じ取れる展示館

九谷焼窯跡展示館
くたにやきかまあとてんじかん

館内では九谷五彩と呼ばれる和絵具を使った絵付け体験や、ろくろの体験を通して九谷の魅力を再発見！

🏠加賀市山代温泉19-101-9　☎0761-77-0020　🕐9:00〜17:00　🈺火曜　🈷350円　🚌バス停九谷焼窯跡展示館からすぐ　🅿20台

山代温泉 ▶MAP 別P.12 B-2

yamashiroonsen 02

ご当地グルメ、加賀カニごはんを楽しむ

加賀市内4店舗でしか味わえない「加賀カニごはん」。香箱ガニを丸ごと味わい尽くせる贅沢な御膳を旅の思い出に。

yamashiroonsen 03

若き魯山人の息づかいを感じる寓居跡

魯山人が看板制作に勤しんだ寓居跡に、当時の暮らしぶりを再現。趣のある中庭を眺めながら、魯山人に思いを馳せてみよう。

希代の芸術家、魯山人の足跡

魯山人寓居跡 いろは草庵
ろさんじんぐうきょあと いろはそうあん

魯山人が大正4年に約半年を過ごした家の書斎や茶室・囲炉裏の間が見学可能。展示室での作品企画展も奥深い。美しい庭も必見。

🏠加賀市山代温泉18-5　☎0761-77-7111　🕐9:00〜17:00　🈺水曜（祝日の場合開館）　🈷560円　🚌バス停魯山人寓居跡いろは草庵からすぐ　🅿50台

山代温泉 ▶MAP 別P.12 A-3

山代温泉で3代続く老舗割烹

割烹 加賀
かっぽう かが

丁寧な仕事で知られる老舗割烹で味わえる加賀カニごはんは、甲羅焼きガニ甘辛丼＆カニちらし寿司に加え、カニ鍋の〆にはカニ雑炊とカニ尽くし。

🏠加賀市山代温泉桔梗丘2-73　☎0761-76-0469　🕐11:00〜14:00、17:00〜22:00　🈺月曜夜、火曜　🚌バス停魯山人寓居跡いろは草庵から徒歩7分　🅿20台

山代温泉 ▶MAP 別P.12 A-3

🌀 yamashiroonsen 04

移住者キュレーターによる アートギャラリー

東京から移住してきたキュレーターが運営するサロン。ここでしか手に入らない工芸品や香りによる瞑想体験など旅行者を楽しませてくれる。

地元の工芸品とコラボしたアイテム

ご近所さんの「おんせん図書館みかん」もチェック！

カジュアルな工芸品を取り扱うギャラリー

月月
つきつき

コンセプトは、カジュアル工芸とウェルネス。器以外にも特製の線香やお茶などを取り揃える。植物療法士によるカウンセリングも。

🏠 加賀市山代温泉 51-1 ☎ 050-3749-5110 🕙 10:00～17:00 🈶 不定休 🚌 バス停山代温泉東口からすぐ 🅿 6台
山代温泉 ▶ MAP 別 P.12 A-3

🌀 yamashiroonsen 05

明治時代の総湯を復元！

明治の浴場を再現した古総湯は、カランやシャワー設備はなく、石けんも使用不可。当時の総湯スタイルを体感！

源泉で身体もほかほかに♪

木造でこけら葺きの外観は、当時のままの姿！

ステンドグラスの明かり窓がキラキラ

山代温泉 古総湯
やましろおんせん こそうゆ

床や壁の九谷焼タイルなど、細部まで明治19(1886)年建造の総湯を忠実に復元。入浴後は2階の休憩室でゆったりと。

🏠 加賀市山代温泉 18-128 ☎ 0761-76-0144 🕕 6:00～22:00（第4水曜は～12:00）🈶 不定休 🈷 500円 🚌 バス停山代温泉総湯・古総湯からすぐ 🅿 100台
山代温泉 ▶ MAP 別 P.12 A-3

おすすめ宿はココ！

ここにしかない発見が！

新しい感性が息づく加賀伝統の温泉宿

界 加賀
かい かが

現代流のくつろぎを追求した和の空間でおもてなし。加賀ならではの文化体験やその季節にしかない魅力を存分に堪能できる宿。

🏠 加賀市山代温泉 18-47 ☎ 050-3134-8092 🚌 バス停山代温泉総湯・古総湯からすぐ 🅿 35台
料金 3万1000円～ IN 15:00 OUT 12:00
山代温泉 ▶ MAP 別 P.12 A-3

まるで森のオアシス

森の中で自分を癒す

森の栖リゾート＆スパ
もりのすみかリゾートアンドスパ

1万坪の森の中に佇む癒しの宿。自然のパワーに包まれた森の秘湯のようなリゾートで心身ともにリフレッシュ！

🏠 加賀市山代温泉 14-27 ☎ 0761-77-0150 🚌 バス停山代温泉から徒歩7分 🅿 40台
料金 2万1050円～ IN 15:00 OUT 10:00
山代温泉 ▶ MAP 別 P.12 B-3

柴山潟を望むロケーションでゆったり

片山津温泉
かたやまづおんせん

白山を望む風光明媚な柴山潟のほとりに広がる温泉リゾート地で、レイクビューの浴場を構えた宿も多い！一日に7回色を変えるという美しい湖面を眺めながら至福の温泉タイムを過ごしてみて。

老若男女楽しめる

昼：◎ 夜：◎

体験処や、ギャラリー、ショップなど街歩きが楽しい温泉地。

アクセス

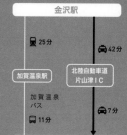

金沢駅	
🚃 25分	🚗 42分
加賀温泉駅	北陸自動車道 片山津IC
加賀温泉バス 🚌 11分	🚗 7分
片山津温泉総湯	

🌀 katayamazuonsen 01

「潟の湯」と「森の湯」が日替わりで楽しめる！

潟の湯と森の湯、それぞれ窓から見える風景が異なるので、2日続けて訪れたい癒しスポット。

目の前に緑があふれる「森の湯」

柴山潟に面して立つ全面ガラス張りのモダンな総湯

片山津温泉 総湯
かたやまづおんせん そうゆ

著名建築家による斬新な建物。中には湯あがりに楽しめる「まちカフェ」も併設。開放的な窓から望む風景も◎。

🏠加賀市片山津温泉乙65-2 ☎0761-74-0550 ⏰6:00〜22:00 🈺無休（臨時休業あり） 💴490円 🚌バス停片山津温泉総湯からすぐ 🅿50台
片山津温泉 ▶MAP 別P.12 C-3

🌀 katayamazuonsen 02

雪や氷の不思議な世界を体感

世界で初めて人工雪を作ることに成功した中谷宇吉郎の功績をたどる科学館。美しく不思議な実験にワクワク♪

氷の結晶にもいろんなタイプが！

中谷宇吉郎の多彩な業績にふれる

中谷宇吉郎 雪の科学館
なかやうきちろう ゆきのかがくかん

ダイヤモンドダストや氷のペンダントを作る不思議な実験がいっぱい！知らなかった美しい雪の世界にふれてみよう。

🏠加賀市潮津町イ106 ☎0761-75-3323 ⏰9:00〜17:00 🈺水曜、祝日 💴560円 🚌バス停雪の科学館からすぐ 🅿30台
片山津温泉 ▶MAP 別P.12 B-2

あわせて訪れたい寄り道スポット

280円

350円

姉妹で営む小さなパン屋さん

ヒラクベーカリー

毎日、決まった時間に焼きたてのパンがずらり♪

🏠加賀市片山津温泉乙69-39 ☎0761-76-9362 ⏰9:30〜17:30（なくなり次第終了） 🈺火・水曜、不定休 🚌バス停片山津温泉総湯からすぐ 🅿なし
片山津温泉 ▶MAP 別P.12 C-3

自家焙煎のおいしいコーヒーを

mie coffee
ミーコーヒー

丁寧にハンドドリップしたスペシャルティコーヒー。

🏠加賀市片山津温泉乙69-39 ☎0761-76-7008 ⏰10:00〜17:00 🈺火・水曜、不定休 🚌バス停片山津温泉総湯からすぐ 🅿なし
片山津温泉 ▶MAP 別P.12 C-3

手作り焼き菓子とも相性◎

おすすめ宿はココ！

全室レイクビューで眺望抜群！

加賀片山津温泉 佳水郷
かがかたやまづおんせん かすいきょう

大浴場は柴山潟と白山連峰を一望でき、自然との一体感を満喫できる。

🏠加賀市潮津町イ72-1 ☎0761-74-1200 🚌バス停片山津西口から徒歩3分 🅿200台 IN 15:00 OUT 10:00
片山津温泉 ▶MAP 別P.12 B-2

144

開湯1300年、湯の街情緒を残す温泉街

粟津温泉
あわづおんせん

古湯が今もなお息づく粟津温泉。自家掘り源泉を持つ宿も多く、縁結びのパワースポットとしても人気を誇る。石畳を敷いた風情ある街並みの散策も楽しい！

加賀の文化体感させ

昼：○　夜：○

肌をきめ細かくするといわれる粟津の湯。ゆっくり温泉を楽しみたい。

電車	車
金沢駅	金沢駅

金沢駅
JR北陸本線
🚃40分
小松駅
JR北陸本線
🚃5分
粟津駅
粟津温泉北口
小松バス
🚃7分
粟津温泉総湯

金沢駅
🚗47分
粟津温泉総湯

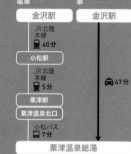

---

awazuonsen 01

加賀の森で出合う癒しと工芸体験

九谷焼ろくろ回し・絵付け・金箔貼り・和紙すきのほか、石川の伝統工芸が11の館で50種以上楽しめる伝統工芸村。

見て！ふれて！創って！オリジナル作品を作ろう！

加賀 伝統工芸村 ゆのくにの森
かが　でんとうこうげいむら　ゆのくにのもり

13万坪の小川流れる丘陵地に、茅葺き屋根の古民家が移築されてできた工芸村。アンブレラスカイなど映えスポットも充実！

🏠小松市粟津温泉ナ3-3　☎0761-65-3456　🕘9:00〜16:30（詳細は公式HPを要確認）　🈺木曜　💰550円　🚃JR加賀温泉駅から車で20分　🅿300台
粟津温泉　▶MAP 別P.2 A-3

作った作品をお土産に！

♨ awazuonsen 02

美しい自然景観と歩んだ 1300年の歴史

ミシュラン・グリーンガイド・ジャポンで1つ星の認定を受けており、数々の重要文化財がある。

名勝と重要文化財の宝庫

那谷寺
なたでら

真言宗別格本山で養老元年に創建。岩が切り立つ奇岩遊仙境の紅葉風景はまさに絶景！

🏠小松市那谷町ユ122　☎0761-65-2111　🕘9:15〜16:00　🈺無休　💰600円　🚻　小松ICから車で30分　🅿200台
粟津温泉　▶MAP 別P.2 A-3

♨ awazuonsen 03

粟津温泉街で 愛される美人の湯

粟津温泉の中心に位置する唯一の共同浴場。

気軽に温泉を楽しめる共同浴場

粟津温泉 総湯
あわづおんせん　そうゆ

地元客からも親しまれる浴場で、無色透明な大浴槽があるシンプルな造りは粟津のシンボル。

🏠小松市粟津町イ79-1　☎0761-65-1120　🕘8:00〜22:00　🈺火曜　💰470円　🚃バス停粟津温泉北口からすぐ　🅿10台
粟津温泉　▶MAP 別P.2 A-3

おすすめ宿はココ！

文化財「登録記念物（名勝地関係）」に指定された法師庭園

開湯の時代から続く北陸最古の秘湯

北陸 粟津温泉 法師
ほくりく　あわづおんせん　ほうし

創業1300年、北陸で最も歴史のある老舗宿。小堀遠州ゆかりの庭園や明治建築の「延命閣」など、歴史が随所に感じられる。

🏠小松市粟津町ワ46　☎0761-65-1111（予約受付9:00〜18:00）　🚃JR加賀温泉駅、粟津駅から送迎あり（要予約）　🅿200台
料金　1万8300円（入湯税込）
IN 15:00　OUT 10:00
粟津温泉　▶MAP 別P.2 A-3

粟津には「恋人の聖地」や「岳山遊歩道」などのハイキングコースもある。ゆっくり粟津を散策したあとに立ち寄ってみよう！

OTHER AREA

山中温泉

山代温泉

片山津温泉＆粟津温泉

富山

白川郷

ちょっと足をのばして、アートなおさんぽ旅

富山
とやま

環水公園や立山連峰の美しい眺望が自慢の富山市内は、コンパクトでとっても巡りやすい！アートやグルメを堪能したあとは、工芸品や伝統文化にふれてみたりと、丸ごと一日楽しめるスポット。

アートな要素満載！

昼：◎　夜：◎

駅を挟んでアートなスポットが点在しているので、ぐるり散策！

アクセス

金沢駅
↓
北陸自動車道
金沢東IC〜富山IC
60分

北陸新幹線（自由席）🚄 25分（2860円）

富山IC
↓
🚗 15分

富山駅

---

 toyama 01

好奇心を満たす
話題の美術館

「アートとデザインをつなぐ場」を目指して、2017年に開館。無料エリアでは体験型のアートもあり、大人も子どもも楽しめる美術館。

ポスタータッチパネル

アートを体験できる
仕掛けがいっぱい！

富山県美術館
とやまけんびじゅつかん

ボクニ
アイニキテ！

ピカソやミロ、シャガールなど著名なアーティストの作品を有し、世界の近・現代アートやポスター・椅子などのコレクションを展示。

🏠富山県富山市木場町3-20 ☎076-431-2711 🕘9:30〜18:00 ㊡水曜 ㊎コレクション展300円 🚉JR富山駅から徒歩15分 🅿103台（2時間無料）

富山 ▶MAP 別P.2 C-1

三沢厚彦《Animal 2017-01- B》富山県美術館所蔵
撮影：小杉善和

屋上には遊べる遊具が！

グラフィックデザイナーの佐藤卓氏がオノマトペから考えた遊具がある「オノマトペの屋上」

🏃 toyama 02

多彩なガラスコレクションの
美しさにふれる

キラキラとひときわ光を放つ、「TOYAMAキラリ」。ガラスや地元産の木材を使った建物は、どこを切り取ってもフォトジェニック！

"ガラスの街とやま"の新たな発信拠点

富山市ガラス美術館
とやましガラスびじゅつかん

現代グラスアート作品を中心に、「トヤマ・フロート・ボート」などガラス界の巨匠デイル・チフーリ氏によるインスタレーションを展示。

🏠富山県富山市西町5-1 ☎076-461-3100 🕘9:30〜18:00（金・土曜は〜20:00）※最終入館30分前 ㊡第1・3水曜 ㊎常設展200円 🚌バス停西町からすぐ 🅿なし

富山 ▶MAP 別P.2 C-2

世界的な建築家・隈研吾氏が設計を手掛けたことでも有名！

ガラスとアルミと御影石でできた外壁！

toyama 03

心やすらぐ水辺の公園を散策！

公園のシンボルである天門橋や、全国でも希少な「水のエレベーター」が「富岩水上ライン」で体験できるなど、園内には水辺を楽しむスポットが満載！

水と緑のコラボレーションが美しい！
富岩運河環水公園
ふがんうんがかんすいこうえん

水辺を囲むようにある公園は市民の憩いの場として親しまれており、夜のライトアップは幻想的な空間が広がる。

⌂富山県富山市湊入船町 ☎076-444-6041、076-482-4116（水上ライン）⏰展望塔9:00〜21:30 ⊗無休 ⏰散策自由 🚃JR富山駅から徒歩9分 🅿171台
富山 ▶MAP 別P.2 C-1

園内には"世界一美しいスタバ"と称されたスターバックスがある

 toyama 04

カフェ併設の雑貨屋で2倍楽しい

デザイナー・ナガオカケンメイ氏による「息の長いその土地らしいデザイン」を扱うお店。

ドライカレーやオムライスが人気！

デザイン性のあるお土産を探すなら、マストで訪れたい

富山のロングライフを衣食住から発信！
D&DEPARTMENT TOYAMA
ディアンドデパートメント トヤマ

富山県の伝統工芸や産業から生まれた生活用品がずらり！併設のカフェでは、旬の食材を使ったメニューも豊富。

⌂富山県富山市新総曲輪4-18 富山県民会館1F ☎076-471-7791 ⏰10:00〜19:00 ⊗施設に準ずる ⏰バス停富山市役所前からすぐ 🅿84台（有料）
富山 ▶MAP 別P.2 C-2

👤 toyama 05

薬膳料理でランチタイム

老舗の薬種商である「池田屋安兵衛商店」の2階にある薬膳レストラン。

古代米や高麗人参を取り入れた健康膳（2200円〜）※要予約

漢方の考えに基づいた体に優しい料理
健康膳 薬都
けんこうぜん やくと

富山売薬の歴史から生まれた、おいしい薬膳メニューを提案。1階では、丸薬の製造体験やお土産購入ができる。

⌂富山県富山市堤町通り1-3-5 ☎076-425-1873 ⏰11:30〜14:00 ⊗火・水曜 ⏰JR富山駅から車で7分 🅿5台
富山 ▶MAP 別P.2 C-2

ココもおすすめ！

公園で過ごす時間にプラスアルファを！
環水テラス -KANSUI TERRACE-
かんすいテラス - カンスイ テラス -

多彩な"美食"と"憩い"の体感エリアをコンセプトに、2020年オープンした環水公園を望む話題のスポット。

⌂富山県富山市下新町35-23 ☎なし ⏰店舗により異なる ⊗水曜 ⏰JR富山駅から徒歩14分 🅿20台
富山 ▶MAP 別P.2 C-1

1F

お茶とジェラートが楽しめるティースタンド「点点茶」

2F

壁付きの名店が富山に進出！
東京・西麻布の人気創作和食店「ラ・ボンバンス」もオープン！

世界遺産の合掌造り集落を巡る旅

白川郷
しらかわごう

岐阜県の北西部に位置し、1995年に世界遺産に登録された白川郷は、114棟の合掌造り家屋が現存する貴重なスポット。今でも人々の生活が営まれており、農村の文化や暮らしを体感できる。

フォトスポット多数！

昼：◎　夜：△

合掌造りを生かした食事処や土産屋が点在している。

アクセス

金沢駅

高速バス
🚌 80分
（2000円）

🚗 70分

白川郷バスターミナル

---

 shirakawa-go 01

大小114棟の合掌造り集落を散策

美しい田園風景が広がる白川郷では、集落を散策しながら手作り体験や素朴な郷土料理も楽しめる。しっかり回るなら3時間はみておこう。

冬は日本有数の
豪雪地帯！！

写真提供：白川村役場

庄川河畔に合掌造りの風景が！

荻町合掌造り集落
おぎまちがっしょうづくりしゅうらく

内部が見学できる民家や博物館、建物を利用した食事処などが並ぶ白川村荻町。四季折々の姿が美しく、冬のライトアップ期間は混雑必至！

🏠岐阜県大野郡白川村 ☎05769-6-1013（白川郷観光協会）⏰見学自由 🚗東海北陸自動車道白川郷ICから車で8分 🅿約200台
白川郷 ▶MAP 別 P.2 A-2

---

 shirakawa-go 02

眼下に広がる眺望は格別！

新緑や紅葉、雪化粧をまとう冬など季節によって姿を変える集落が美しい！

集落を一望できる絶好のビュースポット
写真提供：白川村役場

荻町城跡 展望台
おぎまちしろあと てんぼうだい

戦国時代に城があった高台から、合掌家屋がずらりと並ぶ荻町集落を一望。和田家近くから展望台行きのシャトルバスが出ている。

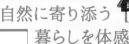 shirakawa-go 03

自然に寄り添う暮らしを体感

内部も
見学可能！

山下家をはじめ25棟を保存公開している民家園。囲炉裏端で自由に休憩できたり、神社や水車小屋もあって昔の暮らしを体感できる。

写真提供：白川村役場

合掌造りの歴史や先人の暮らしが学べる！

野外博物館 合掌造り 民家園
やがいはくぶつかん がっしょうづくり みんかえん

白川郷各地から集めた古い合掌造りを移築し展示。そば打ちやわら細工の手作り体験も可能（4月下旬～11月上旬、要予約）。

🏠岐阜県大野郡白川村荻町 ☎05769-6-1013（白川郷観光協会）⏰見学自由 🚗東海北陸自動車道白川郷ICから車で10分 🅿10台
白川郷 ▶MAP 別 P.2 A-2

🏠岐阜県大野郡白川村荻町2499 ☎05769-6-1231 ⏰8:40～17:00（12～2月は9:00～16:00）⏰無休（12～3月は木曜）💴600円 🚗白川郷バスターミナルから徒歩15分 🅿なし
白川郷 ▶MAP 別 P.2 A-2

ます園定食2420円は、岩魚の塩焼きや川魚の甘露煮が付く

🏃 shirakawa-go 04

新鮮な川魚を堪能!

山菜・川魚・ジビエ・石割豆腐など、白川村には郷土料理も豊富!せっかくなら食文化も存分に味わってみて。

澄みきった山の湧き水で自家養殖
ます園 文助
ますえん ぶんすけ

岩魚やにじますを使った新鮮な川魚料理を提供。情緒たっぷりの空間で、山里ならではの素朴な味わいを楽しんで。

🏠岐阜県大野郡白川村荻町1915 ☎05769-6-1268 🕐11:00〜15:00(他の時間は要問合わせ) 休不定休 🚌白川郷バスターミナルから徒歩9分 🅿8台
白川郷 ▶MAP 別P.2 A-1

現在も住居として活用しているのだそう!

あわせて訪れたい寄り道スポット

写真提供:白川村役場
荻町合掌造り集落で最大規模を誇る
国指定重要文化財 和田家
くにしていじゅうようぶんかざい わだけ

合掌造りの中では、実際に使われていた生活用具や民具・農具のほか、祝い事に用いられていた赤漆の食器などを展示している。

🏠岐阜県大野郡白川村荻町997 ☎05769-6-1058 🕐9:00〜17:00 休不定休 料金400円 🚌白川郷バスターミナルから徒歩4分 🅿なし
白川郷 ▶MAP 別P.2 A-2

おばあちゃんの手作り品にほっこり♥

かわいい雑貨もあるカフェで、お茶時間
心花洞
しんげどう

人気の抹茶ラテなどが味わえるカフェ。販売されている和紙小物や手作り木工品なども見逃せない!

🏠岐阜県大野郡白川村荻町90 ☎05769-6-1015 🕐10:00〜17:30 休不定休 🚌白川郷バスターミナルから徒歩12分 🅿なし
白川郷 ▶MAP 別P.2 A-2

おすすめ宿はココ!

白川郷の歴史と趣を感じるひとときを
御宿 結の庄
おんやど ゆいのしょう

切妻合掌造りを模したエントランスが特徴的な、日本の原風景が望める本格的温泉宿。ゆっくりと流れる贅沢な時間を!

🏠岐阜県大野郡白川村飯島908-2 ☎05769-6-2005 🚌白川郷バスターミナルから無料送迎有 🅿67台
白川郷 ▶MAP 別P.2 A-1
料金1万9250円〜
IN 15:00 OUT 11:00

風情のある合掌造りの宿
合掌乃宿 孫右ェ門
がっしょうのやど まごえもん

江戸後期に建てられた合掌造りの宿。郷土料理中心の食事はおいしさに定評があり、囲炉裏を囲んだ夕席はよき旅の思い出に。

🏠岐阜県大野郡白川村荻町360 ☎05769-6-1167 🚌白川郷バスターミナルから徒歩6分 🅿6台
白川郷 ▶MAP 別P.2 A-2
料金1泊2食分7万4200円〜
※1日3組限定
IN 15:00 OUT 10:00

ハレ旅 Info

交通手段は3つ！
全国から金沢への行き方をチェック！

東京・大阪・名古屋からは、
鉄道・飛行機・バスでアクセスが可能。
自分の予算やスケジュールに合わせて交通機関を選ぼう。

※掲載の情報は、2023年3月現在のものです。
運賃、時間等はあくまで目安であり、シーズン、
交通事情により異なる場合があります。

ACCESS 1

鉄道 TRAIN

どの方面からのアクセスも、やはり鉄道が便利。金沢駅に到着すれば、そのあとの移動もスムーズ。大阪と名古屋からはサンダーバードやしらさぎなどの特急電車、東京からは北陸新幹線の利用がおすすめ！

大阪・名古屋からは特急が便利！

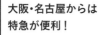

大阪から | 大阪駅 | 🚆 JR特急・サンダーバード | 金沢駅
所要 2時間30〜50分
料金 7990円

名古屋から | 名古屋駅 | 🚆 JR特急・しらさぎ | 金沢駅
所要 3時間
料金 7660円

新幹線でラクラク！東京から2時間30分で金沢へ。

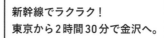

東京から | 東京駅 | 🚄 JR北陸新幹線・かがやき
所要 2時間30分　料金 1万4580円

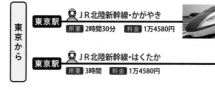

東京から | 東京駅 | 🚄 JR北陸新幹線・はくたか
所要 3時間　料金 1万4580円 | 金沢駅

名古屋から | 名古屋駅 | 🚄 JR東海道新幹線・ひかり／こだま | 米原駅乗り換え | 🚆 JR特急・しらさぎ
所要 約2時間30分
料金 8460円〜

🙂 バッチリ　　特急　　残念 😣

名古屋からはしらさぎ、大阪からはサンダーバードで

「しらさぎ」も「サンダーバード」も乗り換えなしでアクセスできるので快適。「サンダーバード」は本数も多くて便利。

しらさぎは1日8本のみなので時間に注意

名古屋から乗り換えなしでアクセスできる「しらさぎ」は1日8本。1〜2時間に1本なので、時刻表を確認しておこう。

🙂 バッチリ　　新幹線　　残念 😣

東京から行く場合は、かがやき・はくたかを利用すべし！

北陸新幹線を利用しない手はない。「かがやき」だと東京〜金沢間は2時間30分！「はくたか」は3時間〜3時間15分。

かがやきの方が早いが、指定席のみなので要予約

短時間で金沢までアクセスできるが、「かがやき」には自由席がない。必ず事前予約が必要なので気を付けよう。

✛α エリア別のお得なきっぷをCHECK！

東京から

えきねっとトクだ値

えきねっと限定の割引きっぷ。時期によって料金が異なる。

料金 1万2760円〜
※東京（都区内）〜金沢駅
販売 インターネット予約サイト「えきねっと」

名古屋から

北陸観光フリーきっぷ

北陸フリーエリアまでの往復がセットになった特別企画乗車券。

料金 1万6230円（名古屋市内）
販売 出発駅およびその周辺のJRの主要駅、主な旅行代理店など

関西から

北陸乗り放題きっぷ

往復特急と北陸フリーエリア内のJR線が3日間乗り放題。

料金 1万5850円（大阪市内）/3日間
販売 出発駅及びその周辺のJRの主要駅、主な旅行代理店など
※販売期間は要問合わせ

ACCESS 2

飛行機 AIRPLANE

飛行機の魅力は、なんといっても圧倒的な速さ。北海道や九州など、遠方からのアクセスは、電車の乗り継ぎがいらない飛行機が最もスムーズ。石川県には2つの空港があり、金沢や加賀には小松空港、能登にはのと里山空港が便利ということも覚えておこう。

金沢・加賀は小松空港、能登にはのと里山空港が便利

1 羽田空港 → 小松空港
1日6便 1時間
8730円〜 JAL/ANA

2 新千歳空港 → 小松空港 ※羽田空港で乗換
1日5便 2時間
1万9370円〜 JAL/ANA

3 福岡空港 → 小松空港
1日4便 1時間35分
1万7210円〜 ANA

4 羽田空港 → のと里山空港
1日2便 55分
9770円〜 ANA

ACCESS 3

バス BUS

東京や大阪から3100円〜で金沢へ

バスのメリットはリーズナブルな価格。予算を抑えたいときにはありがたい存在だ。夜行バスを利用すれば寝ている間に移動できるので、時間を有効活用したい場合にもぴったり。

- ▼ 東京 → 金沢 …… 3800円〜
- ▼ 名古屋 → 金沢 …… 3600円〜
- ▼ 大阪 → 金沢 …… 3100円〜
- ▼ 京都 → 金沢 …… 3100円〜
- ▼ 広島 → 金沢 …… 7000円〜

設備によって料金が違う!

4列シート
片道 3800円〜
スペースは狭め。トイレがないことも多い。休憩を活用しよう。

3列シート
片道 6000円〜
足元広々スペース。隣とのゆとりも確保されている

※東京⇒金沢の場合の目安

＋α ゆったり高速バスでVIPに移動♪

楽々リクライニングの4列電動シート。
「VIPライナー富山・金沢便」ゆったり9列席で全席革張り仕様。
料金 富山・金沢便 4000円〜

🚌 交通機関によっては早期予約で割引プランもあるので、早めに計画を立てて活用しよう。 151

ハレ旅 Info

4つの交通手段で
金沢市内を賢く巡る

主要な観光スポットがコンパクトに集まる金沢。街中を巡回するバスや、各所にポートがあるレンタサイクルを使って賢く移動しよう。

ACCESS 1

バス
BUS

人気観光地を巡るなら、城下まち金沢周遊バスがベスト。ただし、右回りと左回りでルートやバス停名が異なるので、事前に予習したり、目的地に合わせてバスを選んだりするようにしよう。

城下まち金沢周辺バス
路線図MAP

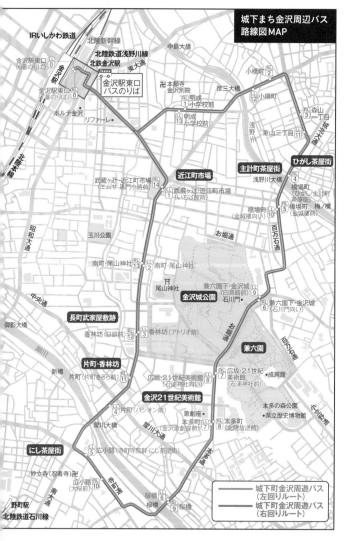

IRいしかわ鉄道

北陸新幹線

北陸鉄道浅野川線
北鉄金沢駅

金沢駅東口
バスのりば

中島大橋

本願寺
金沢別院

明成
小学校前

小橋町

小橋町

森山
一丁目

浅野川

東山三丁目

主計町茶屋街
浅野川大橋

ひがし茶屋街

橋場町
（ひがし・主計町
茶屋街前）

橋場町　梅ノ橋
（金城楼向い）

近江町市場

武蔵ケ辻・近江町市場
（エムザ・黒門小路前）

武蔵ケ辻・近江町市場
（いちば館前）

玉川公園

お堀通

百万石通

南町・尾山神社

南町・尾山神社

尾山神社

金沢城公園

兼六園下・金沢城
（白鳥路前）
石川門▲

兼六園下・金沢城
（石川門向い）

長町武家屋敷跡

香林坊（日銀前）

香林坊（アトリオ前）

兼六園

片町・香林坊

片町（片町きらら前）

広坂・21世紀美術館
（石浦神社前）

広坂・21世紀
美術館
（石浦神社前）

成巽館

金沢21世紀美術館

歌劇座

片町（パジオン前）

本多町
（金沢歌劇座前）

本多町
（北陸放送前）

本多の森公園
県立歴史博物館

にし茶屋街

広小路（寺町寺院群・にし茶屋街前）

広小路
（大桜前）

桜橋
桜橋

桜橋

野町駅
北陸鉄道石川線

ポルテ金沢

リファーレ

──── 城下町金沢周遊バス
　　　（左回りルート）
──── 城下町金沢周遊バス
　　　（右回りルート）

まずはお得な
一日乗車券をゲット

「城下まち金沢周遊バス」「金沢ふらっとバス」「北陸鉄道グループ路線バス（指定エリア内）」が乗り放題のきっぷ。

見本　　　見本

金沢市内1日フリー乗車券 600円

発売場所 北鉄駅前センター（金沢駅東口バスターミナル内）、北鉄バスサービスセンター武蔵エムザ店（めいてつ・エムザ1階黒門小路内）

+α こんなバスも

ライトアップされた兼六園やひがし茶屋街などを巡るバス。

金沢ライトアップバス

**金沢ライトアップバス
専用フリー乗車券 500円**

発売場所：交通案内所及び北鉄駅前センター、金沢市内のホテル（一部のみ）

どのバスを利用すべき?

金沢を走るバスの種類をCHECK!

目的地やシチュエーションによってうまく使い分けよう。
なかにはお得な乗車券が使えるバスもある。

右回りと左回りを使い分け

右回り
左回り

❶ 城下まち金沢周遊バス

人気観光地を巡りたいときに
右回り、左回りでルートが異なる

運賃	乗車区間に関係なく1回乗車200円
観光スポット	ひがし茶屋街、兼六園、金沢城公園、金沢21世紀美術館、にし茶屋街
1日乗車券	金沢市内1日フリー乗車券600円
問い合わせ	北陸鉄道テレホンサービスセンター ☎076-237-5115 ※運行状況はHPを要確認

中心部以外へもすーいすい

❷ 北陸鉄道路線バス

金沢市内のほぼ全域を網羅
中心部なら1回200〜250円均一

運賃	乗車区間により異なる
観光スポット	路線により異なる
1日乗車券	金沢市内1日フリー乗車券600円(指定エリア内)
問い合わせ	北陸鉄道テレホンサービスセンター ☎076-237-5115

交通系ICカードも使える

❸ まちバス

近江町市場、香林坊、兼六園方面に。
土・日曜、祝日のみ運行

運賃	乗車区間に関係なく1回乗車100円、小学生50円
観光スポット	香林坊、金沢21世紀美術館、兼六園、近江町市場
1日乗車券	なし
問い合わせ	西日本JRバス金沢営業所 ☎076-225-8004

目的地でルートを選んで

❹ 金沢ふらっとバス

此花、菊川、材木、長町の4ルートを走る。日中20分間隔で運行

運賃	乗車区間に関係なく1回乗車100円
観光スポット	ルートにより異なる
1日乗車券	金沢市内1日フリー乗車券600円使用可
問い合わせ	金沢市交通政策課(全ルート) ☎076-220-2371、北陸鉄道金沢営業所☎076-237-8005(此花、菊川ルート)、西日本JRバス金沢営業所 ☎076-225-8004(材林、長町ルート)

金沢の夜観光ならこのバス

❺ 金沢ライトアップバス

定期的にライトアップを行う
観光地を巡る。土曜夜を中心に運行

運賃	乗車区間に関係なく1回乗車300円
観光スポット	近江町市場、ひがし茶屋街、兼六園
1日乗車券	金沢ライトアップバス専用フリー乗車券500円
問い合わせ	北陸鉄道テレホンサービスセンター ☎076-237-5115

目的の観光地に向かうには、どのバスに乗るのが早いのか、定番スポット行き方早見表(→別冊P.13)でチェックしよう。　153

ここで乗ってここで降りる♪
金沢駅から主要6エリアへ！
バス乗り場案内

多くの路線が発着する金沢駅東口バスターミナルが
移動の起点。降りるバス停にも注意しよう。

乗り方のPOINT

① 目的地を選択。最寄りのバス停をチェックし、金沢駅東口にあるバス乗り場へ向かおう

② バスの種類が多い金沢。路線によってバス停の位置も異なるのでチェックしよう

金沢駅兼六園口（東口）

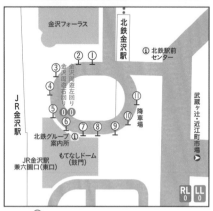

【凡例】
- 🚏…北鉄路線バス
- ●…城下まち金沢周遊バス右回りルート
- ●…城下まち金沢周遊バス左回りルート

＼ ココに行きたい！／ 兼六園・金沢城

最寄リバス停
兼六園下・金沢城

金沢駅東口のりば
⑥ (RL)

⑥ ⑦
（すべてのバス※柳橋行き・快速を除く）

四季折々に美しい名庭園を見に

＼ ココに行きたい！／ ひがし茶屋街・主計町茶屋街

最寄リバス停
橋場町

金沢駅東口のりば
⑥

（すべてのバス）

これぞ金沢！な定番の観光スポット

＼ ココに行きたい！／ 近江町市場

最寄リバス停
武蔵ヶ辻・近江町市場

金沢駅東口のりば
③ ⑧ ⑨ ⑩

（すべてのバス）

⑥ (LL)

鮮魚や金沢グルメが揃う金沢市民の台所

＼ ココに行きたい！／ 金沢21世紀美術館

最寄リバス停
広坂・21世紀美術館

金沢駅東口のりば
⑥ (RL)

③
（すべてのバス※快速を除く）

現代アートが集う美術館。通称「まるびぃ」

＼ ココに行きたい！／ 長町武家屋敷跡

最寄リバス停
香林坊

金沢駅東口のりば
③ ⑧ ⑨ ⑩

（すべてのバス）

⑥ (LL)

加賀藩中級武士の屋敷が残る風情漂う街

＼ ココに行きたい！／ にし茶屋街

最寄リバス停
広小路

金沢駅東口のりば
⑧ ⑨ ⑩

（すべてのバス）

⑥ (LL)

金沢三茶屋街の一つで、甘味処も多く集まる

ACCESS 2

自転車
BICYCLE

主要な観光スポットがコンパクトに集まる金沢市の街中は自転車で移動するのにちょうどよい距離。渋滞も回避できるので、目的地が多いときにはおすすめ。

名所がコンパクトに
まとまる金沢なら
自転車もおすすめ

まちのり

自転車レンタルサービス。市内のサイクルポートを拠点に、どこでも自転車が借りられる。返却もどこでもOK。

利用時間
貸出…24時間　返却…24時間
※まちのり事務局は9:00～18:00

🏠金沢市此花町3-2 ライブ1ビル1F
☎076-255-1747　🕘9:00～18:00
㊡年末年始　🚉JR金沢駅からすぐ
金沢駅周辺 ▶MAP 別P.3 D-1

ポート間の所要時間の目安

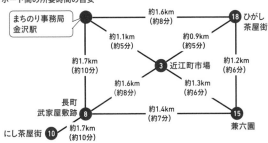

まちのり事務局
金沢駅

約1.6km（約8分）
約1.1km（約5分）
約0.9km（約5分）
約1.7km（約10分）
3 近江町市場
約1.2km（約6分）
約1.6km（約8分）
約1.3km（約6分）
18 ひがし茶屋街
長町武家屋敷跡 8
約1.4km（約7分）
15 兼六園
にし茶屋街 10
約1.7km（約10分）

ACCESS 4

タクシー
TAXI

家族旅行やグループ旅行など、大人数で移動する場合はタクシーがおすすめ。割安かつ時間も短縮できる。

主要タクシーはこちら

| 石川近鉄タクシー | ☎076-221-3265 |
| 冨士タクシー | ☎076-237-1020 |

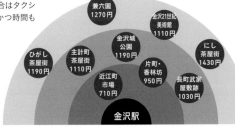

兼六園 1270円
金沢21世紀美術館 1110円
金沢城公園 1190円
にし茶屋街 1430円
ひがし茶屋街 1190円
主計町茶屋街 1110円
近江町市場 710円
片町・香林坊 950円
長町武家屋敷跡 1030円
金沢駅

+α 観光タクシーも

タクシー乗務員が貸切タクシーで観光スポットを案内してくれる観光タクシー。自分たちの希望に合わせて、さまざまなコースから選べるのもうれしい。

料金の目安
〈金沢歴史散策コース〉所要3時間1万9200円～
石川近鉄タクシー
TEL 0570-08-3265

ACCESS 3

定期観光バス
REGULAR SIGHTSEEING BUS

ひがし茶屋街や兼六園など、人気スポットを順番に回るガイド付きの定期観光バス。手っ取り早く、全部お任せで案内してほしい人におすすめ。見学時間が決まっているので、ゆっくり観光したいところは改めて訪れよう。

北陸鉄道予約センター
TEL 076-234-0123
（9:00～18:00／無休）

〈コース例〉

金沢駅東口
↓
ひがし茶屋街 自由散策
↓
天徳院からくり人形劇観覧
↓
長町武家屋敷跡 自由散策
↓
兼六園周辺エリア 自由散策
↓
金沢駅東口

時間を効率的に使えて人気

👀 観光タクシーは金沢市内だけでなく、能登や小松のコースもあるのでチェックを。　155

ハレ旅 Info

金沢から能登・北陸への行き方マスター

日本海に囲まれた風光明媚な能登や、北陸随一の温泉郷として人気を誇る加賀温泉郷など、金沢市周辺には見どころがいっぱい。電車や車で出かけよう！

\ ACCESS 1 /

電車 TRAIN

長距離移動の基本は電車。「金沢に加えて加賀温泉郷にも能登にも行く」といった、複数のエリアを巡る場合など、お得きっぷが使えるエリアでは上手に活用を。

オトクなきっぷでひと足のばそう

デジタル切符で北陸観光を楽しもう

北陸おでかけtabiwaパス

北陸地方のJR西日本の路線に加えて、えちごトキめき鉄道、あいの風とやま鉄道全線、IRいしかわ鉄道全線は一日乗り放題。新幹線は使用できない。

料金 2450円／土曜・休日の1日有効
販売 モバイルチケットのみ ※スマホアプリ「tabiwa by WESTERE」ダウロードまたはWEB「tabiwa by WESTERE」に登録

奥能登へ行くなら

奥能登まるごとフリーきっぷ

北鉄奥能登バス路線バス全線と、のと鉄道線（七尾～穴水）が2日間乗り放題となるお得な乗車券。10店舗・施設で割引特典のサービスもあり能登観光に便利。

料金 3000円／2日間有効
販売 [北鉄奥能登バス]輪島旅行センター、たびスタ、飯田支所 [のと鉄道]七尾駅、穴水駅

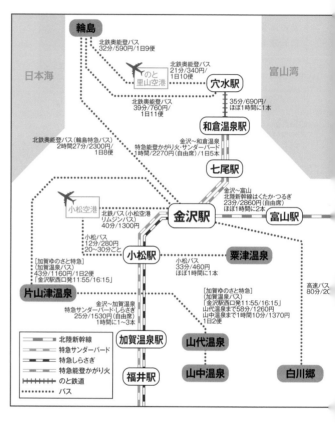

輪島
北鉄奥能登バス 32分/590円/1日9便

のと里山空港
北鉄奥能登バス 21分/340円/1日10便

穴水駅

北鉄奥能登バス 39分/760円/1日11便

35分/690円/ほぼ1時間に1本

和倉温泉駅

北鉄奥能登バス（輪島特急バス）2時間27分/2300円/1日8便

金沢～和倉温泉 特急能登かがり火・サンダーバード 1時間/2270円（自由席）/1日5本

七尾駅

金沢～富山 北陸新幹線はくたか・つるぎ 23分/2860円（自由席）/ほぼ1時間に2本

小松空港
北鉄バス（小松空港リムジンバス）40分/1300円

金沢駅

富山駅

小松バス 12分/280円 20～30分ごと

小松駅

粟津温泉

[加賀ゆのさと特急]（加賀温泉バス）43分/1160円/1日2便 [金沢駅西口発11:55/16:15]

小松バス 33分/460円 ほぼ1時間に1本

高速バス 80分/20

片山津温泉

金沢～加賀温泉 特急サンダーバード・しらさぎ 25分/1530円（自由席）1時間に1～3本

[加賀ゆのさと特急]（加賀温泉バス）[金沢駅西口発11:55/16:15]山代温泉まで58分/1260円 山中温泉まで1時間10分/1370円 1日2便

加賀温泉駅

山代温泉

福井駅

山中温泉

白川郷

日本海

富山湾

凡例：
- 北陸新幹線
- 特急サンダーバード
- 特急しらさぎ
- 特急能登かがり火
- のと鉄道
- バス

+α 観光列車に乗ろう

観光列車 のと里山里海号

能登半島の内側海沿いを走る列車。能登らしい穏やかな風景を楽しめる。

運行区間 七尾駅～和倉温泉駅～穴水駅
運行本数 1日5便運行（当面の間、土日祝運行）
問い合わせ のと鉄道観光列車予約センター☎0768-52-2300（水～月曜）

花嫁のれん

輪島塗や加賀友禅を表現したデザインで、和と美を感じる空間が魅力。

運行区間 金沢駅～七尾駅～和倉温泉駅
運行本数 1日2往復（金～日曜、祝日を中心に運転）
問い合わせ [時刻、運賃等]JR西日本お客様センター☎0570-00-2486（有料）※6:00～23:00

ACCESS 2 車 CAR

自由に移動できる便利さや効率の
よさはもちろん、ドライブしなが
ら美しい景色を楽しめるのも大き
な魅力。

レンタカーを
オトクに借りるなら

レンタカー利用で
鉄道が割引

レール＆レンタカーきっぷ

JRのきっぷと駅レンタカー券を
組み合わせたお得なきっぷ。金沢
まで新幹線でアクセスし、観光は
レンタカーを使って楽しみたいと
きにおすすめ。

割引 JR線「片道」「往復」「連続」乗
車券の営業キロで201km以上利
用の場合、運賃20%、料金10%割引。
※詳細は「JRおでかけネット」で検索。

販売 駅のみどりの窓口、旅行センター
及び主な旅行会社
※駅レンタカーは各自で事前予約が
必要

爽やかに
海辺をドライブ

のと里山海道は走行無料！

金沢と能登半島を結ぶ無料自動
車専用道路。海と山の景色を楽し
め、サービスエリアも充実。砂浜
を自動車で走行できる千里浜なぎ
さドライブウェイも人気。

砂浜を車で走行すれば気分爽快

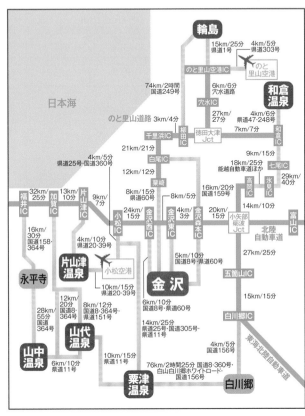

日本海

輪島
15km/25分 県道1号
4km/5分 県道303号
のと里山空港IC
のと里山空港
74km/2時間 国道249号
のと里山道路 3km/4分
6km/6分 穴水道路
穴水IC
27km/27分
和倉温泉
4km/6分 県道47・248号
柳田IC
徳田大津Jct
7km/7分 和倉
千里浜IC
21km/21分
白尾IC
12km/12分
粟崎
9km/15分
七尾IC
18km/25分 能越自動車道ほか
16km/20分 国道159号
高岡IC
氷見IC
29km/40分
8km/15分 県道60号
8km/5分
4km/5分 県道25号・国道360号
福井IC 32km/25分
加賀IC 13km/10分
片山津IC 9km/7分
小松IC
24km/15分
金沢西IC
金沢東IC
4km/3分
金沢森本IC
20km/15分
小矢部砺波Jct
14km/10分
富山IC
16km/30分 国道158・364号
片山津温泉
4km/10分 県道20・39号
小松空港
金沢
5km/10分 国道8号・県道60号
五箇山IC
北陸自動車道
27km/25分
28km/55分 国道364号
山中温泉
永平寺
12km/20分 国道8・364号
山代温泉
10km/15分 県道20・39号
8km/12分 国道8・364号 県道151号
6km/10分 国道8号・県道60号
14km/25分 県道25号・国道305号・県道11号
白川郷IC
15km/15分
6km/10分 県道11号
10km/15分 県道11号
粟津温泉
4km/5分 国道156号
76km/2時間25分 国道8・360号・白山白川郷ホワイトロード・国道156号
白川郷
東海北陸自動車道

+α 車なしでも楽しむには

加賀周遊バス「キャン・バス」

加賀温泉郷の見どころを巡回運行。乗
り降り自由なので利用しやすい。

ルート 山まわり線、海まわり線、小松空港線、
加賀小松線、加賀越前線

運行本数 毎日運行（1〜2時間に1本）

問い合わせ まちづくり加賀 ☎0761-72-7777

定期観光バス

能登の観光スポットを巡る観光バス。
バスガイド付きなので移動も安心。

コース わじま号（輪島朝市と世界農業遺産）、
あさいち号（能登海岸めぐりと五重塔）など

運行本数 毎日運行（予約制）

問い合わせ 北陸鉄道予約センター ☎076-234-0123

金沢市内は路線バスが充実。見どころもコンパクトに集まるので、金沢市内のみであれば車がなくても大丈夫！

INDEX

パーラーコフク	新竪町	112
HEIDEE WINERY	能登	128
第一 東山店	ひがし茶屋街	48
箔座 金の縁起屋	ひがし茶屋街	103
8番らーめん金沢店	金沢駅周辺	37,70
Patisserie & Parlor Horita 205	金沢市郊外	47
八十八	片町	39
波結	ひがし茶屋街	95
ひがし茶屋街 金澤ぷりん本舗	ひがし茶屋街	45,48
東山ボヌール	山中温泉	141
東山みずほ	ひがし茶屋街	93
東山 志 -YOSHI-	ひがし茶屋街	93
BistroYUIGA	片町	43
ビストロひらみぱん	せせらぎ通り	40
ヒネモス	能登	114
百万石うどん 近江町店	近江町市場周辺	30
広坂ハイボール	片町	117
福寿司	能登	126
麩料理 宮田・鈴庵	ひがし茶屋街	93
ます園 文助	白川郷	149
松乃鮨	能登	134
豆皿茶屋	兼六園周辺	81
mame ノマノマ	にし茶屋街	107
まめで 金澤万久	金沢駅周辺	49
マルガージェラート 能登 本店	能登	129
廻る富山湾 すし玉 金沢駅店	金沢駅周辺	27,70
mie coffee	片山津温泉	144
三芳庵	兼六園周辺	80
MORON CAFE	長町武家屋敷周辺	109
もりもり寿し 近江店	近江町市場周辺	26,30
八百屋の Parlor Horita 205	金沢駅周辺	71
やきとり横丁	片町	115
山乃尾	ひがし茶屋街	33
夢一館	能登	127
洋酒カクテル 中村堂	片町	117
LiFE IS SWEET	金沢市郊外	47
la clochette	能登	129
L'Atelier de NOTO	能登	128
RITSUKA	ひがし茶屋街	9
料亭 穂濤	にし茶屋街	33
LE MUSÉE DE H 辻口博啓美術館	和倉温泉	133
ルロワと満月とワイン。	片町	115

STAFF

編集制作
株式会社エディットプラス

取材・執筆
株式会社エディットプラス
（安岡遥、武田百加、山口春菜）
村田麻美、野村芳恵、越多江里香、川崎美紅、Higegoodwork

撮影
鈴木誠一、中山健

写真協力
金沢市
石川県観光連盟　金沢市立玉川図書館近世資料館
関係各市町村観光課　関係諸施設
朝日新聞社
PIXTA　Shutterstock
Photolibrary　Amanaimages

表紙デザイン　菅谷真理子＋髙橋朱里（マルサンカク）

本文デザイン
今井千恵子、大田幸奈（Róndine）
三並あかね

表紙イラスト　大川久志　しまはらゆうき

本文イラスト　田中麻里子　細田すみか

地図制作　s-map

地図イラスト　岡本倫幸

組版・印刷　大日本印刷株式会社

企画・編集　清永愛、岡本咲、白方美樹
　　　　　　（朝日新聞出版）

ハレ旅　金沢 能登・北陸

2023年 5 月30日　改訂版第 1 刷発行

編　著　朝日新聞出版

発行者　片桐圭子

発行所　朝日新聞出版
　　　　〒104-8011　東京都中央区築地5-3-2
　　　　（お問い合わせ）infojitsuyo@asahi.com

印刷所　大日本印刷株式会社

©2023 Asahi Shimbun Publications Inc.
Published in Japan by Asahi Shimbun Publications Inc.
ISBN 978-4-02-334738-0